新白話六法系列 002

土地稅法

2023最新版

陳銘福·原著 陳冠融·修訂

THE LAW

書泉出版社 印行

出版緣起

談到法律，會給您什麼樣的聯想？是厚厚一本《六法全書》，或是莊嚴肅穆的法庭？是《洛城法網》式的腦力激盪，或是《法外情》般的感人熱淚？是權利義務的準繩，或是善惡是非的分界？是公平正義、弱勢者的保障，或是知法玩法、強權者的工具？其實，法律儘管只是文字、條文的組合，卻是有法律學說思想作爲基礎架構。法律的制定是人爲的，法律的執行也是人爲的，或許有人會因而認爲法律是一種工具，但是卻忽略了：法律事實上是人心與現實的反映。

翻閱任意一本標題爲《法學緒論》的著作，對於法律的概念，共同的法學原理原則及其應用，現行法律體系的概述，以及法學發展、法學思想的介紹……等等，一定會說明清楚。然而在我國，有多少人念過《法學概論》？有識之士感嘆：我國國民缺乏法治精神、守法觀念。問題就出在：法治教育的貧乏。試看九年國民義務教育的教材，在「生活與倫理」、「公民與道德」之中，又有多少是教導未來的主人翁們對於「法律」的了解與認識？除了大學法律系的培育以外，各級中學、專科與大學教育中，又有多少法律的課程？回想起自己的求學過程，或許您也會驚覺：關於法律的知識，似乎是從報章雜誌上得知的占大多數。另一方面，即使是與您生活上切身相關的「民法」、「刑法」等，其中的權利是否也常因您所謂的「不懂法律」而睡著了？

當您想多充實法律方面的知識時，可能會有些失望的。因爲《六法全書》太厚重，而一般法律教科書又太艱深，大多數案例式法律常識介紹，又顯得割裂不夠完整……

有鑑於此，本公司特別邀請法律專業人士編寫「新白話六法」叢書，針對常用的法律，作一完整的介紹。對於撰文我們要求：使用淺顯的白話文體解說條文，用字遣詞不能艱深難懂，除非必要，盡量避免使用法律專有名詞。對於內容我們強調：除了對法條作字面上的解釋外，還要進一步分析、解釋、闡述，對於法律專有名詞務必加以說明；不同法規或特別法的相關規定，必須特別標明；似是而非的概念或容易混淆的觀念，一定舉例闡明。縱使您沒有受過法律專業教育，也一定看得懂。

希望這一套叢書，對普及法律知識以及使社會大眾深入了解法律條文的意義與內容等方面都有貢獻。

五版序

民國 108 年 7 月 5 日司法院釋字第 779 號解釋，增訂非都市土地供公共設施使用，尚未被徵收前之移轉，免徵收土地增值稅之條件，土地稅法及其施行細則爰配合增修，同時將法規不合時宜的條文一併修訂；此外，與土地稅相關之法令亦有諸多修正，本版均逐一校訂，並就財政部之解釋函令予以校對、增刪。

本版書仍由陳冠融賡續辦理校修，疏漏之處敬請讀者不吝指正。

陳冠融 敬識

民國112年4月

再版序

土地可以說是人類最重要的財產，但是卻有人「財多身弱」，爲什麼？姑且不談「宿命論」，「財多」身反而轉弱，其中因稅務的煩惱，應有所關係。所以本書可以幫助讀者解除煩惱，可以幫助讀者身強體壯，可以幫助讀者在納稅與節稅中清清楚楚而成爲一位快樂的地主。

本書初版至今，已事隔十年餘，土地稅法及相關法令變動頗多，本版均已一一訂正，故應有其務實性及參考性。惟疏漏之處在所難免，敬請不吝再予指正。

陳銘福 敬識

民國97年1月

自　序

不論哪一行或哪一業，每個人日夜辛苦打拚，不是只在於求溫飽而已。除了追求溫飽外，應該還有一個共同的願望，那就是希望有房有地。雖然「田連阡陌」與「廣廈千萬間」，不是人人都能心想事成，但是以台灣經濟的繁榮，只要努力，擁有最基本的家，應該不是很困難的一件事。

家的溫暖，是建立在實際的基礎上面。而所謂實際，是有多層面與多角度的看法與作法，但最實際的莫過於擁有自己的房地產。可是擁有房地產，面臨的是一連串的納稅義務，對於這些稅務，有人輕輕鬆鬆就理得清清楚楚，有人則手足無措，可以說是「剪不斷，理還亂」，而感覺到困擾特別多。

爲了減免您的困擾，爲了使您能輕鬆的理清稅務，更爲了使您成爲一位快樂的地主，筆者特別編撰本書，就土地稅法逐條解說，不僅敘述各條文的立法理由，也分析各條文的規定，並兼顧實例的介紹，因此，不論您是學生，或是地主，或是專業人士，應該都會覺得這是一本研讀與參考的好書。

本書依土地稅法的章節區分爲七章：第一章總則，第二章地價稅，第三章田賦，第四章土地增值稅，第五章稽徵程序，第六章罰則，第七章附則。

本書撰述期間，適爲筆者擔任中華民國土地登記專業代理人公會全國聯合會第一屆理事長，於公暇執筆，疏漏難免，尚望賢者不吝指正。

陳銘福　敬識於台北

民國86年5月

凡　例

（一）本書之法規條例，依循下列方式輯印：

1. 法規條文，悉以總統府公報爲準，以免坊間版本登載歧異之缺點。

2. 法條分項，如遇滿行結束時，則在該項末加“」”符號，以與另項區別。

（二）本書體例如下：

1. 導讀：針對該法之立法理由、立法沿革、立法準則等逐一說明，並就該法之內容作扼要簡介。

2. 條文要旨：置於條次之下，以（　）表示。

3. 解說：於條文之後，以淺近白話解釋條文意義及相關規定。

4. 實例：於解說之後舉出實例，並就案例狀況與條文規定之牽涉性加以分析說明。

（三）參照之法規，以簡稱註明（法規簡稱表見本書末之附錄）。條、項、款及判解之表示如下：

條：一、二、三……

項：Ⅰ、Ⅱ、Ⅲ……

款：1、2、3……

但書規定：但

前段：前、後段：後

司法院三十四年以前之解釋例：院……

司法院三十四年以後之解釋例：院解……

大法官會議解釋：釋……

最高法院判例：……台上……

行政法院判例：行……判……

沿革

1. 民國66年7月14日總統令公布全文，共七章59條。
2. 民國68年7月25日總統令修正公布第34條條文。
3. 民國78年10月30日總統令修正公布全文，共七章59條。
4. 民國82年7月9日總統令公布刪除第56條條文。
5. 民國83年1月7日總統令修正公布第39條及第39條之1條文。
6. 民國84年1月18日總統令修正公布第31條，並增訂第55條之2條文。
7. 民國86年1月15日總統令修正公布第30條條文。
8. 民國86年5月21日總統令修正公布第39條，並增訂第28條之2條文。
9. 民國86年10月29日總統令修正公布第30條條文。
10. 民國89年1月26日總統令修正公布第10條及第39條之2，增訂第39條之3，並刪除第55條之2條文。
11. 民國90年6月13日總統令修正公布第2條、第7條、第13條、第25條及第59條，並增訂第3條之1、第5條之2、第28條之3及第31條之1條文。
12. 民國91年1月30日總統令修正公布第33條條文。
13. 民國93年1月14日總統令修正公布第28條之2及第33條條文。
14. 民國94年1月30日總統令修正公布第33條條文。
15. 民國96年7月11日總統令修正公布第54條條文。
16. 民國98年12月30日總統令修正公布第31條及第34條條文。

17. 民國 99 年 11 月 24 日總統令修正公布第 54 條條文。
18. 民國 104 年 7 月 1 日總統令修正公布第 31 條之 1、第 35 條及第 53 條條文。
19. 民國 110 年 6 月 23 日總統令修正公布第 28 條之 2、第 30 條、第 30 條之 1、第 31 條之 1、第 32 條、第 34 條之 1、第 39 條、第 39 條之 1、第 40 條至第 43 條、第 51 條、第 53 條、第 55 條之 1、第 58 條條文；並刪除第 44 條條文。

導言

稅法沿革

民國 19 年 6 月 30 日國民政府公布土地法，於民國 25 年 3 月 1 日併同土地法施行法施行，台灣光復後，土地法施行於台灣。雖然土地法有「土地稅」課徵之規定，但並未施行。民國 38 年政府指定都市地區共 88 處，實行「規定地價」及「照價徵稅」，亦即課徵地價稅，但並未開徵土地增值稅。

民國 43 年政府公布施行「實施都市平均地權條例」，於45年起，都市地區全面施行「規定地價」、「照價徵稅」及「漲價歸公」。因此，當時課徵地價稅及土地增值稅，係以「實施都市平均地權條例」爲依據。

至民國 66 年 2 月 2 日，「實施都市平均地權條例」修正爲「平均地權條例」，將「都市土地」及「非都市土地」分兩梯次全面「規定地價」，並「照價徵稅」及「漲價歸公」，此即爲課徵地價稅及土地增值稅之依據。

由於平均地權條例之立法目的，在於推行平均平權，並非爲稅課目的而立法，爲使土地稅課徵有專法依據，並落實土地稅之課徵，政府乃於民國 66 年 7 月 14 日制訂公布「土地稅法」。

對於農地，並不課徵地價稅，而是課徵田賦。民國 43 年 12 月 29 日政府公布施行「田賦徵收實物條例」，對於法定之農地，以徵收實物之方法課徵田賦。及至「土地稅法」公布施行，由於「土地稅法」有課徵田賦之規定，政府乃廢止「田賦徵收實物條例」，但仍依「土地稅法」之規定，對於農地繼續課徵田賦。

爲減輕農民負擔，政府自民國 76 年第 2 期起停徵田賦，並於 78 年 10 月 30 日修正土地稅法，增訂第 27 條之 1，爲調劑農業生產狀況或因應農業發展需要，由行政院決定停徵全部或部分田賦。至目前爲止，田賦仍在停徵中。

土地稅法的內容

現行土地稅法共分七章 59 條之條文，由於條文有所增訂，諸如第 3 條之1、第 5 條之 1、第 5 條之 2、第 22 條之 1、第 27 條之 1、第 28 條之 1、第 28 條之 2、第 28 條之 3、第 30 條之 1、第 31 條之 1、第 34 條之 1、第 39 條之 1、第 39 條之 2、第 39 條之 3、第 55 條之 1 等 15 個條文，並刪除第 38 條、第 44 條、第 55 條之 2 及第 56 條，故現行條文共計 71 條，茲概述其內容如下：

(一)第一章爲「總則」，有 16 條條文，共分二節，第一節爲「一般規定」，第二節爲「名詞定義」。

1.第一節「一般規定」有 9 條條文，就地價稅、田賦及土地增值稅等土地稅，分別規定其主管機關、納稅義務人、代繳人及有關之減免。

2.第二節「名詞定義」有 7 條條文，分別規定有關名詞的定義，諸如公有土地、都市土地、非都市土地、自用住宅用地、農業用地、工業用地、礦業用地、空地、公告現值及有關課徵田賦之用辭——地目、等則、賦元、賦額、實物、代金及夾雜物等。

「土地稅法施行細則」第一章「總則」，有 4 條條文，分別規定減免標準及程序之辦理依據、稅額單位、小稅額免徵及自用住宅用地之建築改良物權屬限制。

(二)第二章爲「地價稅」，有 8 條條文，分別規定地價稅之課徵、計算標準、基本稅率、累進稅率、累進起點地價、自用住宅用地優惠稅率、免累進稅率課稅之土地、都市計畫公共設施保留地稅率、公有土地稅率及空地加徵空地稅。

「土地稅法施行細則」第二章「地價稅」，有 16 條條文，分別規定地價稅及累進起點地價之計算公式、納稅義務基準日、欠繳地價稅之申請分單繳納、各種優惠稅率及特別稅率課稅之適用及應備文件。

(三)第三章為「田賦」，有 8 條條文，分別規定徵收田賦之土地、荒地稅之課徵、田賦之徵收實物與代金、田賦徵收實物之標準、實物之驗收標準、隨賦徵購實物、地目等則之調整及停徵田賦之情形。

「土地稅法施行細則」第三章「田賦」，有 21 條條文，分別就徵收田賦有關細則作詳細之規定。

(四)第四章為「土地增值稅」，有 20 條條文，分別規定土地增值稅之課徵時機、免稅、移轉現值之審核標準，漲價總數額之計算、物價變動時之調整、稅率、自用住宅用地優惠稅率、重購退稅及減稅等。

「土地稅法施行細則」第四章「土地增值稅」，有 20 條條文，分別就徵收土地增值稅有關細則作詳細之規定。

(五)第五章為「稽徵程序」，有 12 條條文，分別就地價稅、田賦及土地增值稅等稽徵程序作詳細之規定。

(六)第六章為「罰則」，有 4 條條文，分別就逾期納稅、逃稅及有關追補稅予以規定。

(七)第七章為「附則」，有三條條文，分別規定施行區域及施行細則之訂定、土地稅法之施行日等。

土地稅法的地位

(一)性質：

1.土地稅法，不僅規範政府機關之課稅行為，也規範了人民之納稅行為，所以是行政法規。

2.土地稅法，不僅對於課稅實體有所規範，對於課稅程序亦有明文規定，所以是實體法，也是程序法。

3.土地稅法，與土地法相比較，土地法爲普通法，土地稅法爲特別法，適用上特別法是優先於普通法。

4.土地稅法，與平均地權條例相比較，土地稅法應屬土地稅之特別法，但是由於平均地權條例亦是土地法之特別法，所以目前土地稅法及平均地權條例有關土地稅，概齊一規定，似乎兩法並無「特別」及「普通」之區別。

土地稅法的行政規章

(一)土地稅法施行細則：土地稅法第 58 條規定，本法施行細則，由行政院定之。因此，行政院於民國 68 年 2 月 22 日發布「土地稅法施行細則」。

(二)土地稅減免規則：土地稅法第 6 條規定，爲發展經濟，促進土地利用，增進社會福利，對於有關之土地，得予適當之減免，其減免標準及程序，由行政院定之。因此，行政院發布有「土地稅減免規則」。

(三)增繳地價稅抵繳土地增值稅辦法：土地稅法第 31 條第4項規定，前項增繳之地價稅抵繳辦法，由行政院定之。因此，行政院發布有「增繳地價稅抵繳土地增值稅辦法」。

(四)財政部爲有效執行土地稅法有關規定，分別訂頒有「土地所有權移轉或設定典權申報現值作業要點」、「自用住宅用地地價稅書面審查作業要點」、「自用住宅用地土地增值稅書面作業要點」、「各機關徵收土地代扣稅捐及減免土地稅聯繫要點」、「適用自用住宅用地稅率課徵地價稅認定原則」、「非都市土地供公共設施使用認定及核發證明辦法」。

目錄

Contents

附錄　相關法規　327

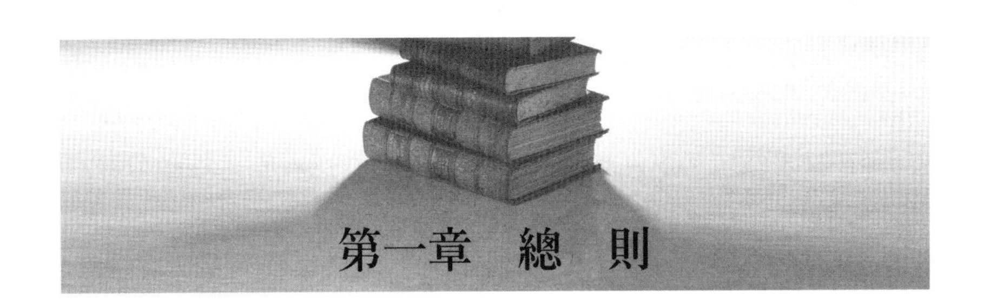

第一章　總　則

第一節　一般規定

第 1 條（土地稅之分類）

土地稅分為地價稅、田賦及土地增值稅。

解說

(一)土地的定義：土地法第 1 條規定，本法所稱土地，謂水陸及天然富源；如此的定義，可以說是廣義的定義。但是，土地法第 2 條規定，土地依其使用，分爲建築用地、直接生產用地、交通水利用地及其他土地等四類；如此的分類，可以說是狹義的定義。

此外，土地法第 37 條第 1 項規定，土地登記，謂土地及建築改良物之所有權與他項權利之登記。如此規定，所謂土地，顯然除了土地外，還包括了建築改良物在內。因此，土地法第四編所規定的土地稅，包括了地價稅、土地增值稅及土地改良稅，並及於工程受益費（土147）。

(二)土地稅的分類：土地法第 144 條規定，土地稅分爲地價稅及土地增值稅二種，顯然是從狹義的土地去區分土地稅。

此外，平均地權條例第三章照價徵稅，所規定者爲地價稅及田賦；第五章漲價歸公，所規定者爲土地增值稅。顯然與本條的規定相符。

由前述可知，本條規定的土地稅，是就狹義的土地區分其課稅的種類。

依本條的規定，土地稅分爲地價稅、田賦及土地增值稅等三種。但依本法第 21 條規定，還有空地稅的加徵；依第 22 條之1規定，還有荒地稅的加徵；至於土地增值稅部分，於移轉時，除依法免稅外，應課徵土地增值稅（第 28 條）；於設定典權時，應預繳土地增值稅（第 29 條）。準此，所謂土地稅，可列表如下：

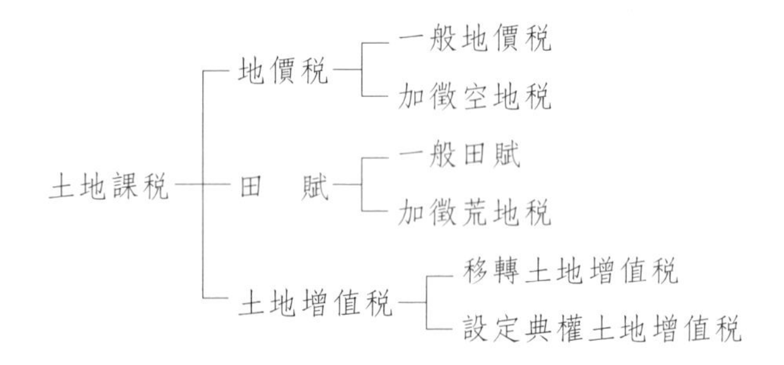

(三)稅法的演變：台灣地區從民國 38 年起，選擇性的就都市土地開徵地價稅，民國 43 年 8 月 26 日政府公布施行「實施都市平均地權條例」，並於民國 45 年 1 月 19 日台灣省政府公布施行「實施都市平均地權條例台灣省施行細則」。至此，台灣地區始正式開徵都市土地的地價稅與土地增值稅。

至於農業用地，則依民國 43 年 12 月 29 日公布施行的「田賦徵收實物條例」課徵田賦。

民國 66 年 2 月 2 日政府修正公布「實施都市平均地權條例」爲「平均地權條例」，依該條例第 13 條規定，台灣地區未規定地價的土地，應即全面舉辦規定地價。該條例第 17 條並規定，已規定地價的土地，應按申報地價，依法徵收地價稅，但符合該條例第 22 條規定的農業用地及其他土地，仍然徵收田賦。

爲落實土地稅的稽徵，政府於民國 66 年 7 月 14 日公布施行「土地稅法」，並廢止「田賦徵收實物條例」。目前對於地價稅、田賦及土地增值稅的課徵，「土地稅法」與「平均地權條例」均有類似的規定，依特別法優先適用普通法原則，土地法第四編關於土地稅的規定，不適用爲土地稅的稽徵依據。此外，爲落實稽徵技術層面，行政院並分別依「平均地權條例」及「土地稅法」規定的授權，訂頒有「平均地權條例施行細則」及「土地稅法施行細則」。

民國 65 年 10 月 22 日政府公布施行「稅捐稽徵法」，除關稅及礦稅外，該法是一切稅捐的基本大法，所以土地稅的稽徵，應依該法的規定，該法未規定者，依土地稅法的規定。

第 2 條（主管機關）

土地稅之主管機關，在中央為財政部；在直轄市為直轄市政府；在縣（市）為縣（市）政府。
田賦實物經收機關為直轄市、縣（市）糧政主管機關。

解說

(一)本條立法理由在於明定土地稅的主管權責，以利執行。

(二)依財政收支劃分法第 12 條規定，土地稅爲直轄市及縣（市）稅，也就是一般所說的地方稅。此種屬於地方稅性質的土地稅，包括地價稅、田賦及土地增值稅。

(三)由於土地稅屬於地方稅，所以由土地所在地的直轄市或縣（市）稅捐稽徵機關負責課徵，而實務上直轄市或縣（市）稅捐稽徵機關設有各分處，辦理實際的稽徵業務。

(四)依本法第 23 條第 1 項規定，田賦徵收實物，就各地方生產稻穀或小麥徵收，不產稻穀或小麥的土地及有特殊情形地方，得按應徵實物折徵當地生產雜糧或折徵代金。另依第 26 條前段規定，徵收實物地方，得視當地糧食生產情形，辦理隨賦徵購實物。因此，本條第 2 項明定田賦實物的經收機關爲直轄市或縣（市）糧政主管機關。

(五)依本法第 27 條之 1 規定，爲調劑農業生產狀況或因應農業發展需要，行政院得決定停徵全部或部分田賦。台灣地區自民國 76 年第 2 期起停徵田賦，所以目前實務上無田賦的徵收，也無實物的經收。

(六)主管稽徵機關：

1.地價稅的主管稽徵機關：依本法第 15 條規定，地價稅是按每一土地所有權人在每一直轄市或縣（市）轄區內的地價總歸戶後的總額計徵。因此，地價稅雖爲土地稅，由縣（市）主管稽徵機關負責課徵，但因係歸戶，所以是由戶籍所在地的稅捐分處負責課徵。例如某甲於台北市松山區與內湖區各有土地一筆，但其戶籍（以地政機關登記的土地所有權人住址爲準）在萬華區，因此各該兩筆土地，歸戶後應由萬華稅捐分處負責課徵；倘若某甲另於新北市板橋區及桃園市中壢區各有一筆土地，則各該土地的地價稅不是與台北市的土地地價稅合併計徵，而是分別計徵，板橋區的土地地價稅由板橋稅捐分處負責課徵，中壢區的土地地價稅由中壢稅捐分處負責課徵。

2.土地增值稅的主管稽徵機關：土地增值稅是由土地所在地的稅捐分處負責課徵，並不是如地價稅歸戶後由戶籍所在地的稅捐分處負責課徵。例如某甲分別出售台北市大安區、高雄市小港區及台中市豐原區的土地，則各該土地的增值稅，是由各該土地所在地的稅捐分處負責課徵。

第 3 條（地價稅及田賦之納稅義務人）

地價稅或田賦之納稅義務人如下：

一　土地所有權人。

二　設有典權土地，為典權人。

三　承領土地，為承領人。

四　承墾土地，為耕作權人。

前項第 1 款土地所有權屬於公有或公同共有者，以管理機關或管理人為納稅義務人；其為分別共有者，地價稅以共有人各按其應有部分為納稅義務人；田賦以共有人所推舉之代表人為納稅義務人，未推舉代表人者，以共有人各按其應有部分為納稅義務人。

解說

(一)本條立法理由在於明定公、私有土地地價稅及田賦的繳納義務人。

(二)土地所有權人爲地價稅或田賦的納稅義務人，應無疑問。至於土地設定典權，則以典權人爲納稅義務人。所謂「典權」，依民法第 911 條規定，稱典權者，謂支付典價在他人之不動產爲使用、收益，於他人不回贖時，取得該不動產所有權之權。通俗的說法，典權就是典當的權利。土地既然典當給他人，其地價稅或田賦，依本條規定，自然以典權人爲納稅義務人。不過，目前實務上土地設定典權者，並不多見。

(三)土地放領，於地價未繳清前，承領人雖尚未取得所有權，但依本條規定，其地價稅或田賦由承領人繳納。至於公有荒地，依土地法第 133 條規定，承墾人自墾竣日起，無償取得所領墾地的耕作權，如繼續耕作滿 10 年者，無償取得土地所有權。因此，承墾土地，其地價稅或田賦，由耕作權人繳納。

(四)土地屬於公有者，以管理機關爲納稅義務人。所謂「公有土地」，依本法第 7 條規定，是指國有、直轄市有、縣（市）有及鄉（鎮、市）有之土地。

(五)土地屬於公同共有者，以管理人爲納稅義務人。所謂「公同共有人」，依民法第 827 條規定，是指依法律規定、習慣或法律行爲，成一公同關係之數人，基於其公同關係，而共有一物者。由於各公同共有人無持分，故以管理人爲納稅義務人，例如祭祀公業、神明會或登記爲共有而無持分者等均是。

(六)土地屬於分別共有者，各共有人有其應有部分，也就是說，各共有人有其持分。因此，地價稅以各共有人的持分爲準，由各共有人各自繳納。至於田賦，係以整筆土地課稅，故以共有人所推舉的代表人爲納稅義務人；如未推舉代表人者，以共有人各按其應有部分爲納稅義務人。

(七)納稅義務基準日：

1.由於土地所有權可能移轉或設定典權，故土地稅法施行細則第 20 條規定，各年地價稅以本法第 40 條規定納稅義務基準日土地登記簿所載之所有權人或典權人爲納稅義務人。

2.土地稅法施行細則第 40 條規定，田賦之徵收，以直轄市、縣（市）各期田賦開徵前第 30 日爲納稅義務基準日。各期田賦以納稅義務基準日土地登記簿所載之土地所有權人或典權人、承領人、耕作權人爲納稅義務人。

(八)實務解釋：

1.土地縱然被他人違章建築占用，仍應向所有權人課徵地價稅（行政法院 60 年判字第 82 號判例），是故除非依本法第 4 條第 1 項第 4 款規定由土地所有權人申請由占有人代繳，主管稽徵機關才得向土地使用人——即代繳人課徵地價稅，否則仍以土地所有權人爲納稅義務人予以課徵地價稅。

2.遺產土地未辦繼承登記，事實上繼承人於被繼承人死亡時已取得遺產土地，且不須登記即生效力，是故地價稅應以繼承人爲課徵對象，並依民法第 1138 條所規定的繼承順序，擇定戶籍設於管轄區內者，填發地價稅單予以課徵，但稅單上註明「○○○之繼承人」。若繼承人有數人時，在分割遺產前，各繼承人對於遺產全部爲公同共有，是民法第 1151 條所明文規定，故遺產在未辦妥分割及繼承登記前，可依本條第 2 項規定，向公同共有土地管理人發單課徵地價稅（內政部台 46 內政字第 122934 號函及66.10.4 台財稅字第 36740 號函）。

3.依民法第 759 條規定解釋，因強制執行取得不動產物權者，不以登記爲生效要件。在拍賣並發給權利移轉證書之日起，該項不動產即已負有繳納稅捐的義務，是故土地拍賣並發給產權移轉證書後未辦理移轉登記前的地價稅，應向土地承買人課徵，並變更納稅義務人名義。如發給權利移轉證書日，係在納稅義務基準日以前者，應向拍賣人徵收；如在納稅義務基準日以後者，則向被拍賣人徵收——亦即於拍賣時，依法聲請執行法院參與分配（財政部 49.8.2 台財稅字第 05701 號令）。

4.法院判決確定移轉的土地，在未辦理所有權移轉登記前，如依民法第 759 條規定已取得不動產物權者，其地價稅應向該取得不動產物權者課徵，並可予追溯自法院判決確定之日起，按分割後持分的土地分開計徵地價稅（財政部 71.12.11 台財稅字第 38975 號函）。

5.公同共有土地，應以公同共有戶歸戶向代表人徵收地價稅；惟此項公同共有土地與持分共有土地性質不同，不得與代表人個人所有之土地，合併為一戶，計徵地價稅（臺灣省政府48.1.17府財六字第103294號令）。

6.公同共有土地未設管理人者，其應納之地價稅繳款書上納稅義務人應如何記載、如申請分單繳納者，應否由全體公同共有人共同提出申請並以書面協議個別分擔比率或金額，及如對稅捐稽徵機關課徵之公同共有土地地價稅不服，應否由全體公同共有人共同申請復查一案（財政部92.9.10台財稅字第0920453854號函）。

說明：二、公同共有土地未設管理人者，依稅捐稽徵法第12條後段規定，以全體公同共有人為納稅義務人，全體公同共有人係對應納稅捐負連帶責任，前經本部68年6月24日台財稅第34348號函釋有案；其地價稅繳款書上納稅義務人之記載，請參照本部92年2月10日台財稅字第0920005948號函，應逐一列舉納稅義務人姓名之規定辦理，惟如因實際困難，無法查明全部納稅義務人之姓名時，該已查得部分之納稅義務人姓名仍應逐一列舉。三、前開地價稅經全體公同共有人共同提出申請分單繳納者，准按各公同共有人約定之比例分單繳納。如僅由部分共有人申請分單，且其公同共有關係所由規定之法律或契約定有公同共有人可分之權利義務範圍，經稅捐稽徵機關查明屬實者，准就該申請人應有權利部分分單繳納，惟分單後之地價稅繳款書上納稅義務人之記載除應依上開說明二辦理外，並另載明「分單繳納人」字樣及其姓名。四、依前開本部68年函釋，公同共有土地未設管理人者，全體公同共有人係對應納稅捐負連帶責任，而連帶債務之債權人，依民法第273條規定得對於債務人中之一人或數人或其全體，同時或先後請求全部或一部之給付。準此，以全體公同共有人爲納稅義務人所核課之稅捐，如由公同共有人中之一人申請復查，稅捐稽徵機關應予受理。

7.○君所有之土地遭不法集團僞造證件登記於他人名下，嗣經法院判決塗銷登記，回復所有權予原所有權人，則地價稅納稅義務人之名義，可否溯自非法登記他人名下之年期起變更爲原所有權人乙案（財政部 89.3.17 台財稅第 0890451414 號函）。

說明：本案經准內政部 89 年 1 月 14 日台（89）內中地字第 8978258 號函，略以：「本案○君與△君之所有權移轉登記，既經地政機關依據法院確定判決辦竣塗銷登記，並回復爲原所有權人名義，則該回復所有權應溯自○君原取得日……」，又依土地稅法第 3 條第 1 項第 1 款規定，地價稅之納稅義務人爲土地所有權人。準此，○君所有之土地遭不法集團僞造證件登記於△君名下，既經地政機關依據法院確定判決辦竣塗銷登記，並回復爲原所有權人名義，該回復所有權係溯自原所有權人○君原取得日，則該房地遭非法移轉登記於△君之期間，所有權人之名義既已回復爲○君，其納稅義務人名義自應予以回復，該期間之地價稅並應向○君補徵，而其核課期間參酌本部 72 年 12 月 8 日台財稅第 38726 號函規定，應自核課權成立之日，即回復原所有權人○君登記之日起算。另非法登記期間之地價稅，如非法登記人業已繳納，應予退還。

8.已辦竣所有權買賣移轉登記之土地，嗣經法院判決或調解返還所有權，其地價稅納稅義務人之名義，是否應依該判決或調解筆錄溯自原所有權人原取得日變更，並據以辦理補徵及退稅事宜一案（財政部 96.1.23 台財稅字第 09604502680 號函）。

說明：本案房地如經向地政機關查明依判決或調解返還所有

權，係因法律行爲不成立或當然、視爲自始無效，經法院判決確定或經調解成立之回復所有權登記，則其地價稅參照本部 89 年 3 月 17 日台財稅第 0890451414 號函釋規定，應變更納稅義務人名義，並辦理補、退稅事宜；否則，該地價稅之納稅義務人名義，仍應以地政機關所登記之所有權人爲準。

9.未設管理人之公同共有土地，部分共有人於地價稅繳款書合法送達後申請分單繳納，如其公同共有關係所由規定之法律或契約定有公同共有人可分之權利義務範圍，經稽徵機關查明屬實者，准就該申請人（潛在）應有權利部分分單繳納，惟依法各公同共有人對全部應納稅捐仍負連帶責任。上述分單繳納稅款之限繳日期，以原核定限繳日期爲準。原繳款書既已合法送達，且該核課行政處分與法並無不合者，應不再重爲行政處分（財政部 102.7.19 台財稅字第 10200589390 號令）。

第 3 條之 1（信託土地地價稅納稅義務人）

土地為信託財產者，於信託關係存續中，以受託人為地價稅或田賦之納稅義務人。

前項土地應與委託人在同一直轄市或縣（市）轄區內所有之土地合併計算地價總額，依第 16 條規定稅率課徵地價稅，分別就各該土地地價占地價總額之比例，計算其應納之地價稅。但信託利益之受益人為非委託人且符合下列各款規定者，前項土地應與受益人在同一直轄市或縣（市）轄區內所有之土地合併計算地價總額：

一　受益人已確定並享有全部信託利益者。

二　委託人未保留變更受益人之權利者。

解說

(一)本條文係於民國 90 年 6 月 13 日修正公布土地稅法時所增訂。

(二)信託法的制定公布：我國信託法於民國 85 年 1 月 26 日制定公布。所謂信託，依該法第 1 條規定，係指委託人將財產權移轉或為其他處分，使受託人依信託本旨，為受益人之利益或為特定之目的，管理或處分信託財產之關係。

(三)公益信託及私益信託：

1.公益信託：依前述信託法內容架構以觀，信託有私益信託（第三章）及公益信託（第八章）之分。其中公益信託，房屋稅條例於民國 90 年 6 月 20 日修正公布，增訂第 15 條第 1 項第 11 款。該款規定，經目的事業主管機關許可設立之公益信託，其受託人因該信託關係而取得之房屋，直接供辦理公益活動使用之私有房屋，免徵房屋稅。該土地稅法則未見有公益信託之私有土地免徵地價稅的規定。

2.私益信託：私益信託又可區分為自益信託及他益信託。所謂自益信託，即委託人為受益人。所謂他益信託，即受益人為委託人以外之第三人。

(四)納稅義務人：

1.信託土地，其產權名義既已信託移轉與受託人，自應以受託人為納稅義務人。

2.於自益信託之場合，土地權利名義雖為受託人，但實質上仍為委託人所有，故計徵地價稅時，仍應與委託人所有名義之同一直轄市或縣（市）內之土地合併地價予以計算稅額。

3.於他益信託之場合，土地權利名義雖為受託人，但如受益人已確定並享有全部信託利益，或委託人未保留變更受益人之權利，則實質上爲受益人所有，故計徵地價稅時，應與受益人所有名義之同一直轄市或縣（市）內之土地合併地價予以計算稅額。

4.由於納稅義務人爲受託人，與委託人或受益人爲納稅義務人之地價稅單，不同一稅單，故依地價比例分別計算地價稅額。

第 4 條（代繳義務人）

土地有下列情形之一者，主管稽徵機關得指定土地使用人負責代繳其使用部分之地價稅或田賦：

一　納稅義務人行蹤不明者。

二　權屬不明者。

三　無人管理者。

四　土地所有權人申請由占有人代繳者。

土地所有權人在同一直轄市、縣（市）內有兩筆以上土地，為不同之使用人所使用時，如土地所有權人之地價稅係按累進稅率計算，各土地使用人應就所使用土地之地價比例負代繳地價稅之義務。

第 1 項第 1 款至第 3 款代繳義務人代繳之地價稅或田賦，得抵付使用期間應付之地租或向納稅義務人求償。

解說

(一)本條立法理由在於地價稅或田賦的納稅義務人雖已於本法第 3 條明確規定，但事實上仍有納稅義務人行蹤不明、土地權屬不清、無人管理及被他人占用等情形，使稅單無法送達，故訂定代繳辦法，以利稽徵。

(二)納稅義務人行蹤不明，或土地權屬不明，或土地無人管理，地價稅或田賦勢必未能繳納，因此，主管稽徵機關得指定土地使用人負責代繳其使用部分的地價稅或田賦。

(三)倘若土地被占用，土地所有權人仍然願意繳納地價稅或田賦，當然不生任何問題；但如果土地所有權人向主管稽徵機關申請由占有人代繳，則主管稽徵機關得以占有人爲代繳人。

(四)依本法第 15 條規定，地價稅是按每一土地所有權人在每一直轄市或縣（市）轄區內之地價總額計徵；且依本法第 16 條規定，地價總額未超過累進起點地價者，其地價稅按基本稅率徵收，超過累進起點地價者，則依累進稅率徵收。因此，本條第 2 項明訂同一直轄市、縣（市）內有兩筆以上土地，爲不同的使用人所使用時，如果土地所有權人的地價稅係按累進稅率計算，則各土地使用人應就所使用土地的地價比例，分算其代繳的地價稅額。

(五)納稅義務人行蹤不明，或土地權屬不明，或土地無人管理等情形，而由代繳義務人代繳的地價稅或田賦，得抵付使用期間應付的租金，或是向納稅義務人要求償還。

(六)實務解釋：

1.原告爲業主代繳的地價稅，是前業主積欠而未完納者，其納稅義務人顯係前業主而非原告。縱令事實上係由原告代繳，但並不能因此變更公法上納稅義務的主體。是故對該項地價稅如爲退稅的申請，僅能由繳稅的原業主爲之，其代繳稅款的原告，自無以自己名義請求退稅的權利。被告官署拒絕原告的請求，於法尙無違誤（行政法院 58 年判字第 517 號判例）。

2.土地所有權人依本條第 1 項第 4 款規定，申請由占有人代繳地價稅案件，應由申請人檢附占有人姓名、住址、土地坐落及占有面積等有關資料，向稽徵機關提出申請始予辦理分單手續。但所有權人所提供的上項資料，占有人如有異議，應由所有權人或由稽徵機關協助查明更正，在有關資料未查明前，仍應向土地所有權人發單課徵。至於經稽徵機關分單指定負責代繳地價稅的占有人逾滯納期限仍未繳納時，可先就代繳人的財產予以移送法院強制執行，如代繳人的財產不足以抵繳滯欠地價稅時，再以占用的土地爲標的移送法院強制執行（財政部 71.10.7 台財稅字第 37377 號函）。

3.依民法第 940 條規定，對於物有事實上管領之力者，爲占有人，房屋所有人占有使用房屋的基地，對該基地有事實上管領力，應認爲是本條第 1 項第 4 款所規定的占有人，不因其占用該基地有無法律上原因而受影響。又土地所有權人申請由占有人代繳地價稅時，主管稽徵機關「得」指定土地使用人負責代繳其使用部分的地價稅，如占有人對代繳稅款既有異議，是否仍指定由其代繳，應由主管稽徵機關審酌實情，本諸職權辦理（財政部 83.6.29 台財稅字第 831599502 號函）。

4.土地如經主管稽徵機關依本條規定，指定土地使用人負責代繳其使用部分的地價稅，如使用人所使用的土地面積，因法定空地比例無法核計致應分攤的代繳稅額，亦無總計算者，准按建物面積比例，計算其應負責代繳的稅額（財政部 73.4.5 台財稅字第 52335 號函）。

5.查「對於物有事實上管領之力者，爲占有人」，爲民法第 940 條所明定，使用借貸因借用物的交付而生效力；借用物交付後，借用人於借貸關係存續中，有繼續占有其物而爲使用之權。是故借用人應認屬本條第 1 項第 4 款所規定的占有人，即屬得代繳地價稅的占有人（財政部 82.9.9 台財稅字第 821496039 號函）。

6.土地所有權人依土地稅法第 4 條第 1 項第 4 款規定，申請由占有人代繳地價稅之案件，稽徵機關核准是類申請由占有人代繳地價稅案件時，應併予提示倘占有人逾期未繳納，應依稅捐稽徵法第 20 條規定加徵滯納金，並依同法第 39 條規定移送執行；另如占有人未依限代繳地價稅時，應即通知土地所有權人，以杜爭議（財政部 100.4.29 台財稅字第 10000047411 號函）。

第 5 條（土地增值稅之納稅義務人）

土地增值稅之納稅義務人如下：
一　土地為有償移轉者，為原所有權人。
二　土地為無償移轉者，為取得所有權之人。
三　土地設定典權者，為出典人。
前項所稱有償移轉，指買賣、交換、政府照價收買或徵收等方式之移轉；所稱無償移轉，指遺贈及贈與等方式之移轉。

解說

(一)本條立法理由在於明定土地增值稅的納稅義務人。

(二)土地增值稅的課徵，是在實現漲價歸公的理想。因此，由蒙受漲價利益者負繳納土地增值稅的義務，例如土地買賣移轉，出賣人蒙受漲價利益，故由出賣人負責繳納土地增值稅；又如土地贈與，受贈人蒙受漲價利益，故由受贈人負責繳納土地增值稅。

(三)所謂「有償移轉」，即是土地有代價的移轉，例如買賣、交換、政府照價收買或徵收等方式的移轉。民國 83 年 1 月 7 日政府修正本法第 39 條及第 39 條之 1 條文，徵收土地或區段徵收土地，均免徵土地增值稅，是故徵收雖是有償移轉，目前卻是免徵土地增值稅。

(四)所謂「無償移轉」，即是土地沒有代價的移轉，例如遺贈或贈與等方式的移轉。所謂遺贈，就是被繼承人生前預定遺囑，於死後將遺產贈與繼承人以外的人，依土地登記規則第 123 條規定，受遺贈人申辦遺贈的土地所有權移轉登記，應由繼承人先辦繼承登記後，由繼承人會同受遺贈人申請之。如果遺囑另指定有遺囑執行人時，應於辦畢遺囑執行人登記及繼承登記後，由遺囑執行人會同受遺贈人申請之。於繼承人有無不明時，仍應於辦畢遺產管理人登記後，由其會同受遺贈人申請之。因此，受遺贈人於辦理土地移轉登記時，應報繳土地增值稅。此外，依遺產及贈與稅法第 6 條規定，於無遺囑執行人者，遺產稅的納稅義務人為繼承人及受遺贈人。是故受遺贈人不僅為土地增值稅的納稅義務人，也是遺產稅的納稅義務人。

(五)實務解釋：

土地所有權人經法院宣告破產，其土地由破產財團依法取得管理及處分權，破產財團出售（拍賣）該土地後，於辦理所有權移轉時，應由破產財團管理人與承買人，依平均地權條例第 47 條（土稅 49）規定，共同申報移轉現值。至於破產財團所為之「拍賣」，自非土地稅法暨稅捐稽徵法所指之「法院拍賣」，既係有償移轉方式之一種，依本條規定，土地增值稅的納稅義務人仍為原土地所有權人（即破產人）。惟依稅捐稽徵法第 7 條規定：「破產財團成立後，其應納稅捐為財團費用，由破產管理人依破產法之規定清償。」是以該項應納稅款，自得責由破產管理人繳納（財政部 73.11.14 台財稅字第 62993 號函）。

第 5 條之 1（滯納稅款之代繳人）

土地所有權移轉，其應納之土地增值稅，納稅義務人未於規定期限內繳納者，得由取得所有權之人代為繳納。依平均地權條例第 47 條規定由權利人單獨申報土地移轉現值者，其應納之土地增值稅，應由權利人代為繳納。

解說

(一)本條係於民國 78 年 10 月 30 日修正本法時所增訂，其立法理由在於配合平均地權條例第 50 條明定土地所有權移轉之土地增值稅由原土地所有權人繳納，並規定得由取得所有權之人代爲繳納，以免原土地所有權人藉故不繳土地增值稅，致無法完成移轉登記手續而影響權利人的權利。

(二)平均地權條例第 50 條規定與本條規定相同，依本條前段規定，土地所有權移轉，其應納的土地增值稅，納稅義務人未於規定期限內繳納者，得由取得所有權之人代爲繳納：

1.法條文字爲「得」由取得所有權之人代爲繳納，換言之，取得所有權之人亦得不代爲繳納。但是依本法第 51 條第 1 項規定，欠繳土地稅之土地，在欠稅未繳清前，不得辦理移轉登記或設定典權，因此，對取得所有權人而言，納稅義務人若不繳納，亦未代爲繳納，是無法完成移轉登記的。所以於買賣實務上，均約定於土地增值稅單開出時支付一次買賣價款，出賣人收受買賣價款的同時，應繳納土地增值稅，或由承買人代爲繳納並抵付買賣價款，以免無法移轉登記而蒙受不利。

2.對照第 5 條規定，本條似僅適用於有償移轉。因爲於無償移轉時，土地增值稅的納稅義務人爲取得所有權人，與本條規定剛好相反。至於第 5 條第 1 項第 3 款規定，出典人爲土地增值稅的納稅義務人，於未繳納時，其相對人為典權人，並非本條所規定的取得所有權人，故亦不適用。

(三)平均地權條例第 47 條第 1 項但書規定，依規定得由權利人單獨申請登記者，權利人得單獨申報其移轉現值。依土地登記規則第 27 條規定，得由權利人或登記名義人單獨申請登記的各種登記中而須申報移轉現值繳納土地增值稅者，例如第 4 款規定的「因法院、行政執行分署或公正第三人拍定、法院判決確定之登記」。準此，土地因法院、行政執行分署或公正第三人拍定，或買賣、交換等有償移轉經法院判決確定，權利人得單獨申報土地移轉現值，並由權利人代為繳納土地增值稅。至於權利人代為繳納的土地增值稅，得由買賣價款中扣抵或向納稅義務人要求償還。

(四)實務解釋：

1.已繳納的土地增值稅，如發生退還情事，原則上應以繳款通知書上所載納稅義務人為退還的對象，但如該應退稅款，是由權利人向稽徵機關申請代繳有案，或權利人能提出證明該項應退稅款確係由權利人代為繳納並經稽徵機關查明屬實者，應准由代繳人辦理切結手續後，退還代繳人（財政部 74.6.12 台財稅字第 17451 號函）。

2.購買土地，已申報移轉現值並代為繳納土地增值稅，因故未能辦理移轉登記，權利人訴請義務人應協同權利人撤銷該土地現值申報並申請退還土地增值稅返還權利人，經法院判決勝訴確定，如義務人不依確定判決辦理，稽徵機關准予受理權利人單獨申請撤銷，並取具切結將稅款退還代繳的權利人（財政部 75.4.11 台財稅字第 7536431 號函）。

3.部分共有人依土地法第 34 條之 1 規定，申報土地移轉現值，稽徵機關應予受理，但申報人應負責繳清全部共有土地增值稅，才得據以辦理土地權利變更登記，是故共有土地的處分，其應納土地增值稅如經查明是由部分共有人繳納，於核准撤銷現值申報後，該退稅款應准退還原繳納人（財政部 83.8.24 台財稅字第 831607165 號函）。

4.符合本條規定得由取得所有權之人代爲繳納土地增值稅之代繳人，在代繳稅款前，尙不得以自己名義申請復查；至同條後段應由權利人代爲繳納之代繳人，在代繳稅款前，以其自己名義申請復查者，依稅捐稽徵法第 50 條準用同法第 35 條規定，應准受理（財政部 86.4.10 台財稅第 861892190 號函）。

5.土地增值稅由權利人繳納，惟其繳納稅款係自應給付之買賣土地價款中扣除，如有退還可否退還權利人一案（財政部 88.4.29 台財稅第 881912473 號函）。

說明：本部 74 年 6 月 12 日台財稅第 17451 號函釋係針對稅款非由納稅義務人支付，而確爲權利人出資代繳之案件，嗣後如發生應行退還之情事，理應退還實際出資繳納之代繳人所爲之釋示。本案既經查明土地增值稅雖由權利人○君先代繳，惟該稅款係自應給付原土地所有權人之買賣土地價款中扣除，則○君形式上雖爲代繳人，實質上稅款仍由出售人負擔，其退稅款應無上揭函釋退還代繳人規定之適用。

6.共有土地經法院判決分割，依本條規定由權利人代繳土地增值稅，嗣縱使原核定之納稅義務人變更，應不影響上開條文所定應由權利人代爲繳納之義務。其已納之土地增值稅，倘因納稅主體更正而有應退還代繳人情事時，得以該退稅款，先抵繳其更正後應代爲繳納之土地增值稅。又更正查定及權利人代爲繳納土地增值稅後，涉及代繳人向納稅義務人求償權利之行使，其代爲繳納之對象、金額及納稅證明等，均有詳實、明確記載之必要，並應通知各相關當事人。代繳人如因行使求償權之需要，亦可應其請求就更正後代繳之各該納稅人分別核發完稅證明（財政部 90.3.2 台財稅字第 0900460180 號函）。

第 5 條之 2（信託土地增值稅納稅義務人）

受託人就受託土地，於信託關係存續中，有償移轉所有權、設定典權或依信託法第 35 條第 1 項規定轉為其自有土地時，以受託人為納稅義務人，課徵土地增值稅。

以土地為信託財產，受託人依信託本旨移轉信託土地與委託人以外之歸屬權利人時，以該歸屬權利人為納稅義務人，課徵土地增值稅。

解說

(一)本條文係於民國 90 年 6 月 13 日修正公布土地稅法時所增訂。

(二)本條雖規定信託土地增值稅的納稅義務人，但亦可因此了解到信託土地課徵土地增值稅的情形：

1.以受託人爲納稅義務人：

(1)於信託關係存續中，受託人就受託土地有償移轉所有權時，應課徵土地增值稅。

(2)於信託關係存續中，受託人就受託土地設定典權時，應課徵土地增值稅。但參照本法第 29 條規定，應屬「預繳土地增值稅」。

(3)依信託法第 35 條第 1 項規定，轉爲其自有土地時應課徵土地增值稅。信託法第 35 條第 1 項規定，受託人除有下列各款情形之一外，不得將信託財產轉爲自有財產，或於該信託財產上設定或取得權利：

①經受益人書面同意，並依市價取得者。

②由集中市場競價取得者。

③有不得已事由經法院許可者。

2.以歸屬權利人為納稅義務人：

(1)信託土地，依信託本旨移轉與委託人以外之歸屬權利人，其性質類似遺贈，故以承受之歸屬權利人為納稅義務人。

(2)依信託法第 65 條規定，信託關係消滅時，信託財產之歸屬，除信託行為另有訂定外，依下列順序定之：

①享有全部信託利益之受益人。

②委託人或其繼承人。

(3)依本法第 28 條之 3 規定，「信託契約明定信託財產之受益人為委託人者，信託關係消滅時，受託人與受益人間」及「因遺囑成立之信託，於信託關係消滅時，受託人與受益人間」之信託土地所有權移轉，不課徵土地增值稅。故前述信託法第 65 條所規定的歸屬權利，應僅指「享有全部信託利益之受益人」。至於歸屬於「委託人或其繼承人」，應屬於不課徵土地增值稅的範圍。

(三)實務解釋：

委託人於信託關係存續中死亡，信託契約約定委託人死亡為信託關係消滅事由，且信託財產歸屬委託人自書遺囑指定繼承人，該信託財產移轉時，應否申報繳納土地增值稅及契稅疑義（財政部 101.1.20 台財稅字第 10000467990 號函）。

說明：二、本案經函准法務部 100 年 11 月 22 日法律字第 1000026003 函復略以，(一)按信託法第 66 條規定：「信託關係消滅時，於受託人移轉信託財產於前條歸屬權利人前，信託關係視爲存續，以歸屬權利人視爲受益人。」其立法意旨係信託關係消滅後，受託人有義務將信託財產移轉於信託財產之歸屬權利人，惟因信託財產之移轉手續未必於短期內所能完成，爲保障信託財產歸屬權利人之權益，遂有本條規定之設。準此，本件委託人死亡，則依其約定信託關係消滅，僅在信託財產移轉於其歸屬權利人前，信託關係視爲存續。(二)次按民法第 1202 條規定：「遺囑人以一定之財產爲遺贈，而其財產在繼承開始時，有一部分不屬於遺產者，其一部分遺贈爲無效；全部不屬於遺產者，其全部遺贈爲無效。但遺囑另有意思表示者，從其意思。」本件立遺囑人在 99 年 5 月 19 日所立自書遺囑，將一定之不動產，指定由兒子二人分別「繼承」各二分之一，其眞意究係繼承人應繼分之指定抑或屬於遺贈，涉及遺囑之解釋，尚非無疑。惟立遺囑人（委託人）又於同年月 31 日訂立信託契約，將該等不動產信託移轉與受託人，則於委託人死亡時，該等不動產係屬信託財產，權利應歸屬受益人，而非屬遺產；且其遺囑未有明確意思表示，從而縱認遺囑人之意思係遺贈，依上開民法第 1202 條規定，其遺贈亦爲無效。依上，是類不動產於委託人死亡時並非屬其遺產亦非屬遺贈，仍屬信託財產。三、按「以土地爲信託財產，受託人依信託本旨移轉信託土地與委託人以外之歸屬權利人時，以該歸屬權利人爲納稅義務人，課徵土地增值稅。」「以不動產爲信託財產，受託人依信託本旨移轉信託財產與委託人以外之歸屬權利人時，應由歸屬權利人估價立契，依第 16 條規定之期限申報繳納贈與契稅。」分別爲土地稅法第 5 條之 2 第 2 項及契稅條例第 7 條之 1 所明定。本案委託人於信託關係存續中死亡，受託人依信託契約移轉信託財產與委託人指定之受益人時，應依上開規定辦理。

第 6 條（土地稅之減免）

為發展經濟，促進土地利用，增進社會福利，對於國防、政府機關、公共設施、騎樓走廊、研究機構、教育、交通、水利、給水、鹽業、宗教、醫療、衛生、公私墓、慈善或公益事業及合理之自用住宅等所使用之土地，及重劃、墾荒、改良土地者，得予適當之減免；其減免標準及程序，由行政院定之。

解說

(一)本條立法理由在於明定土地稅之減免，授權行政院就減免標準及程序訂定規則實施。

(二)減免土地稅的目的，依本條規定，在於發展經濟、促進土地利用、增進社會福利。

(三)土地稅法的減免範圍，依本條規定，爲國防、政府機關、公共設施、騎樓走廊、研究機構、教育、交通、水利、給水、鹽業、宗教、醫療、衛生、公私墓、慈善或公益事業及合理的自用住宅等所用的土地，及重劃、墾荒、改良土地者。由此可見，土地稅的減免範圍相當廣泛。

(四)減免標準及程序：依本條規定，對於減免範圍內的土地，得予適當的減免，其減免的標準及程序，由行政院訂定。準此，行政院訂頒「土地稅減免規則」，茲依該減免規則的規定略述如下：

1.土地稅減免的項目：本規則所稱土地稅，包括地價稅、田賦及土地增值稅（第 2 條）。

2.私有土地：指公有土地以外，經自然人或法人依法取得所有權的土地。承墾人依法取得耕作權的墾竣土地及承領人依法承領的土地，準用本規則關於私有土地的規定（第 3 條）。

3.供公共使用的土地：指供公眾使用，不限定特定人使用的土地（第 4 條）。

4.減免範圍：

(1)比率計算減免：同一地號的土地，因其使用的情形或因其地上建物的使用情形，認定僅部分合於本規則減免標準者，得依合於減免標準的使用面積比率計算減免其土地稅（第 5 條）。

(2)申請核定者爲限：土地稅之減免，除依第 22 條但書規定免由土地所有權人或典權人申請者外，以其土地使用合於本規則所定減免標準，並依本規則規定程序申請核定者爲限（第 6 條）。

5.公有土地的免稅（第 7 條）：

(1)下列公有土地地價稅或田賦全免：

①供公共使用的土地。

②各級政府與所屬機關及地方自治機關用地及其員工宿舍用地。但不包括供事業使用者在內。

③國防用地及軍事機關、部隊、學校使用之土地。

④公立之醫院、診所、學術研究機構、社教機構、救濟設施及公、私立學校直接用地及其員工宿舍用地，以及學校學生實習所用之直接生產用地。但外國僑民學校應爲該國政府設立或認可，並依私立高級中等以下外國僑民學校及附設幼稚園設立及管理辦法設立，且以該國與我國有相同互惠待遇或經行政院專案核定免徵者爲限；本國私立學校，以依私立學校法立案者爲限。

⑤農、林、漁、牧、工、礦機關直接辦理試驗之用地。

⑥糧食管理機關倉庫用地。

⑦鐵路、公路、航空站、飛機場、自來水廠及垃圾、水肥、污水處理廠（池、場）等直接用地及其員工宿舍用地。但不包括

其附屬營業單位獨立使用之土地在內。

⑧引水、蓄水、洩水等水利設施及各項建造物用地。

⑨政府無償配供平民居住之房屋用地。

⑩名勝古蹟及紀念先賢先烈之館堂祠廟與公墓用地。

⑪觀光主管機關為開發建設觀光事業，依法徵收或協議購買之土地，在未出賣與興辦觀光事業者前，確無收益者。

⑫依停車場法規定設置供公眾使用之停車場用地。

(2)前項公有土地係徵收、收購或受撥用而取得者，於其尚未辦妥產權登記前，如經該使用機關提出證明文件，其用途合於免徵標準者，徵收土地自徵收確定之日起、收購土地自訂約之日起、受撥用土地自撥用之日起，準用前項規定。

(3)原合於第 1 項第 5 款供公、私立學校使用之公有土地，經變更登記為非公有土地後，仍供原學校使用者，準用第 1項規定。

(4)公立學校之學生宿舍，由民間機構與主辦機關簽訂投資契約，投資興建並租與該校學生作宿舍使用，且約定於營運期間屆滿後，移轉該宿舍之所有權予政府者，於興建及營運期間，其基地之地價稅得由當地主管稽徵機關專案報請直轄市、縣（市）主管機關核准免徵。

6.私有土地地價稅或田賦的減免（第 8 條）：

(1)私有土地減免地價稅或田賦之標準如下：

①財團法人或財團法人所興辦業經立案之私立學校用地，為學生實習農、林、漁、牧、工、礦等所用之生產用地及員生宿舍用地，經登記為財團法人所有者全免。但私立補習班或函授學校用地，均不予減免。

②經主管教育行政機關核准合於私立社會教育機構設立及獎

勵辦法規定設立之私立圖書館、博物館、科學館、藝術館及合於學術研究機構設立辦法規定設立之學術研究機構，其直接用地，全免。但以已辦妥財團法人登記，或係辦妥登記之財團法人所興辦，且其用地為該財團法人所有者為限。

③經事業主管機關核准設立，對外絕對公開，並不以營利為目的之私立公園及體育館場，其用地減徵50%；其為財團法人組織者減徵70%。

④經事業主管機關核准設立之私立農、林、漁、牧、工、礦試驗場，辦理五年以上，具有試驗事實，其土地未作其他使用，並經該主管機關證明者，其用地減徵50%。

⑤經事業主管機關核准設立之私立醫院、捐血機構、社會救濟慈善及其他為促進公眾利益，不以營利為目的，且不以同業、同鄉、同學、宗親成員或其他特定之人為主要受益對象之事業，其本身事業用地，全免。但為促進公眾利益之事業，經由當地主管稽徵機關報經直轄市、縣（市）主管機關核准免徵者外，其餘應以辦妥財團法人登記，或係辦妥登記之財團法人所興辦，且其用地為該財團法人所有者為限。

⑥經事業主管機關核准設立之私立公墓，其為財團法人組織，且不以營利為目的者，其用地，全免。但以都市計畫規劃為公墓用地或非都市土地經編定為墳墓用地者為限。

⑦經事業主管機關核准興建之民營鐵、公路，或專用鐵、公路，經常開放並附帶客貨運輸者，其基地，全免。

⑧經事業主管機關核准興辦之農田水利事業，所有引水、蓄水、洩水各項建造物用地，全免；辦公處所及其工作站房用地減徵50%。

⑨有益於社會風俗教化之宗教團體，經辦妥財團法人或寺廟

登記，其專供公開傳教佈道之教堂、經內政部核准設立之宗教教義研究機構、寺廟用地及紀念先賢先烈之館堂祠廟用地，全免。但用以收益之祀田或放租之基地，或其土地係以私人名義所有權登記者不適用之。

⑩無償供給政府機關、公立學校及軍事機關、部隊、學校使用之土地，在使用期間以內，全免。

⑪各級農會、漁會之辦公廳及其集貨場、依法辦竣農倉登記之倉庫或漁會附屬之冷凍魚貨倉庫用地，減徵 50%。

⑫經主管機關依法指定之私有古蹟用地，全免。

(2)前項第 1 款之私立學校，第 2 款之私立學術研究機構及第 5 款之私立社會救濟慈善各事業，其有收益之土地，而將全部收益直接用於各該事業者，其地價稅或田賦得專案報請減免。第 3 款、第 4 款、第 6 款、第 7 款、第 8 款及第 11 款之各事業用地，應以各該事業所有者爲限。但第 3 款之事業租用公地爲用地者，該公地仍適用該款之規定。

7.無償供公眾通行的道路土地免稅：無償供公眾通行之道路土地，經查明屬實者，在使用期間內，地價稅或田賦全免。但其屬建造房屋應保留之法定空地部分，不予免徵（第 9 條）。

8.供公共通行的騎樓走廊地的減免（第 10 條）：

(1)供公共通行之騎樓走廊地，無建築改良物者，應免徵地價稅；有建築改良物者，依下列規定減徵地價稅：

①地上有建築改良物一層者，減徵二分之一。

②地上有建築改良物二層者，減徵三分之一。

③地上有建築改良物三層者，減徵四分之一。

④地上有建築改良物四層以上者，減徵五分之一。

(2)前項所稱建築改良物係指附著於土地之建築物或工事。

9.公共設施保留地的免稅：都市計畫公共設施保留地，在保留期間未作任何使用並與使用中之土地隔離者，地價稅或田賦全免（第 11 條）。

10.受制區土地的減免（第 11 條之 1）：由國防部會同內政部指定海岸、山地或重要軍事設施區，經依法劃爲管制區而實施限建或禁建之土地，減免地價稅或田賦之標準如下：

(1)限建之土地，得在 30% 範圍內，由直轄市、縣（市）主管機關酌予減徵。

(2)禁建之土地，減徵 50%：但因禁建致不能建築使用且無收益者，全免。

11.水源特定區的減免（第 11 條之 2）：水源水質水量保護區依都市計畫程序劃定爲水源特定區者，減免地價稅或田賦之標準如下：

(1)農業區及保護區，減徵 50%。

(2)住宅區，減徵 30%。

(3)商業區，減徵 20%。

12.古蹟保存區的減免（第 11 條之 3）：依法劃定爲古蹟保存區或編定爲古蹟保存用地之土地，減免地價稅或田賦之標準如下：

(1)土地或建築物之使用及建造受限制者，減徵 30%。

(2)禁建之土地，減徵 50%。但因禁建致不能建築使用且無收益者，全免。

13.飛航管制區的減免（第 11 條之 4）：

(1)飛航管制區依航空站飛行場助航設備四周禁止限制建築物及其他障礙物高度管理辦法規定禁止建築之土地，其地價稅或田賦減徵 50%。但因禁止建築致不能建築使用且無收益者，全免。

(2)依前項辦法規定限制建築地區之土地，因實際使用確受限制者，其地價稅或田賦得在 30% 範圍內，由直轄市、縣（市）主管機關酌予減徵。

14.未發布細部計畫土地的減免：已發布主要計畫尚未發布細部計畫之都市計畫地區，其主要計畫變更案於本規則中華民國 96 年 12 月 19 日修正施行前，業經內政部都市計畫委員會審議，因受限於防洪計畫致尚未能核定者，於該地區細部計畫發布實施前，其地價稅或田賦得在 30%範圍內，由當地主管稽徵機關報請直轄市、縣（市）主管機關酌予減徵（第 11 條之 5）。

15.山崩等無法使用土地的減免：因山崩、地陷、流失、沙壓等環境限制及技術上無法使用之土地，或在墾荒過程中之土地，地價稅或田賦全免（第 12 條）。

16.區段徵收或重劃區內土地的減免：區段徵收或重劃地區內土地，於辦理期間致無法耕作或不能為原來之使用而無收益者，其地價稅或田賦全免；辦理完成後，自完成之日起其地價稅或田賦減半徵收 2 年（第 17 條）。

17.外人取得土地的減免：外國政府機關取得所有權或典權之土地，其土地稅之減免依各該國與我國互惠規定辦理（第 18 條）。

18.減免程序：

(1)公告：直轄市、縣（市）主管稽徵機關應於每年（期）地價稅或田賦開徵 60 日前，將減免有關規定及其申請手續公告周知（第 21 條）。

(2)申請與免申請（第 22 條）：依第 7 條至第 17 條規定，申請減免地價稅或田賦者，公有土地應由管理機關，私有土地應由所有權人或典權人，造具清冊檢同有關證明文件向直轄市、縣

（市）主管稽徵機關爲之。但合於下列規定者，應由稽徵機關依通報資料逕行辦理或由用地機關函請稽徵機關辦理，免由土地所有權人或典權人申請：

①依第 8 條第 1 項第 10 款規定全免者。

②經地目變更爲「道」之土地（應根據主管地政機關變更登記爲「道」之地籍資料辦理）。

③經都市計畫編爲公共設施保留地（應根據主管地政機關通報資料辦理）。

④徵收之土地或各級政府、軍事機關、學校、部隊等承購之土地（應根據徵收或承購機關函送資料辦理）。

⑤私有無償提供公共巷道用地（應由工務、建設主管機關或各鄉（鎮、市、區）公所建設單位，列冊送稽徵機關辦理）。

⑥辦理區段徵收或重劃之土地（應由主管地政機關列冊送稽徵機關辦理）。

⑦依第 11 條之 1 規定減免之土地（應由國防軍事機關列冊敘明土地標示及禁、限建面積及限建管制圖等有關資料送稽徵機關辦理）。

⑧依第 11 條之 2 規定減免之土地（應由水源特定區管理機關列冊敘明土地標示，使用分區送稽徵機關辦理）。

⑨依第 11 條之 3 規定減免之土地（應由古蹟主管機關列冊敘明土地標示、使用分區送稽徵機關辦理）。

⑩依第 11 條之 4 規定減免之土地（應由民航主管機關提供機場禁建限建管制圖等有關資料送稽徵機關辦理）。

⑪依第 11 條之 5 規定減徵之土地（應由該管都市計畫主管機關提供該地區主要計畫變更案之範圍等有關資料送稽徵機關辦理）。

⑫經核准減免有案之土地，於減免年限屆滿，由稽徵機關查明其減免原因仍存在並准予繼續減免者。

(3)實地勘查（第 23 條）：

①直轄市、縣（市）主管稽徵機關接到減免地價稅或田賦之申請後，除下列規定外，應即會同會辦機關派員，依據地籍圖冊實地勘查，並得視事實需要，函請申請人到場引導：

A.徵收土地或各級政府、軍事機關、學校、部隊因公承購土地，於辦妥產權登記前，依徵收或承購土地機關之申請或檢附之證明文件核定減免，免辦實地勘查。

B.公有土地，依管理機關或使用機關之申請或檢附之證明文件核定減免，免辦實地勘查。

C.無償提供公共或軍事機關、學校、部隊使用之私有土地，依有關機關或使用機關之申請或檢附之證明文件核定減免，免辦實地勘查。

D.合於減免規定之私有土地，依所有權人或典權人於申請減免時所檢附之相關資料，足資證明其地上建築物之土地標示者，得自行派員實地勘查。

②前項實地勘查，其應勘查事項如下，會勘人員並應將勘查結果會報主管稽徵機關：

A.核對原冊所列土地權屬、坐落、面積、地號、地價或賦額是否相符。

B.查核申請減免案件是否與有關規定相符。

C.逐筆履勘土地使用情形是否屬實。

D.其他有關事項。

(4)申請期限（第 24 條）：

①合於第 7 條至第 17 條規定申請減免地價稅或田賦者，應

於每年（期）開徵 40 日前提出申請：逾期申請者，自申請之次年（期）起減免。減免原因消滅，自次年（期）恢復徵收。

②土地增值稅之減免應於申報土地移轉現值時，檢同有關證明文件向主管機關提出申請。

(5)核定與通知：直轄市、縣（市）主管稽徵機關受理申請土地稅減免案件，應於查核會勘核定後 10 日內，以書面通知申請人（第 25 條）。

(6)外人減免的申請與核定：依第 18 條規定減免土地稅者，應由土地所有權人或典權人依照第 22 條及第 24 條規定向直轄市、縣（市）主管稽徵機關申請，層轉財政部會同內政部核定（第 28 條）。

19.檢查與考核：

(1)申報恢復徵收：減免地價稅或田賦原因事實有變更或消滅時，土地權利人或管理人，應於 30 日內向直轄市、縣（市）主管稽徵機關申報恢復徵收（第 29 條）。

(2)未申報恢復課稅的處罰：土地權利人或管理人未依前條規定申報，經查出或被檢舉者，除追補應納地價稅或田賦外，並依土地稅法第 54 條第 1 項之規定處罰。其爲公有土地，該土地管理機關主管及經辦人員應予懲處（第 30 條）。

(3)普查或抽查（第 31 條）：

①已准減免地價稅或田賦之土地，直轄市、縣（市）主管稽徵機關應每年會同會辦機關普查或抽查一次，如有下列情形之一者，應即辦理撤銷或廢止減免，並依前條規定處理：

A.未按原申請減免原因使用者。

B.有兼營私人謀利之事實者。

C.違反各該事業原來目的者。

D.經已撤銷、廢止立案或登記者。

E.土地收益未全部用於各該事業者。

F.減免原因消滅者。

②前項普查或抽查成果，應由直轄市、縣（市）主管稽徵機關函報直轄市、縣（市）主管機關備查。

(4)核備與備查（第 32 條）：

①凡經減免土地稅之土地，直轄市、縣（市）主管稽徵機關除於有關稅冊記載減免原因、期別及核准文號外，並應登錄土地稅電腦稅籍主檔，按年（期）由電腦列印明細表，函報直轄市主管機關、縣（市）政府核備。

②直轄市主管機關、縣（市）主管稽徵機關依前項明細表分別編造地價稅、田賦及土地增值稅減免稅額統計表，函報財政部備查。

(5)減免案件隨到隨辦：主管及會辦機關處理減免案件，應隨到隨辦，不得積壓，如有勘辦不實或違反規定情事，其主管及經辦人員應予議處（第 34 條）。

(6)上級機關的抽查：減免土地稅之土地，直轄市、縣（市）政府或財政部得隨時派員抽查之（第 35 條）。

(五)此外，行政院並另訂頒有「民間機構參與交通建設減免地價稅房屋稅及契稅標準」，請自行參閱附錄七，在此不贅述。

(六)實務解釋：

1.自辦市地重劃後減半徵收土地稅2年之規定，係以重劃後之土地爲對象，非以土地所有權人爲對象。故原依土地稅減免規則第 17 條規定核准減免地價稅或田賦者，不因土地所有權移轉而影響其適用（財政部 74.4.20 台財稅字第 14738 號函）。

2.市地重劃區抵費地，在標售前未供特定使用者，准依土地稅減免規則第 7 條第 1 項第 1 款規定免徵地價稅（財政部 81.4.15 台財稅字第 810769602 號函）。

3.市議員等民意代表為民服務處使用之基地，核與土地稅減免規則第 8 條規定不符，不得免徵其地價稅（財政部 77.2.13 台財稅字第 770031710 號函）。

4.辦妥財團法人或寺廟登記之宗教團體所取得為興建寺廟、教堂等之用地，在興建前申請依土地稅減免規則第 8 條第 1 項第 9 款規定免徵地價稅，應依下列規定辦理：

(1)由土地所有權人或典權人檢附寺廟或教堂興建計畫書及建築管理機關核發之建造執照影本，依土地稅減免規則第 22 條規定，向土地所在地主管稽徵機關申請，並依同規則第 24 條規定核定減免。

(2)建造執照核發後逾期未開工，執照經作廢者，視同未興建，應即恢復徵收，並補徵原免徵稅款。

(3)建造執照核發後已動工興建，但逾主管建築機關核定之建築期限仍未完工，執照經作廢者，應自主管建築機關核定期限之次年（期）起恢復徵收（財政部 80.11.27 台財稅字第 800757304 號函）。

5.依據房屋稅條例第 14 條第 4 款規定，公有房屋供公立救濟機構作為辦公房屋及其員工宿舍使用者，免徵房屋稅；又依土地稅減免規則第 7 條第 1 項第 5 款規定，公有土地作為公立救濟設施直接用地及其員工宿舍用地免徵地價稅。本案貴府社會局以其管有坐落台北市××號房屋及其基地××地號之土地，提供財團法人天主教會台北教區附設××修女會辦理台北市婦女保護各項社會福利措施，上開各項社會福利措施係該局委託其辦理，且該委託契約書第 9 條規定，該財團法人如有擅自租借轉讓、違反受託計畫或違反「台北市政府社會福利設施委託民間專業機構辦理實施要點」等情事，貴府社會局得終止委託契約，是以其功能與該局自行辦理相同，上述公有房地，在委託經營期間之房屋稅及地價稅，准照上揭條文規定免徵（財政部 81.12.23 台財稅字第 811686808 號函）。

6.捷運系統等公共工程興建期間，常造成附近居民交通、噪音、空氣污染等不便，稅捐稽徵機關可循下列方式減輕其地價稅負擔：地價稅之課徵依平均地權條例第 17 條規定，係按申報地價依法徵收之。關於公共工程興建期間受其影響之土地，因事涉公告地價，可將其情況送請地政機關作爲下次重新規定地價時之參考（財政部賦稅署 82.6.21 台稅三發字第 821489350 號函）。

7.財團法人台灣省私立××殘障教養院係辦理收容殘障教養、習藝、施醫等業務，並按殘障等級對外收費，如經查明此項費用之收取係依據縣市政府委託收容殘障者之合約而來，並非該院自行另訂收費標準並收取費用，且不以營利爲目的，其本身事業用地准依土地稅減免規則第 8 條第 1 項第 5 款規定，免徵地價稅；至其有收益之其他土地，如將全部收益直接用於該事業者，依同條第 2 項規定，其地價稅得專案報請減免（財政部 83.4.19 台財稅字第 831590866 號函）。

8.有關台北都會區大眾捷運系統使用之土地及建築物得否免徵地價稅及房屋稅一案，准予比照鐵路，適用相關之免稅規定辦理（財政部 83.10.19 台財稅字第 831615389 號函）。

9.輻射污染房屋坐落之基地，其無法使用之原因核與土地稅減免規則第 12 條規定要件不符，不得依上開條文免徵地價稅（財政部 84.1.28 台財稅字第 841604466 號函）。

10.所有權人土地提供合於農產品市場交易法第 13 條第 1、

2、3、5、6 款規定之 1 之農產品批發市場使用者，得依同法第 17 條規定減半徵收地價稅或田賦。……（財政部 71.11.26 台財稅字第 38588 號函）。

11.高雄港務局管有土地，提供高雄區漁會作爲前鎭魚市場停車場用地，係依農產品批發市場管理辦法第 7 條第 4 款規定，停車場爲魚市場之基本設施，又依本部 71 台財稅字第 38588 號函規定，提供農產品批發市場使用之房地，得依農產品市場交易法第 17 條規定減半徵收地價稅（財政部 75.8.16 台財稅字第 7564137 號函）。

12.供公共通行之騎樓走廊地，申請依土地稅減免規則第 10 條規定減徵地價稅，其騎樓走廊地上建築改良物層數之認定，以建築改良物所有權狀之記載爲準，其未記載於所有權狀之增建樓層部分，如能提出建築勘測成果表者，應合併計入層樓（財政部 90.3.16 台財稅字第 0900460158 號函）。

有關最上層樓內縮建築，並未位於騎樓直上方，是否併入計算層數一節，仍請依主旨規定辦理。

13.財團法人楊姓○○堂所有土地，地上建物供作楊姓宗祠及經核准寺廟登記之「楊姓聖廟（財團法人楊姓○○堂附設）」使用，如經查明該廟並未對外開放供公眾膜拜，難謂有益於社會風俗教化，其基地應無土地稅減免規則第 8 條第 1 項第 9 款免徵地價稅規定之適用（財政部 90.11.1 台財稅字第 0900455662 號函）。

依土地稅減免規則第 8 條第 1 項第 9 款規定：「有益於社會風俗教化之宗教團體，經辦妥財團法人或寺廟登記，其專供公開傳教佈道之教堂、經內政部核准設立之宗教教義研究機構、寺廟用地及紀念先賢先烈之館堂祠廟用地，全免。……」該減免規定係以有益於社會風俗教化之宗教團體使用之土地爲適用對象。又祭祀祖先之宗祠兼供紀念先賢使用，核非專供紀念先賢使用，其基地不得依上開規定免徵地價稅，本部 81.3.4 台財稅字第 810029595 號函釋在案。準此，專供有益於社會風俗教化之宗教團體使用之土地，方有上揭免徵地價稅規定之適用。本案如經查明經辦妥寺廟登記之楊姓聖廟係與楊姓祠堂併用同一建物，且該廟未對外公開供公眾膜拜，則其性質屬私益性，難謂有益於社會風俗教化，其基地應無前揭免徵地價稅規定之適用。

14.未經建築之一般空地，無騎樓走廊地減免地價稅規定之適用（財政部 91.4.4 台財稅字第 0910452296 號函）。

土地稅減免規則第 10 條第 1 項所稱「騎樓走廊地」，係屬建築基地之一部分，其認定應以基地上有建築改良物爲前提。未經建築之一般空地，無上開條項減免地價稅規定之適用。

15.重劃區土地於重劃期間不符合免徵地價稅規定者，於重劃完成後仍有減半徵收 2 年之適用（財政部 91.7.1 台財稅字第 0910454087 號函）。

重劃地區內土地，於重劃期間不符合土地稅減免規則第 17 條前段免徵地價稅規定者，該土地於辦理重劃完成後，其地價稅仍有同條後段減半徵收 2 年規定之適用。

16.財團法人基督教○會所有土地，原依土地稅減免規則第 8 條第 1 項第 9 款規定核准免徵地價稅，嗣該會將地上建物拆除與○公司合作興建房屋，並於改建完成後，以部分土地作價與建方交換建物，其由建方取得土地持分部分，因將來非供教會使用，於改建期間應不得免徵地價稅；至依合建契約規定於改建後由該會分屋使用部分，其拆除改建期間地價稅准予參照本部 80 年 11 月 27 日台財稅第 800757304 號函規定辦理（財政部 89.4.13 台財稅第 0890453026 號函）。

17.土地遭受污染，如經環境保護主管機關依相關規定命該公司進行污染整治，且經查明該土地於整治期間無法作任何使用，准認屬技術上無法使用之土地，依土地稅減免規則第 12 條規定免徵地價稅（財政部 91.2.20 台財稅字第 0910450106 號函）。

18.自辦市地重劃土地，重劃會未依「獎勵土地所有權人辦理市地重劃辦法」第 48 條（現行辦法第 50 條，且條文內容亦有修正）規定，於重劃計畫書公告確定後 30 日內列冊報經主管機關轉送稅捐稽徵機關，嗣列冊補報轉送稅捐稽徵機關，如經查明符合土地稅減免規則第 17 條前段免徵地價稅規定者，應准予受理（財政部 93.9.10 台財稅字第 0930474951 號函）。

說明：二、本案重劃計畫書之公告期間係自 92 年 8 月 1 日起至同年 8 月 31 日止，因重劃會縱使依上開重劃辦法規定，於重劃計畫書公告確定後 30 日內（92 年 9 月 30 日）列冊報經主管機關轉送稅捐稽徵機關，惟該最後列冊期限亦在土地稅減免規則第 24 條第 1 項規定之減免地價稅申請期限（92 年 9 月 22 日）之後，且該重劃會已於同年 12 月 12 日列冊補報，經主管機關轉送貴處申請減免地價稅，故本案重劃區內之土地，其 92 年地價稅，如經查明符合首揭免稅規定者，仍應准予受理。三、土地於重劃前已未使用無收益，惟重劃期間，如經查明因受重劃土地分配或工程施工等影響，致使用上已不能恢復爲原來之使用而無收益者，應准依上開規定免徵地價稅。

19.私有土地無償提供內政部營建署金門國家公園管理處使用，該管理處以民宿方式委託他人經營，並收取權利金，應無土地稅減免規則第 8 條第 1 項第 10 款免徵地價稅規定之適用（財政部 94.8.15 台財稅字第 09404747510 號函）。

說明：本案土地及地上傳統建築物，所有權人或代管人雖稱以無償方式提供該管理處使用，惟依案附「內政部營建署金門國家公園管理處傳統建築活化利用委託民宿經營契約」第 4 條第(8)項所載，經營者於民俗節慶前後共 3 日，須無償提供 2 個房間予原土地所有權人使用，且該房地並未供管理處本身使用，而係規劃以民宿方式委託他人經營，並向經營者收取 20%之權利金，核與上揭條款所規定私有土地無償供政府機關使用之情形有別，應無該免稅條款規定之適用。

20.依促進民間參與公共建設法辦理之案件，如符合土地稅減免規則第 7 條規定，是否仍得依該規定免徵地價稅乙案（財政部 95.1.17 台財稅字第 09504500720 號函）。

說明：二、查「促進民間參與公共建設，依本法之規定。本法未規定者，適用其他有關法律之規定。」及「參與重大公共建設之民間機構在興建或營運期間，供其直接使用之不動產應課徵之地價稅，得予適當減免。前項減免之期限、範圍、標準及程序，由直轄市及縣（市）政府擬訂，提請各該議會通過後，報財政部備查。」爲促進民間參與公共建設法第 2 條及第 39 條（現行條文文字已有修正）所規定。準此，原依土地稅法所應課徵地價稅者，如符合上開促進民間參與公共建設法相關法規規定者，依據特別法優於普通法之法理，應可給予適當之減免。三、對於不動產本即符合土地稅減免規則第 7 條規定之免稅要件，如民間機構依促進民間參與公共建設法第 8 條規定之方式介入使用（興建、營運），並未影響其符合原免稅條件者，則因此時並無應改予課稅之特別規定，仍應有上述土地稅減免規則免稅規定之適用；惟如因民間機構之介入使用，致受影響而不符合土地稅減免規則所規定之免稅要件，即應無上述稅法免稅規定之適用。四、至於有無前述受影響而不符上述稅法規定之免稅要件，則應依具體個案之情形（參與公共建設之方式、不動產產權歸屬、事業之主體性質、有無委託經營關係、原持有土地使用情形及所擬適用之免稅條款等）而定。

21.都市更新條例第 46 條第 1 款規定，更新期間土地無法使用者免徵地價稅，其更新期間之認定乙案（財政部 95.9.18 台財稅字第 09504101840 號函）。

說明：二、都市更新條例施行細則第 21 條第 1 項規定：「本條例第 46 條第 1 款所稱更新期間，指都市更新事業計畫發布實施後，都市更新事業實際施工期間；所定土地無法使用，以重建或整建方式實施更新者爲限」。是以，本條例第 46 條第 1 款所稱更新地區內土地免徵地價稅之認定要件有二，其一爲「施工期間」；其二爲「無法使用」。上開施工期間，建築法第 53 條第 1 項及第 2 項、第 54 條第 1 項、第 56 條第 1 項及第 70 條定有明文，以開工之日起算至發給使用執照止，取得使用執照後該建築物即可使用，即無都市更新條例第 46 條第 1 款規定之適用。三、更新重建案，其不參與分配者，於實施者發放補償金後，依規定須辦理土地登記簿「補償金已發放」之註記，其納稅義務人應爲實施者。

22.大專校院設置之育成中心提供場地及設備供企業使用者，請依規定徵免其地價稅（財政部 96.2.8 台財稅字第 09604502520 號函）。

說明：三、依土地稅減免規則第 7 條第 1 項第 5 款、第 8 條第 1 項第 1 款規定，公立或私立財團法人學校直接用地之土地，免徵地價稅。大專校院設置育成中心，由企業進駐並使用學校場所、設備等，不論企業有無於育成中心內辦理營業登記（或設籍課稅），其用途如經查核不符合上揭免稅之規定（及未符合土地稅減免規則第 8 條第 2 項有關私立學校有收益之土地，將全部收益直接用於學校者，其地價稅得專案報請減免之規定），即應依相關規定予以課稅。四、依土地稅減免規則第 5 條規定，同一地號之土地，因其使用之情形或因其地上建物之使用情形，認定僅部分合於減免標準者，得依合於減免標準之使用面積比率計算減免其地價稅。大專校院設置育成中心，提供場所及設施供進駐之企業使用，其經查明僅供學校教師、學生使用部分，尚符合前述免稅規定；惟其僅供企業使用部分，則與上開規定未符，應課徵地價稅；至於其供企業與學校教師、學生共同使用者，學校如能提供其接受委託研究或產學合作計畫書等資料證明其屬教學、研究之範圍或有具體資料佐證符合免稅規定之面積，就其有利部分允宜充分考量並核實認定。

23.各地方政府及所屬機關興辦之游泳池、公園、納骨塔、殯儀館及動物園等公有設施地價稅之徵免原則如下：一、各地方政府及所屬機關興辦之游泳池、公園、納骨塔、殯儀館及動物園等公有設施，依照各地方機關組織編制、預算制度（收支編列公務預算）及財產管理有關規定設置，是其所使用之土地核屬公務財產，應適用土地稅減免規則第 7 條第 1 項第 2 款規定，予以免徵地價稅。如係以特種基金編列預算者，其所使用之土地應無上述法條之適用。二、如係以出租或無償供他人使用之土地，非屬公務使用財產，仍應依法課徵地價稅。三、符合上開第一點公務使用之土地採委託經營者，如符合下列要件，可繼續免徵地價稅：(一)委託經營前原符合土地稅減免規則第 7 條第 1 項第 2 款規定之免稅土地。(二)委託經營範圍限於委託機關原辦理之業務範圍。但超出部分，應按實際使用面積課稅。(三)委託經營期間仍受委託機關之監督（財政部 97.7.1 台財稅字第 09704733430 號令）。

24.私立學校承租公有土地作學校直接用地，經核准依土地稅減免規則第 7 條第 1 項第 5 款規定免徵地價稅，嗣因辦理不善，經教育部依法核定解散，應自解散日次年期，恢復課徵地價稅（財政部 97.7.21 台財稅字第 09704738730 號函）。

說明：本案經函准教育部 97 年 7 月 4 日部授教中(二)字第 0970509902 號函復略以：「依 97 年 1 月 16 日修正前私立學校法第 71 條規定，私立學校有第 59 條規定之情事，其情節重大或經主管教育行政機關限期令其整頓改善而逾期不爲整頓改善者，得命其停辦或依法解散。又依同法第 72 條規定略以，私立學校有依前條規定，命其停辦而未停辦或逾規定停辦期限仍未整頓改善者，主管教育行政機關得命其依法解散。爰依前開規定，私立學校停辦期間，依法解散之前，其財團法人私立學校可認定爲仍然存在，相關土地自應認屬學校直接用地。」本部同意上開教育部意見。

25.○公司所有土地經設定永久地上權予中華民國，得否免徵地價稅疑義案（財政部 101.1.9 台財稅字第 10004737340 號函）。

說明：二、旨揭土地，依土地徵收條例第 57 條第 2 項、第 3 項規定及「國道 1 號五股至楊梅段拓寬工程協議設定地上權契約書」第 9 條特約條款內容，將來依土地所有權人請求或因應工程實際需求得有強制辦理土地所有權徵收情形，其以 70%地上權補償率標準核算之補償費，可視爲土地徵收前，先行給付之所有權損失補償金。三、本案經函准交通部臺灣區國道新建工程局 100 年 8 月 4 日國工局地字第 1000010249 號函略以，土地使用現況爲工程施工中，將來竣工完成將作爲平面道路供公眾通行，○公司對設定區分地上權之空間已無實際使用權。如查無收取其他任何土地使用費情形，參照本部 70 年 7 月 31 日台財稅第 36320 號函規定，其施工期間及竣工供公眾通行時，准予分別適用土地稅減免規則第 8 條第 1 項第 10 款及第 9 條規定，免徵地價稅。

26.有關學校游泳池委外經營，依國民體育法第 7 條第 1 項規定開放民眾使用並收取費用，得否援引本部 97 年 7 月 1 日台財稅字第 09704733430 號令釋免徵地價稅及房屋稅一案（財政部 101.9.21 台財稅字第 10104036530 號函）。

說明：二、按本部 97 年 7 月 1 日台財稅字第 09704733430 號令，係規範「各地方政府及所屬機關」興辦之公有設施，依土地稅減免規則第 7 條第 1 項第 2 款及房屋稅條例第 14 條第 1 款規定免徵地價稅、房屋稅之認定原則。至公立學校用地及房屋之地價稅與房屋稅徵免，土地稅減免規則第 7 條第 1 項第 5 款及房屋稅條例第 14 條第 4 款另有明定，自應依各該規定論處，不宜援引適用上開本部 97 年 7 月 1 日令釋，合先敘明。三、依土地稅減免規則第 7 條第 1 項第 5 款、第 8 條第 1 項第 1 款及房屋稅條例第 14 條第 4 款、第 15 條第 1 項第 1 款規定，學校用地及房屋免徵地價稅及房屋稅，應以供學校直接使用者爲限。本案學校游泳池委外經營，依國民體育法第 7 條第 1 項規定開放民眾使用並收取費用部分，與上開規定不合；又其雖係配合政府推動水域相關休閒運動產業及游泳運動政策，惟性質與一般收費游泳池無異，如准予免徵地價稅或房屋稅，有違租稅公平原則，允非所宜。四、次依土地稅減免規則第 5 條規定：「同一地號之土地，因其使用之情形或因其地上建物之使用情形，認定僅部分合於本規則減免標準者，得依合於減免標準之使用面積比率計算減免其土地稅。」另依房屋稅條例第 5 條及本部 96 年 2 月 8 日台財稅字第 09604502520 號函規定，房屋稅係依房屋實際之使用情形及面積適用不同稅率或核定徵免。委外經營之學校游泳池供師、生使用，符合前揭土地稅減免規則、房屋稅條例及本部函釋意旨免徵地價稅及房屋稅規定部分，得就實際使用情形，按比率免徵。

27.○君所有土地，業於 53 年及 56 年間經與○警察局簽訂買賣契約出售，惟尚未辦理移轉登記，且其登記請求權已罹於時效而消滅，該地現為政府機關使用，其地價稅徵免疑義（財政部 102.8.28 台財稅字第 10200113220 號函）。

說明：按土地稅減免規則第 7 條第 2 項規定：「前項公有土地係徵收、收購或受撥用而取得者，於其尚未辦妥產權登記前，如經該使用機關提出證明文件，其用途合於免徵標準者，徵收土地自徵收確定之日起、收購土地自訂約之日起、受撥用土地自撥用之日起，準用前項規定。」揆其立法意旨為，政府機關及公立學校徵收或價購私有土地或受撥用公地，在尚未建築或辦妥產權變更登記以前，應否免稅，尚乏明文規定，按機關學校興辦建築，因編造預算、設計、招標、施工等手續或辦理產權變更登記，均需相當時日，在興工或辦理登記以前，既已明定其用途，自應以其用途作為應否減免之標準，方稱公允，故特增訂上開規定。本案買賣契約業經最高法院判決仍屬有效，請依上開規定辦理。

28.幼兒園之地價稅徵免規定（財政部 102.10.9 台財稅字第 10200621790 號令）。

一、依幼兒教育及照顧法設立或改制之幼兒園，如屬公立幼兒園者，其供園舍、辦公、員工宿舍使用之公有房屋，及供幼兒園直接使用、員工宿舍使用之公有土地，適用房屋稅條例第14條第1項第4款及土地稅減免規則第7條第1項第5款規定免徵房屋稅及地價稅。如屬財團法人或財團法人所興辦業經立案之私立幼兒園者，其登記爲該財團法人所有供園舍、辦公使用之房屋，及幼兒園用地、員生宿舍用地，適用房屋稅條例第15條第1項第1款及土地稅減免規則第8條第1項第1款規定免徵房屋稅及地價稅。二、非營利幼兒園實施辦法施行前，各地方政府及所屬機關委託經營之幼兒園，其供園舍、辦公、員工宿舍使用之公有房屋，及供幼兒園直接使用、員工宿舍使用之公有土地，於委託經營契約屆滿前，適用房屋稅條例第14條第1項第4款及土地稅減免規則第7條第1項第5款規定免徵房屋稅及地價稅。但委託機關如有收取租金、權利金等其他收益者，不得免徵。

29.財團法人○教會原所有經依房屋稅條例第15條第1項第3款及土地稅減免規則第8條第1項第9款規定核准免稅之房地，爲參與都市更新，以該房地爲信託財產，與受託人簽訂自益信託契約，將該房地信託移轉與受託人，於拆除改建前，如經查明該房地仍供該教會公開傳教佈道使用，且與信託目的無違者，參據本部93年1月27日台財稅字第0920454818號令規定自益信託委託人視同土地所有權人之意旨，准予繼續免徵房屋稅及地價稅（財政部103.7.3台財稅字第10300073080號函）。

30.非營利幼兒園之地價稅徵免規定（財政部103.9.9台財稅字第10300620070號令）。

各級地方政府依據幼兒教育及照顧法第9條第1項規定委託公益性質法人興辦之非營利幼兒園，其供園舍、辦公、員工宿舍使用之公有房屋，及供幼兒園直接使用、員工宿舍使用之公有土地，適用房屋稅條例第 14 條第 4 款及土地稅減免規則第 7 條第 1 項第 5 款規定免徵房屋稅及地價稅。但委託機關如有收取租金、權利金等其他收益者，不得免徵。

31.土地稅減免規則第 8 條第 1 項第 5 款規定之私立醫院適用範圍（財政部 105.5.4 台財稅字第 10400717060 號令）。

一、自本令發布日起，土地稅減免規則第 8 條第 1 項第 5 款規定免徵地價稅之私立醫院，指依醫療法設立之醫院，不包括依醫療法設立之診所、醫療財團法人（醫院、診所）附設之護理或其他機構。二、自本令發布日起，本部、行政院衛生署（現爲衛生福利部）及內政部 101 年 11 月 28 日會銜發布「具宗教性質之醫療財團法人符合房屋稅條例第 15 條第 1 項第 2 款規定之私立慈善救濟事業認定基準」第 1 款規定之醫院，指依醫療法設立之醫院，不包括依醫療法設立之診所、醫療財團法人（醫院、診所）附設之護理或其他機構。

32.符合區域計畫法或都市計畫法相關土地使用管制規定之已封閉垃圾掩埋場之公有土地，於掩埋面依法設置該掩埋場附屬設施太陽光電系統，且未影響掩埋場垃圾處理功能者，准繼續按土地稅減免規則第 7 條第 1 項第 8 款規定，免徵地價稅（財政部 108.4.18 台財稅字第 10700742290 號令）。

33.建築基地之法定空地，於核發使用執照後，嗣經地方政府依都市計畫法規定，指定爲公共設施保留地之道路用地，非屬土地稅減免規則第 9 條但書規定所稱之建造房屋應保留之法定空地，其實際無償供公眾通行使用者，土地所有權人得申請依同條本文規定，免徵地價稅（財政部 109.1.21 台財稅字第 10804669140 號令）。

第二節　名詞定義

第7條（公有土地之意義）

本法所稱公有土地，指國有、直轄市有、縣（市）有及鄉、鎮（市）有之土地。

解說

(一)本法第 20 條規定：「公有土地按基本稅率徵收地價稅。但公有土地供公共使用者，免徵地價稅。」第 28 條但書規定：「各級政府出售或依法贈與的公有土地，免徵土地增值稅。」因此，本條的立法理由在於明確規定公有土地，以利執行。

(二)土地法第 4 條規定，本法所稱公有土地，爲國有土地、直轄市有土地、縣（市）有土地或鄉鎮（市）有之土地。由於「市」有三種，有與「省」同等級的「直轄市」——即一般所說的「院轄市」，例如台北市及高雄市；有與「縣」同等級的「省轄市」，例如基隆市、新竹市；有與「鄉」或「鎮」同等級的「縣轄市」，例如彰化市、竹北市。

(三)公有土地若是公用者，其管理機關即爲使用機關；若是非公用者，則國有土地的管理機關爲財政部國有財產署，直轄市有土地的管理機關爲市政府財政局，縣（市）有土地的管理機關爲縣（市）政府財政處，鄉鎮（市）有土地的管理機關爲鄉鎮（市）公所財政課或經建課。

(四)依本法第 3 條第 2 項規定，公有土地的地價稅或田賦，以管理機關爲納稅義務人。

第 8 條（都市土地及非都市土地）

本法所稱都市土地，指依法發布都市計畫範圍內之土地；所稱非都市土地，指都市土地以外之土地。

解說

(一)由於本法相關條文，對於土地稅的課徵，都市土地及非都市土地有不同的規定，例如第 17 條、第 22 條、第 34 條、第 35 條等均是。因此，對於何謂都市土地？何謂非都市土地？必須加以明確規定，以利執行，此為本條的立法理由。

(二)所謂「都市土地」及「非都市土地」的定義，本條的規定與平均地權條例第 3 條第 1 款及第 2 款的規定相同：

1. 都市土地：

(1)所謂都市土地，是指依法發布都市計畫範圍內的土地。所謂「依法」，是指依「都市計畫法」。

(2)為改善居民生活環境，並促進市、鎮、鄉街有計畫的均衡發展，政府制定有「都市計畫法」。依該法第 3 條規定，所謂「都市計畫」，係指在一定地區內有關都市生活的經濟、交通、衛生、保安、國防、文教、康樂等重要設施，作有計畫的發展，並對土地使用作合理的規劃而言。

2. 非都市土地：

(1)本條以除外方式規定非都市土地的定義，即凡是都市土地以外的土地，均為非都市土地。

(2)為促進土地及天然資源的保育利用，人口及產業活動的合理分布，以加速並健全經濟發展、改善生活環境、增進公共福利，政府制定有「區域計畫法」。依該法第 3 條規定，所謂「區域計畫」，係指基於地理、人口、資源、經濟活動等相互依賴及共同利益關係，而制定的區域發展計畫。準此，可知區域計畫的範圍，包括都市土地及非都市土地。

(3)對於非都市土地，依區域計畫法第 15 條第 1 項規定，內政部訂頒「非都市土地使用管制規則」。依該規則第 2 條規定，非都市土地得劃定爲特定農業、一般農業、工業、鄉村、森林、山坡地保育、風景、國家公園、河川、海域、特定專用等十一種使用區。另依該規則第 3 條規定，非都市土地依其使用分區的性質，編定爲甲種建築，乙種建築、丙種建築、丁種建築、農牧、林業、養殖、鹽業、礦業、窯業、交通、水利、遊憩、古蹟保存、生態保護、國土保安、殯葬、海域、特定目的事業等十九種用地。

(三)國土計畫法之制定：

爲解決台灣過去土地失序開發的亂象，並達到國土永續發展之政策目標，「國土計畫法」已於民國 105 年 5 月 1 日公告施行，該法規定相關配套作業完成後，未來「國土計畫法」將取代現行之「區域計畫法」，屆時台灣的國土空間體系將由三個法定使用計畫體系（區域計畫、都市計畫及國家公園計畫）轉變爲兩層級體系（全國國土計畫、直轄市、縣（市）國土計畫），亦即由全國國土計畫指導直轄市、縣（市）國土計畫、都市計畫及國家公園計畫。茲將「國土計畫法」相關條文之內容，說明如下：

1.立法目的（第 1 條）：

爲因應氣候變遷，確保國土安全，保育自然環境與人文資產，促進資源與產業合理配置，強化國土整合管理機制，並復育環境敏感與國土破壞地區，追求國家永續發展，特制定本法。

2.國土功能分區之定義（第 3 條第 1 項第 7 款）：

指基於保育利用及管理之需要，依土地資源特性，所劃分之國土保育地區、海洋資源地區、農業發展地區及城鄉發展地區。

3.國土計畫之種類（第8條）：

(1)國土計畫之種類如下：

①全國國土計畫。

②直轄市、縣（市）國土計畫。

(2)中央主管機關擬訂全國國土計畫時，得會商有關機關就都會區域或特定區域範圍研擬相關計畫內容；直轄市、縣（市）政府亦得就都會區域或特定區域範圍，共同研擬相關計畫內容，報中央主管機關審議後，納入全國國土計畫。

(3)直轄市、縣（市）國土計畫，應遵循全國國土計畫。國家公園計畫、都市計畫及各目的事業主管機關擬訂之部門計畫，應遵循國土計畫。

4.國土功能分區及其分類之劃設原則（第20條）：

(1)各國土功能分區及其分類之劃設原則如下：

①國土保育地區：依據天然資源、自然生態或景觀、災害及其防治設施分布情形加以劃設，並按環境敏感程度，予以分類：

A.第一類：具豐富資源、重要生態、珍貴景觀或易致災條件，其環境敏感程度較高之地區。

B.第二類：具豐富資源、重要生態、珍貴景觀或易致災條件，其環境敏感程度較低之地區。

C.其他必要之分類。

②海洋資源地區：依據內水與領海之現況及未來發展需要，就海洋資源保育利用、原住民族傳統使用、特殊用途及其他使用等加以劃設，並按用海需求，予以分類：

A.第一類：使用性質具排他性之地區。

B.第二類：使用性質具相容性之地區。

C.其他必要之分類。

③農業發展地區：依據農業生產環境、維持糧食安全功能及曾經投資建設重大農業改良設施之情形加以劃設，並按農地生產資源條件，予以分類：

A.第一類：具優良農業生產環境、維持糧食安全功能或曾經投資建設重大農業改良設施之地區。

B.第二類：具良好農業生產環境、糧食生產功能，爲促進農業發展多元化之地區。

C.其他必要之分類。

④城鄉發展地區：依據都市化程度及發展需求加以劃設，並按發展程度，予以分類：

A.第一類：都市化程度較高，其住宅或產業活動高度集中之地區。

B.第二類：都市化程度較低，其住宅或產業活動具有一定規模以上之地區。

C.其他必要之分類。

(2)新訂或擴大都市計畫案件，應以位屬城鄉發展地區者爲限。

5.各級國土計畫施行日期：

(1)中央主管機關應於本法施行後 2 年內，公告實施全國國土計畫（第 45 條第 1 項）。

(2)直轄市、縣（市）主管機關應於全國國土計畫公告實施後 3 年內，依中央主管機關指定之日期，一併公告實施直轄市、縣（市）國土計畫；並於直轄市、縣（市）國土計畫公告實施後 4 年內，依中央主管機關指定之日期，一併公告國土功能分區圖（第 45 條第 2 項）。

(3)依據上開條文規定之時程，內政部已於民國 107 年 4 月 30 日將「全國國土計畫」公告實施；直轄市、縣（市）政府已於民國 110 年 4 月 30 日公告實施「直轄市、縣（市）國土計畫」，並訂於民國 114 年 4 月 30 日前公告「國土功能分區圖」。

6.區域計畫法廢止（第 45 條第 3 項）：

直轄市、縣（市）主管機關依前項公告國土功能分區圖之日起，區域計畫法不再適用。

第 9 條（自用住宅用地之意義）

本法所稱自用住宅用地，指土地所有權人或其配偶、直系親屬於該地辦竣戶籍登記，且無出租或供營業用之住宅用地。

解說

(一)由於本法對於自用住宅用地的土地稅課徵，有減免或優惠的規定，例如第 6 條、第 17 條、第 34 條、第 34 條之 1、第 35 條等均是，故必須明確規定何謂「自用住宅用地」，以利執行，此爲本條的立法理由。

(二)所謂自用住宅用地，本條與平均地權條例第 3 條第 6 款規定相同，依本條所規定的定義，可以分析如下要件：

1.須土地上有房屋：所謂自用住宅用地，是指自用住宅的用地，故土地上須有房屋；若爲空地，就難謂爲自用住宅用地。

2.須土地與房屋同屬一人所有，否則須是配偶或直系親屬關係：依土地稅法施行細則第 4 條規定，本條所規定的自用住宅用地，以其土地上的建築改良物屬土地所有權人或其配偶、直系親屬所有者爲限。例如以下例A、B例即是，C例則否：

A.例：甲房⟷甲地

B.例：甲房⟷乙地，甲與乙爲配偶或直系親屬關係。

C.例：甲房⟷乙地，甲與乙非配偶關係，亦非直系親屬關係。

3.須土地所有權人或其配偶、直系親屬辦竣戶籍登記：如果土地所有權人或其配偶、直系親屬未辦竣戶籍登記於該土地上的房屋內，顯然是屬於空戶，就難以說是自用住宅。

4.須無出租或供營業用：若是出租，就不是自用；若是供營業用，就不是住宅，故本條特規定必須無出租，也未供營業用，並符合前述要件，才是自用住宅用地。

(三)爲利稅捐稽徵機關受理申請適用自用住宅用地稅率課徵地價稅案件之審理，財政部於 109.5.8 台財稅字第 10800117830 號函修正，發布「適用自用住宅用地稅率課徵地價稅認定原則」，請讀者參考附錄十。

(四)實務解釋：

1.林××及其長子林○○於 74 年間變更爲日本籍且未保留本國籍亦未具備華僑身分，在未變更國籍前持有之土地，現供其本國籍之岳母居住，因岳母爲直系親屬，如於該地辦竣戶籍登記且符合土地稅法第 9 條及第 34 條之規定者，該土地於出售時，應准按自用住宅用地稅率課徵土地增值稅（財政部 75.5.14 台財稅字第 7542332 號函）。

2.外僑所有土地出售，如經查明出售前一年內，在台住滿 183 天以上，並在該地辦妥外僑居留登記，其出售之土地符合自用住宅用地有關規定者，應准適用自用住宅用地稅率課徵土地增值稅（財政部 80.12.19 台財稅字第 800464366 號函）。

3.自用住宅用地核課土地增值稅，應如何認定乙案，經本部邀請內政部等有關單位多次研商，獲得會商結論如下：

(1)地上房屋爲樓房時：房屋不分是否分層編訂門牌或分層登記，土地爲一人所有或持分共有，其土地增值稅，准按各層房屋實際使用情形所占土地面積比例，分別按特別稅率及一般稅率計課。

(2)毗鄰房屋合併或打通使用時：兩棟平房或樓房相鄰，其所有權人同屬一人，爲適應自用住宅之需要，而打通或合併使用時，准合併按自用住宅用地計課（財政部 67.6.30 台財稅字第 34248 號函）。

4.地上房屋拆除改建後出售土地，自用住宅用地之認定標準：

(1)房屋拆除改建後，在使用執照尚未核發前或在核發當日申報土地移轉現值者，應按拆除改建前房屋各層實際使用情形所占面積比例，分別適用自用住宅用地稅率及一般稅率計課土地增值稅。

(2)在房屋拆除改建完成已核發使用執照後申報土地移轉現值者，不論建築完成核發使用執照至出售土地期間之長短，應按新建房屋各層、各戶實際使用情形所占土地面積比例，分別適用自用住宅用地稅率及一般稅率計課土地增值稅；至於拆除改建前之使用情形，免再調查。但出售土地時，使用執照所載起造人或已辦妥建物所有權登記之建物所有權人，倘非土地所有權人本人或其配偶或直系親屬者，應按一般稅率計課土地增值稅（財政部 74.2.5 台財稅字第 11501 號函、74.5.31 台財稅字第 16869 號函）。

5.相鄰地號之兩棟房屋，分別登記爲夫、妻名義，經查明已打通使用，且同址設籍，如其他要件符合土地稅法第 9 條及第 34 條規定，准予比照本部 67 台財稅字第 34248 號函規定合併按自用住宅用地稅率計課土地增值稅（財政部 75.12.18 台財稅字第 7581333 號函）。

6.全部建物（含地下室）及土地均為同一人所有，其地下室或部分樓層出租或供營業使用，應按各層房屋（含地下室）實際使用情形所占土地面積比例，分別按自用住宅用地稅率及一般稅率計課土地增值稅（財政部 81.3.11 台財稅字第 810757035 號函）。

7.土地所有權人與媳婦為直系姻親，依土地稅法第 9 條規定，即屬直系親屬，其所出售土地，如符合稅法規定之要件，應准按自用住宅用地稅率核課土地增值稅（財政部 74.4.9 台財稅字第 14139 號函）。

8.個人在自用住宅用地設有「個人計程車」登記，與一般營業登記後在住宅內營業之情形不同，因設有個人計程車登記僅屬形式而已，實際上並未在該住宅用地營業，似此情形該項住宅用地可不認為供營業用，如合於土地稅法第 9 條及第 34 條規定之要件者，仍應按自用住宅用地計課土地增值稅（財政部 68.3.19 台財稅字第 31767 號函）。

9.本案申請人×××君地上房屋拆除與人合建，雖在拆除前曾將原有房屋臨時裝修為樣品屋，如查明彼此間確無租賃關係，且符合土地稅法第 9 條及第 34 條規定之要件者，自可按自用住宅用地稅率計課土地增值稅（財政部 70.7.4 台財稅字第 35521 號函）。

10.×××君出售土地，其地上房屋之屋簷下供擺設攤販，如經查明無租賃關係，且屋內未供營業使用，其他要件均符合土地稅法第 9 條及第 34 條之規定者，准按自用住宅用地稅率核課土地增值稅（財政部 72.9.8 台財稅字第 36388 號函）。

11.土地所有權人將其房屋外側壁面供他人繪製廣告或懸掛廣告招牌或屋頂搭建廣告鐵架等收取租金，如經查明其他要件符合土地稅法第 9 條及第 34 條規定，其用地仍准按自用住宅用地稅率核課土地增值稅（財政部 73.6.6 台財稅字第 54060 號函）。

12.魚市場之魚貨承銷人及消費市場之魚販，以其自用住宅用地作為營業登記之場所，而實際營業處所則在魚市場或消費市場並未使用其自用住宅，如符合土地稅法第 9 條及第 34 條規定之要件者，准按自用住宅用地稅率計徵土地增值稅（財政部 74.5.20 台財稅字第 16262 號函）。

13.個人利用自用住宅從事理髮、燙髮、美容、洋裁等家庭手工藝副業，未具備營業牌號，亦未僱用人員，免辦營業登記、免徵營業稅，該房屋准按住家用稅率課徵房屋稅。房屋之基地如符合土地稅法第 9 條及第 34 條規定之要件者，亦准按自用住宅用地稅率課徵土地增值稅（財政部 74.12.9 台財稅字第 25965 號函）。

14.×××女士（盲者）於自用住宅懸掛招牌從事按摩，既經查明未具備營利事業條件，該住宅之建地如符合土地稅法第 9 條及第 34 條規定者，准按自用住宅用地稅率課徵土地增值稅（財政部 75.7.28 台財稅字第 7556552 號函）。

15.土地所有權人出售原供營業用之土地，其無供營業使用以辦妥註銷營業登記或營業地址變更登記為認定原則。惟為維護納稅義務人權益，並兼顧實情，如有下列情形之一者，應視為無供營業用之土地：

(1)原供營業用之土地，雖未辦妥註銷營業登記或地址變更登記，但該營利事業已他遷不明，經該管稅捐機關查明處理有案者。

(2)原供營業用之土地，該營利事業經依法申請註銷或變更地址登記，因法令規定，未能核准，且經稽徵機關查明該地址確無營業者。

(3)原供營業用之土地，其地上房屋實際上使用情形已變更，經由房屋所有人依房屋稅條例第 7 條規定申報房屋供自住使用，稽徵機關查明核准按住家用稅率課徵房屋稅，且查明無出租情事者。

(4)當事人提出其他確切證明使稽徵機關足資認定其出售前一年內未曾出租或供營業用者（財政部 75.6.25 台財稅字第 7553304 號函）。

16.房屋無償借與貴黨部作辦公使用，雖無出租或供營業用，但其土地究非自用住宅用地，應按一般稅率課徵土地增值稅（財政部 69.10.22 台財稅字第 38761 號函）。

17.××出售所有××市××段土地，既經查明其地上第四層公寓式建物係供神壇使用，已非土地稅法第 9 條所稱之自用「住宅」用地，不得依同法第 34 條規定按優惠稅率計課土地增值稅（財政部 72.3.14 台財稅字第 31627 號函）。

18.信託土地無自用住宅用地稅率之適用（財政部 91.5.1 台財稅字第 0910452561 號令）。

信託土地，於信託關係存續中，其土地所有權依信託法第 1 條規定，應移轉與受託人，並由受託人依信託本旨，爲受益人之利益或特定之目的，管理或處分，其與土地稅法第 9 條及第 34 條有關適用自用住宅用地稅率課徵土地增值稅，應以土地所有權人所有，並確供該土地所有權人或其配偶、直系親屬自己居住使用之規定及立法意旨，尚有不符。故信託土地，於信託關係存續中由受託人持有及移轉時，應無上述土地稅法自用住宅用地稅率課徵土地增值稅規定之適用。

19.○君持分共有之兩層樓房，如經查明該建物各層原即由不同所有權人分層管理使用，且分別以各該層管理者名義設立房屋稅籍課徵房屋稅，並符其他法定要件者，准依稽徵機關之房屋稅籍紀錄及實際設籍使用情形所占土地面積比例，適用自用住宅用地稅率核課土地增值稅（財政部 86.12.18 台財稅第 861931579 號函）。

20.土地所有權人○君所有土地，經法院拍賣，○君因出國其戶籍經戶政機關代辦遷出，嗣又辦理撤銷代辦遷出登記，參照戶籍法第 25 條（現行法第 23 條）：「戶籍登記事項自始不存在或自始無效時，應爲撤銷之登記。」之規定，則其代辦遷出之登記自始無效，其戶籍登記恢復爲未遷出狀態，應得認定符合前揭「辦竣戶籍登記」之規定要件，如經查明同時符合土地稅法第 34 條自用住宅用地有關規定者，仍應准按自用住宅用地稅率計課土地增值稅（財政部 88.7.30 台財稅第 881930854 號函）。

21.○君出售土地，其地上建物經主管機關核准拆除並核發改建建造執照，因該建造執照未申報開工逾竣工期限未申領使用執照，依建築法第 53 條規定予以作廢，應無自用住宅用地稅率課徵土地增值稅之適用（財政部 88.8.23 台財稅第 881937875 號函）。

22.國民住宅地下停車場既對外收費，其所占持分土地，核與土地稅法第 9 條自用住宅用地規定要件不合，應不得按自用住宅用地稅率核課土地增值稅。至於共同使用部分之國宅地下停車場，由國宅社區管理委員會自行管理，部分收費供訪客停放，該收益並歸該國宅共同基金共同使用者，准由停車位所有權人與國宅管理委員會共同出具切結書載明各類使用情形之面積，就其自用部分按比例適用自用住宅用地稅率課徵土地增值稅；至如未能提供上述各類使用情形面積之切結書時，因其仍有出租收益事實，其地下停車場之土地持分部分之課稅，仍請依規定辦理（財政部 89.6.16 台財稅第 0890453933 號函）。

23.土地爲信託財產者，其於信託關係存續期間，如委託人與受益人同屬一人（自益信託），且該地上房屋仍供委託人本人、配偶、或其直系親屬做住宅使用，與該土地信託目的不相違背者，該委託人視同土地所有權人，如其他要件符合土地稅法第 9 條及第 34 條規定，受託人出售土地時，仍准按自用住宅用地稅率課徵土地增值稅。至於地上房屋拆除改建情形下，如委託人（原自用住宅用地所有權人）基於地上房屋拆除改建之目的，而將其土地所有權信託移轉與受託人，且委託人與受益人同屬一人（自益信託）；其於信託關係存續中，受託人出售土地時，如符合上述規定者，亦准依拆除改建相關規定按自用住宅用地稅率課徵土地增值稅（財政部 93.1.27 台財稅字第 0920454818 號令）。

24.未辦建物所有權第一次登記之建物坐落基地移轉，申請按自用住宅用地稅率課徵土地增值稅案件，有關基地號之認定，准憑土地所有權人檢送地政機關所核發之「建築改良物勘查結果通知書」予以認定（財政部 93.4.2 台財稅字第 0930451668 號函）。

25.經法院判決移轉（含共有土地分割案件）之土地，納稅義務人申請按自用住宅用地稅率課徵土地增值稅，其有無「辦竣戶籍登記」之認定標準，應以申報人向法院起訴日爲準（財政部 95.8.15 台財稅字第 09504545490 號函）。

26.興建集村農舍之配合耕地可否併同農舍坐落基地，准予按自用住宅用地稅率核課土地增值稅（財政部賦稅署 104.7.14 台稅財產字第 10404560380 號函）。

說明：二、按財政部 71 年 2 月 12 日台財稅第 30934 號函規定，土地所有權人出售自用住宅用地申請適用特別稅率課徵土地增值稅，原則上以該自用住宅坐落之基地爲要件，亦即以建築改良物所有權狀上記載之基地地號爲準。又依農業用地興建農舍辦法第 9 條第 2 項第 3 款規定，申請興建農舍之農業用地，其農舍用地面積不得超過該農業用地面積 10%，扣除農舍用地面積後，供農業生產使用部分之農業經營用地應爲完整區塊，且其面積不得低於該農業用地面積 90%，爰農舍出售，其自用住宅坐落基地之認定，應以依法興建農舍所坐落之基地面積爲準。三、按農業發展條例第 18 條第 4 項規定，農舍應與其坐落用地併同移轉，其立法意旨乃在避免農舍與其坐落用地分屬不同所有權人，引發經營利用及產權紛爭問題，又配合上開條項規定辦理農舍之坐落用地註記，係避免已作爲興建農舍之農地或合併計算農舍建蔽率之配合農地，發生重複申請興建農舍之情事。

27.原供住家使用之房屋，作爲從事網路銷售貨物或勞務之營業登記場所，惟實際交易均於網路交易平台完成，且該房屋未供辦公或堆置貨物等其他營業使用者，仍准繼續按住家用稅率課徵房屋稅。其原經核准按自用住宅用地稅率課徵地價稅之用地，亦准繼續按自用住宅用地稅率課徵地價稅（財政部 104.9.16 台財稅字第 10400128120 號令）。

28.以土地及其地上房屋爲信託財產之遺囑信託，於生效時及信託關係存續中，受益人爲委託人之繼承人且爲其配偶或子女，該房屋供受益人本人、配偶或直系親屬居住使用且不違背該信託目的，信託關係消滅後，信託財產之歸屬權利人為受益人者，該受益人視同房地所有權人，於信託關係存續中，如該土地其他要件符合土地稅法第 9 條及第 17 條規定，准按自用住宅用地稅率課徵地價稅；如該地上房屋其他要件符合房屋稅條例第 5 條第 1 項第 1 款及「住家用房屋供自住及公益出租人出租使用認定標準」第 2 條規定，准按住家用房屋供自住使用稅率課徵房屋稅（財政部 110.1.4 台財稅字第 10900652180 號令）。

第 10 條（農業用地之意義）

本法所稱農業用地，指非都市土地或都市土地農業區、保護區範圍內土地，依法供下列使用者：

一　供農作、森林、養殖、畜牧及保育使用者。

二　供與農業經營不可分離之農舍、畜禽舍、倉儲設備、曬場、集貨場、農路、灌溉、排水及其他農用之土地。

三　農民團體與合作農場所有直接供農業使用之倉庫、冷凍（藏）庫、農機中心、蠶種製造（繁殖）場、集貨場、檢驗場等用地。

本法所稱工業用地，指依法核定之工業區土地及政府核准工業或工廠使用之土地；所稱礦業用地，指供礦業實際使用地面之土地。

解說

(一)由於本法對於農業用地、工業用地及礦業用地等土地的土地稅課徵，與一般土地的土地稅課徵有所差別，例如第 14 條、第 16 條、第 18 條、第 22 條、第 22 條之 1、第 33條、第 39 條之 2 等是，故對於何謂農業用地？何謂工業用地？何謂礦業用地？必須加以明確規定，以利執行，此為本條的立法理由。

(二)本條所規定的工業用地及礦業用地，與平均地權條例第3條第4款及第5款規定相同。至於農業用地，本條於89.1.26修正，其所規定的定義，與平均地權條例第3條第3款及農業發展條例第3條第10款等規定相同。

(三)本條所規定的農業用地，雖然範圍相當廣，但是依財政部68.1.3台財稅字第30014號函釋，農會所有之碾米廠及農田水利會所有之辦公廳舍基地，尚不得認爲與農業經營不可分離使用的房舍用地，應依法課徵地價稅。

(四)礦業法第4條第13款規定，經核定可供礦業實際使用之地面，稱爲礦業用地，與本條規定相同。

第11條（空地之意義）

本法所稱空地，指已完成道路、排水及電力設施，於有自來水地區並已完成自來水系統，而仍未依法建築使用；或雖建築使用，而其建築改良物價值不及所占基地申報地價10%，且經直轄市或縣（市）政府認定應予增建、改建或重建之私有及公有非公用建築用地。

解說

(一)由於本法第21條有加徵空地稅的規定，故必須明確規定何謂「空地」，以利執行，此爲本條的立法理由。

(二)我國土地政策追求的目標是「地盡其利、地利共享」，故對於土地的不當利用、過度利用，低度利用或不利用，皆立法予以防止或排除。因此，有如第8條所述的都市計畫及區域計畫，其目的在防止不當利用；有容積率、建蔽率及建物高度的限制，其目的在防止過度利用；至於空地的加徵空地稅，其目的則在防止低度利用或不利用。

(三)空地：

1.土地法第 87 條第 1 項規定，凡編爲建築用地，未依法使用者爲空地。似此，土地法僅爲原則性的規定，不作爲執行的依據。

2.平均地權條例第 3 條第 7 款規定的空地定義，與本條的規定相同。依本條的規定，所謂空地，其要件爲：

(1)須是建築用地：例如都市計畫編定爲住宅區、商業區或工業區等建築用地。

(2)須是私有土地或是公有非公用建築用地。

(3)須該地區已完成道路、排水及電力設施。

(4)於有自來水地區，須已完成自來水系統。

(5)須符合前述要件而仍未依法建築使用。

(四)視同空地：

1.土地法第 87 條第 2 項規定，土地建築改良物價值不及所占基地申報地價 20% 者，視爲空地。土地法規定 20%，本條規定 10%，其標準不一，寬嚴有別，但其立法理由均在防止土地的低度利用。

2.平均地權條例第 3 條第 7 款規定的低度利用的土地，與本條規定相同。依本條的規定，低度利用的空地，除須有前述空地的要件外，另須有下列要件：

(1)雖建築使用，而其建築改良物價值不及所占基地申報地價 10%。

(2)須經直轄市或縣（市）政府認定應予增建，改建或重建者。

第 12 條（公告現值）

本法所稱公告現值，指直轄市及縣（市）政府依平均地權條例公告之土地現值。

解說

(一)由於本法第 30 條及第 30 條之 1 規定，審核申報移轉現值的標準為土地的公告現值。因此，必須明確規定何謂「公告現值」，以利執行，此為本條的立法理由。

(二)依本條規定，所謂公告現值，是指直轄市及縣（市）政府依平均地權條例公告的土地現值。由此可知，公告現值是：

1.須由直轄市或縣（市）政府所公告。

2.須依平均地權條例的規定公告。

(三)依平均地權條例第 46 條規定，直轄市或縣（市）政府對於轄區內的土地，應經常調查其地價動態，繪製地價區段圖並估計區段地價後，提經地價評議委員會評定，據以編製土地現值表於每年 1 月 1 日公告，作為土地移轉及設定典權時，申報土地移轉現值的參考，並作為主管機關審核土地移轉現值及補償徵收土地地價的依據。由此可知，土地的公告現值情形如下：

1.由直轄市或縣（市）政府公告。

2.公告現值產生的程序：

(1)由直轄市或縣（市）政府就轄區內的土地，經常調查其地價動態。

(2)繪製地價區段圖。

(3)估計區段地價。

(4)提經地價評議委員會評定。

(5)編製土地現值表。

(6)於每年 1 月 1 日公告。

3.公告現值的作用：

(1)作爲土地移轉及設定典權時，申報土地移轉現值的參考，例如本法第 30 條及第 30 條之 1。

(2)作爲主管機關審核土地移轉現值的依據，例如本法第 30 條及第 30 條之 1。

(3)作爲補償徵收土地地價的依據，例如平均地權條例第 10 條。惟實務上非以公告土地現值作爲徵收補償地價之依據，政府現行辦理土地徵收，係以市價補償地價，因土地徵收條例第 30 條第 1 項規定：「被徵收之土地，應按照徵收當期之市價補償其地價。在都市計畫區內之公共設施保留地，應按毗鄰非公共設施保留地之平均市價補償其地價。」

此外，依遺產及贈與稅法第 10 條規定，遺產及贈與財產價值之計算，以被繼承人死亡時或贈與人贈與時之時價爲準，所謂「時價」，土地以公告土地現值爲準。由此可知，土地公告現值亦作爲計徵遺產稅及贈與稅的依據。

第 13 條（田賦用辭定義）

本法課徵田賦之用辭定義如下：

一　地目：指各直轄市、縣（市）地籍冊所載之土地使用類別。

二　等則：指按各種地目土地單位面積全年收益或地價高低所區分之賦率等級。

三　賦元：指按各種地目等則土地單位面積全年收益或地價釐定全年賦額之單位。

四　賦額：指依每種地目等則之土地面積，乘各該地目等則單位面積釐定之賦元所得每筆土地全年賦元之積。

五　實物：指各地區徵收之稻穀、小麥或就其折徵之他種農作產物。

六　代金：指按應徵實物折徵之現金。

七　夾雜物：指實物中含帶之沙、泥、土、石、稗子等雜物。

解說

由於本法第三章田賦，從第 22 條至第 27 條之 1 等條文，有各種專有用辭，故本條特予明定解釋。

(一)地目：

1.本條所規定的地目，簡單來說，就是地政事務所土地登記簿所記載的地目。

2.台灣省於民國 36 年 7 月頒發之「地類地目對照表」，將土地分為四類二十一種地目，在此分述如下：

(1)第一類「建築用地」，有六種地目：

①建：房屋及其附屬之庭院、園囿、一切基地均屬之。

②雜：自來水用地、運動場、紀念碑、練兵場、射擊場、飛機場、炮台等用地及其他不屬於各地目之土地均屬之。

③祠：祠廟、寺院、佛堂、神社、教務所及說教所等均屬之，但兼用住宅或依習慣之家廟不在此限。

④鐵：車站、車庫、貨物庫等及在車站內之站長、車長等之宿舍均屬之。

⑤公：公園用地。

⑥墓：墳墓用地。

(2)第二類「直接生產用地」，有八種地目：

①田：水田地。

②旱：旱田地——原為「畑」，台灣省政府 51.4.21 以府民

地甲字第0586號令各縣市政府改為「旱」。

③林：林地、林山均屬之。

④養：魚池。

⑤牧：牧畜地。

⑥礦：礦泉地，但限於湧泉口及其維持上必要之區域。

⑦鹽：製鹽用地。

⑧池：池塘。

(3)第三類「交通水利用地」，有五種地目：

①線：鐵道線路用地。

②道：公路、街道、衢巷、村道、小徑等及公共用之輕便鐵路線路均屬之。

③水：埤圳用地。

④溜：灌漑之塘湖、沼澤。

⑤溝：一切溝渠及運河屬之。

(4)第四類「其他土地」，有兩種地目：

①堤：堤防用地。

②原：荒蕪未經利用及已墾復荒之土地均屬之。

(5)目前土地使用管制均依都市計畫及區域計畫為之，地目之功能性已大大地降低，故地政事務所自88.3.16起，僅受理「建」、「田」、「旱」及「道」等四種地目變更登記。內政部並從106年元旦起廢除地目等則制度，土地登記、地價謄本及權利書狀不再顯示地目等則，地政事務所也不再受理申請地目變更及塗銷地目登記，自日據時期沿用的地目等則制度，正式走入歷史。

(二)等則：

1.本條所規定的等則，簡單來說，就是依土地的生產力或地價的高低所區分的賦率等級。而所謂「賦率」，即是課徵田賦之稅率。

2.前述直接生產用地，其各種地目的等則如下：

(1)田、旱地目：有二十六等則。

(2)養地目：有十九等則。

(3)池地目：有十八等則。

(4)鹽地目：有十一等則。

(5)礦地目：有十八等則。

(6)林地目：有十五等則。

(7)牧地目：有一等則。

3.至於建、雜等地目，區分有九十二等則，原地目有三十等則。

(三)賦元：依本條所規定的賦元，簡單來說，就是指各種地目等則的土地，每單位面積全年賦額的基本單位。

(四)賦額：依本條所規定的賦額，簡單來說，就是土地面積乘各該土地的賦元，所得全年應繳納的賦額。

(五)實物：我國農業生產以稻穀或小麥爲主，故本條明定關於田賦徵收實物的「實物」定義，以利徵收。

(六)代金：田賦徵收實物，但折徵現金時，該現金即是代金。

(七)夾雜物：田賦徵收實物，其實物中難免夾雜其他雜物，如沙、泥、土、石、稗子等。

第二章　地價稅

第 14 條（地價稅之課徵）

已規定地價之土地，除依第 22 條規定課徵田賦者外，應課徵地價稅。

解說

(一)為全面實施平均地權，都市土地及非都市土地均分別規定地價，對都市外已改依建地使用的土地，改課地價稅及土地增值稅。故凡已規定地價的土地，應課徵地價稅，此為本條的立法理由。

(二)台灣地區於民國 45 年實施都市平均地權，對於都市土地規定地價，並課徵地價稅及土地增值稅。至民國 66 年 2 月 2 日修正「實施都市平均地權條例」為「平均地權條例」。依該條例第 13 條規定：「本條例施行區域內，未規定地價的土地，應即全面舉辦規定地價。但偏遠地區及未登記的土地，得由直轄市或縣（市）主管機關劃定範圍，報經中央主管機關核定後分期辦理。」

1.所謂「本條例施行區域」，依平均地權條例第 85 條規定，由行政院以命令定之。行政院於 75.8.5 以台內地字第 16545 號令指定台灣省、台北市及高雄市自該條例生效之日起仍為該條例的施行區域。

2.所謂「偏遠地區」，係由直轄市或縣（市）主管機關認定並劃定範圍。

(三)「平均地權條例」修正公布後，於民國 66 年及 67 年分兩期全面規定地價，依該條例第 17 條規定，已規定地價的土地，應按申報地價，依法徵收地價稅。據此，本條也配合規定，已規定地價的土地，除課徵田賦的土地外，應課徵地價稅，以實現國父平均地權的遺教——即「規定地價，照價徵稅」。

(四)實務解釋：

1.土地所有權人之土地，因地政機關重測、複丈或分割等結果，致其面積與原移送稅捐機關據以課徵土地稅之土地總歸戶冊中所載者不符，稅捐機關應自土地重測、複丈或分割等確定後之年期起改按新面積課稅（財政部 68.8.9 台財稅字第 35521 號函）。

2.原爲依法免徵地價稅之土地，於移轉所有權後變爲應稅土地時，應自辦妥移轉登記之日起之次期起，恢復課徵地價稅。原爲應稅土地於移轉所有權後仍爲應稅土地，其納稅義務人應依土地稅法施行細則第 14 條（現行細則第 20 條）規定之納稅義務基準日，土地登記簿所載之所有權人爲準（財政部 71.2.4 台財稅字第 30726 號函）。

3.課徵田賦之農業用地，在依法辦理變更用地編定或使用分區前，變更爲非農業使用者，應自實際變更使用之次年期改課地價稅。所稱實際變更使用，凡領有建造執照或雜項執照者，以開工報告書所載開工日期爲準；未領取而擅自變更爲非農業使用者，例如：整地開發供高爾夫球場使用、建築房屋、工廠、汽車保養廠、教練場等，稽徵機關應查明實際動工年期，依主旨規定辦理（財政部 79.6.18 台財稅字第 790135202 號函）。

4.原屬符合土地稅法第 22 條規定課徵田賦之農業用地，既供埋葬之墳場使用，事實上已變更爲非農業使用，自應依同法

第 14 條規定改課地價稅（財政部 73.11.5 台財稅字第 62470 號函）。

5.土地部分位於都市計畫公共設施完竣區，部分位於公共設施尚未完竣區內，應按公共設施完竣之比例，分別課徵地價稅與田賦（財政部 80.7.16 台財稅字第 800706491 號函）。

6.原屬符合土地稅法第 22 條規定課徵田賦之土地，部分變更為非農業用地使用，依法應改課地價稅者，應按其實際使用面積，分別課徵田賦及地價稅（財政部 80.11.28 台財稅字第 800421421 號函）。

7.分別共有課徵田賦之土地，部分變更為非農業使用，依法改課地價稅時，應按其實際變更使用面積，分別按各共有人持分比率課徵田賦及地價稅。惟若全體共有人經協議分管使用時，得按各共有人實際使用情形課徵田賦或地價稅（財政部 81.8.18 台財稅字第 811675581 號函）。

8.原經核准徵收田賦之與農業經營不可分離土地，其所有權人變更時，准予自辦竣移轉登記日之次年期起始改課地價稅（財政部 87.4.14 台財稅第 871938989 號函）。

說明：查土地供與農業經營不可分離之使用者，依土地稅法施行細則第 24 條第 4 款規定，由農業機關受理申請，會同有關機關勘查認定後，編造清冊，移送主管稽徵機關，據以課徵田賦。原經核准課徵田賦之該類土地，其所有權人變更後是否仍供與農業經營不可分離之使用，不宜由主管稽徵機關逕予認定，仍應由新所有權人依上揭規定向農業機關重新提出申請。惟因農業機關受理是類土地申請案件，每年有一定之期限，為顧及新所有權人之權益，是類土地移轉，自辦竣移轉登記日之次年期起改課地價稅。

9.共有課徵田賦之農業用地，部分變更為非農業使用，共有人無法提示分管協議者，倘該變更使用之共有人簽章切結該變更使用部分之土地確為其分管，並附具分管區域之地籍圖，且標明其分管之位置，如其變更使用面積小於或等於切結人應有持分面積，得就切結人變更使用面積改課地價稅；如其變更使用面積大於切結人應有持分面積，超出部分再按其他共有人持分比率改課地價稅（財政部 91.9.10 台財稅字第 0910455296 號令）。

10.原經核准「與農業經營不可分離」改課田賦土地，於原所有權人死亡後，繼承人應重新提出申請，始准予繼續課徵田賦（財政部 92.3.5 台財稅字第 0920451978 號函）。

11.公司所有非都市土地，經變更編定為「工業區」，使用地類別為「特定目的事業用地」，既經查明係閒置不用，雜草叢生，應自實際變更使用之次年期起改課地價稅。說明：二、本案非都市土地，雖其土地使用分區由原「特定農業區」變更編定為「工業區」，惟使用地類別並未變更，仍為「特定目的事業用地」，而該「特定目的事業用地」並非屬平均地權條例施行細則第 34 條所稱非都市土地依法編定之農業用地，故該土地應符合同細則第 35 條所規定之兩款要件，始可徵收田賦。三、本案土地因閒置不用，可否認屬平均地權條例施行細則第 35 條規定所指之「作農業用地使用」，而准繼續予以徵收田賦乙節，經內政部同年 7 月 8 日台內地字第 0930010020 號函復略以：「關於平均地權條例施行細則第 35 條規定……其中『農業用地使用』一詞之認定，立法意旨應與平均地權條例第 22 條第 1 項所稱『農業用地使用』一致，至於作農業用地使用之定義，建議參照農業發展條例第 3 條第 12 款之定義認定之。」準此，本案土地閒置不用，且經查明未依規定辦理休耕，因不符合農業發展條例第 3 條第 12 款所指農業使用之定義，應無平均地權條例施行細則第 35 條徵收田賦規定之適用（財政部 93.8.30 台財稅字第 0930475494 號函）。

12.原課徵田賦之非都市土地依法編定之農業用地，於辦理變更用地編定為非農業用地後，應自核准變更編定日之次年期起改課地價稅（財政部 94.11.28 台財稅字第 09404785690 號函）。

說明：二、依土地稅法第 14 條規定：「已規定地價之土地，除依土地稅法第 22 條規定課徵田賦者外，應課徵地價稅。」有關非都市土地課徵田賦之範圍，平均地權條例施行細則第 34 條已有明訂，故原課徵田賦之非都市土地依法編定之農業用地，既變更用地編定為非農業用地，自應改課地價稅。三、本部 79 年 6 月 18 日台財稅第 790135202 號函釋規定，係針對原課徵田賦之農業用地，在依法辦理變更用地編定或使用分區前，擅自變更為非農業使用案件所為之釋示。本案若實際擅自變更為非農業使用在依法辦理變更用地編定或使用分區之後，則與上開函釋之案情有別，尚不宜援引該函規定，自實際變更使用之次年期起改課地價稅，而應依主旨所示辦理。

13.休閒農業輔導管理辦法第 22 條（應係第 23 條）規定：「休閒農場應依……土地稅法等相關規定辦理營業登記及納稅。」基此，有關該管理辦法第 19 條規定，休閒農場得設置休閒農業設施，除住宿設施、餐飲設施、自產農產品加工（釀造）廠、農產品與農村文物展示（售）及教育解說中心，因得依同條第 2 項規定變更非農業用地，應改課地價稅外，其餘門票收費設施、警衛設施、涼亭（棚）設施、眺望設施、衛生設施、農業體驗設施、生態體驗設施、安全防護設施、平面停車場、標示解說設施、露營設施、休閒步道、水土保持設施、環境保護設施、農路等項設施，究應課徵田賦或地價稅，應視其實際使用情形，由土地所在地稽徵機關依上述土地稅法等相關規定辦理（財政部 96.8.29 台財稅字第 09604541110 號函）。

14.土地重測前登記面積錯誤，於重測後始發現，登記機關依規定不得受理土地所有權人申請依重測前地籍圖辦理複丈，致未能更正面積者，稽徵機關因納稅義務人申請或為釐清土地重測前之錯誤，可函請土地所在地之登記機關依重測前地籍圖確認土地面積，其經查明所有權人確有溢繳地價稅者，仍應依稅捐稽徵法第 28 條規定辦理退稅（財政部 96.9.20 台財稅字第 09604545640 號令）。

第 15 條（地價稅計徵之依據）

地價稅按每一土地所有權人在每一直轄市或縣（市）轄區內之地價總額計徵之。

前項所稱地價總額，指每一土地所有權人依法定程序辦理規定地價或重新規定地價，經核列歸戶冊之地價總額。

解說

(一)本條立法理由，在於規定地價稅按每一土地所有人在每一直轄市或縣（市）轄區內之土地總地價課徵，且以地政機關的地價歸戶冊為依據。

(二)本條第 1 項規定，地價稅按每一土地所有權人在每一直轄市或縣（市）轄區內的地價總額計徵。可分析如下：

1.地價稅是針對每一土地所有權人的土地徵收，故夫妻、父母子女或兄弟姊妹若各自擁有土地，是各自負擔繳納地價稅，並不是合併繳納地價稅。

2.地價稅是以同一直轄市或同一縣（市）轄區內，就同一人所有的土地地價合併一起課徵。

(三)本條第 2 項規定，前項所稱地價總額，指每一土地所有權人依法定程序辦理規定地價或重新規定地價，經核列歸戶冊的地價總額。可分析如下：

1.全面規定地價：依平均地權條例第 13 條規定，本條例施行區域內，未規定地價的土地，應即全面舉辦規定地價。

2.重新規定地價：依平均地權條例第 14 條規定，規定地價後，每二年重新規定地價一次，但必要時得延長之；重新規定地價者，亦同。

3.規定地價或重新規定地價的程序：依平均地權條例第 15 條規定，直轄市或縣（市）主管機關辦理規定地價或重新規定地價之程序如下：

(1)分區調查最近一年之土地買賣價格或收益價格。

(2)依據調查結果，劃分地價區段並估計區段地價後，提交地價評議委員會評議。

(3)計算宗地單位地價。

(4)公告及申報地價，其期限爲 30 日。

(5)編造地價冊及總歸戶冊。

4.申報地價：依平均地權條例第 16 條規定，舉辦規定地價或重新規定地價時，土地所有權人未於公告期間申報地價者，以公告地價 80% 爲其申報地價。土地所有權人於公告期間申報地價者，其申報之地價超過公告地價 120% 時，以公告地價 120% 爲其申報地價；申報之地價未滿公告地價 80% 時，得照價收買或以公告地價 80% 爲其申報地價。

(四)由前述可知，地價稅是以同一人在同一直轄市或同一縣（市）轄區內全部土地的申報地價總額爲準計徵。換言之，雖同一人所有的土地，但分散於不同縣市，則分別計徵地價稅。

(五)分單納稅（土稅施則 19）：

1.欠繳地價稅之土地於移轉時，得由移轉土地之義務人或權利人申請分單繳納，分單繳納稅額之計算公式如附件三。

2.前項欠繳地價稅稅單，已合法送達者，其分單繳納稅款之限繳日期，以原核定限繳日期爲準；未合法送達者，其分單繳納稅款及其餘應納稅款應另訂繳納期間，並予送達。如欠繳地價稅案件已移送法務部行政執行署所屬行政執行分署（以下簡稱行政執行分署）執行，主管稽徵機關於分單稅款繳清時，應即向行政執行分署更正欠稅金額。

＊附件：分單繳納地價稅額之計算公式（土稅施則 19 附件）

核准分單繳納當年稅額 =

$$\frac{\text{分單土地之當年課稅地價}}{\text{當年課稅地價總額}} \times \text{當年應繳地價稅稅額}$$

實例

王大盛於台北市松山區有一筆土地，公告地價爲每平方公尺 2 萬元，內湖區有一筆土地，公告地價每平方公尺爲 1 萬元，另於新北市中和區有一筆土地，公告地價每平方公尺爲 8,000 元，於重新規定地價時，王大盛並未申報地價。試問，其地價稅如何計徵？

由於王大盛並未申報地價，因此，均以公告地價 80% 爲申報地價，松山區的土地申報地價爲 16,000 元，內湖區的土地申報地價爲 8,000 元，中和區的土地申報地價爲 6,400 元。松山區與內湖區在同一直轄市，故兩筆土地的申報地價應予合計，並以合計的總額爲準計徵地價稅。至於中和區的土地，則依其申報地價另行計徵地價稅。

第 16 條（地價稅之累進稅率）

地價稅基本稅率為10‰。土地所有權人之地價總額未超過土地所在地直轄市或縣（市）累進起點地價者，其地價稅按基本稅率徵收；超過累進起點地價者，依下列規定累進課徵：

一　超過累進起點地價未達 5 倍者，就其超過部分加徵 15‰。

二　超過累進起點地價 5 倍至 10 倍者，就其超過部分課徵 25‰。

三　超過累進起點地價 10 倍至 15 倍者，就其超過部分課徵 35‰。

四　超過累進起點地價 15 倍至 20 倍者，就其超過部分課徵 45‰。

五　超過累進起點地價 20 倍以上者，就其超過部分課徵 55‰。

前項所稱累進起點地價，以各該直轄市及縣（市）土地 7 公畝之平均地價為準。但不包括工業用地、礦業用地、農業用地及免稅土地在內。

解說

(一)本條立法理由，在於明定土地所有權人的地價總額超過累進起點地價時，適用累進稅率課徵地價稅，未超過累進起點地價時，適用基本稅率，並規定累進起點地價如何計算。

(二)基本稅率：本條規定地價稅的基本稅率爲10‰。同一人在同一縣市或直轄市的土地申報地價總額，如未超過各該縣市累進起點地價者，則以地價總額乘以基本稅率10‰，即是全年度應繳納的地價稅。

(三)累進稅率：

1.同一人在同一縣市或直轄市的土地申報地價總額，如超過各該縣市累進起點地價者，則依本條所規定的累進稅率計徵地價稅。

2.地價稅之計算公式（土稅施則5）：

稅級別	計　算　公　式
第一級	應徵稅額＝課稅地價（未超過累進起點地價者）×稅率（10‰）
第二級	應徵稅額＝課稅地價（超過累進起點地價未達五倍者）×稅率（15‰）－累進差額（累進起點地價×0.005）
第三級	應徵稅額＝課稅地價（超過累進起點地價五倍至十倍者）×稅率（25‰）－累進差額（累進起點地價×0.065）
第四級	應徵稅額＝課稅地價（超過累進起點地價十倍至十五倍者）×稅率（35‰）－累進差額（累進起點地價×0.175）
第五級	應徵稅額＝課稅地價（超過累進起點地價十五倍至二十倍者）×稅率（45‰）－累進差額（累進起點地價×0.335）
第六級	應徵稅額＝課稅地價（超過累進起點地價二十倍以上者）×稅率（55‰）－累進差額（累進起點地價×0.545）

(四)累進起點地價：

1.本條第2項規定累進起點地價的計算方法，依該方法所計算出來的累進起點地價，各縣市不一致。

2.依本法第18條規定，工業用地及礦業用地是不以累進稅率課稅；依本法第22條規定，農業用地是課徵田賦，故連同免稅土地等均排除於計算累進起點地價之外。

3.地價稅累進起點地價之計算（土稅施則6）：

(1)累進起點地價計算公式如下：

地價稅累進起點地價＝

〔直轄市或縣（市）規定地價總額－（工業用地地價＋礦業用地地價＋農業用地地價＋免稅地地價）〕÷｛直轄市或縣（市）規定地價總面積（公畝）－（工業用地面積＋礦業用地面積＋農業用地面積＋免稅地面積）（公畝）｝×7

(2)前項累進起點地價，應於舉辦規定地價或重新規定地價後當年地價稅開徵前計算完竣，並分別報請財政部及內政部備查。

(3)累進起點地價以千元為單位，以下四捨五入。

(五)依土地稅法施行細則第 7 條規定，土地所有權人如有依本法第 16 條規定應予累進課徵地價稅之土地及本法第 17 條、第 18 條或第 19 條規定免予累進課徵地價稅之土地，主管稽徵機關應分別計算其應納稅額後，合併課徵。

(六)平均地權條例第 18 條、第 19 條及其施行細則第 27 條、第 28 條等規定與本條相同。

(七)實務解釋：

1.查計算累進起點地價之土地，依土地稅法第 16 條第 2 項規定，既不包括免稅土地在內，故土地所有權人在同一轄區內擁有應稅與免稅土地者，其免稅土地地價應免予合併計入地價總額內計徵地價稅。至於減稅土地地價，仍應併入地價總額內計算「毛應納稅額」後，再依左列方式計算應納地價稅額（財政部 76.8.19 台財稅字第 7622925 號函）：

(1)減稅土地之毛應納稅額＝毛應納稅額×減稅土地地價／地價總額

(2)減稅土地應減徵稅額＝減稅土地之毛應納稅額×減稅比率

(3)應納地價稅額＝毛應納稅額－減稅土地應減徵稅額

2.民宿稅捐之核課，前經行政院觀光發展推動小組第 34 次會議決議：「鄉村住宅供民宿使用，在符合客房數 5 間以下，客房總面積不超過 150 平方公尺以下，及未僱用員工，自行經營情形下，將民宿視爲家庭副業，得免辦營業登記，免徵營業稅，依住宅用房屋稅稅率課徵房屋稅，按一般用地稅率課徵地價稅及所得課徵綜合所得稅。至如經營規模未符前開條件者，其稅捐之稽徵，依據現行稅法辦理。」請依上揭決議辦理（財政部 90.12.27 台財稅字第 0900071529 號函）。

3.同一筆土地，部分面積應課徵地價稅、部分面積符合免稅規定者，該免稅部分之土地地價應否合併計入地價總額內計徵地價稅一案，仍請依本部 76.8.19 台財稅第 7622925 號函規定辦理（財政部 93.6.29 台財稅字第 0930453526 號函）。

說明：依土地稅法第 16 條第 2 項規定，於計算累進起點地價時，不包括免稅土地在內，故於核算納稅義務人之地價稅時，「免稅土地」之地價應自納稅義務人之地價總額中扣除，再按累進稅率及特別稅率計算稅額，而「減稅土地」係「減徵地價稅」，應在應納稅額中減除而非自納稅義務人之總地價中減除，二者性質不同；同一筆土地，部分面積依法應予免徵地價稅時，該免稅部分之土地地價仍應依上開函規定，免予合併計入地價總額內計徵地價稅。

4.縣、市合併改制直轄市，應否就該直轄市土地辦理重新規定地價及重新計算累進起點地價等節，經函准內政部 99.7.1 台內地字第 0990131131 號函略以：二、依平均地權條例第 14 條及第

17 條規定……已規定地價之土地，應按申報地價，依法徵收地價稅。故依規定業於 99.1.1 辦理完成 99 年度公告地價作業……下一次重新規定地價年度爲 102 年。三、有關累進起點地價計算，依上開條例第 18 條規定……僅涉及累進起點地價是否需於 100 年時，依合併後之縣市轄區重新統計予以計算之問題，尚無需辦理重新規定地價。四、至於是否重新計算累進起點地價，依上開條例施行細則第 27 條第 2 項規定：「前項地價稅累進起點地價，應於『舉辦規定地價或重新規定地價後當期地價稅開徵前計算完竣』，並分別報請中央主管機關、財政部備查。」似無明文規定應需每年重新計算……。據上，縣、市合併改制直轄市，如該直轄市未屆辦理重新規定地價年度，自無需重新計算累進起點地價，其地價稅之核課，仍按改制前各該縣市之累進起點地價，分別依平均地權條例第 18 條及第 19 條（同土地稅法第 16 條）規定辦理（財政部 99.8.30 台財稅字第 09900282710 號函）。

實例

(一)未超過累進起點地價的地價稅計算：

張大雄有土地一筆，面積 0.5235 公頃，持分五分之一，其公告地價爲每平方公尺 1 萬元，但張大雄申報地價未超過累進起點地價，則其地價稅爲多少？

0.5235 公頃=5,235 平方公尺

全部申報地價：5,235×10,000×80%×1/5=8,376,000 元

因未超過累進起點地價，故為基本稅率

地價稅=8,376,000 元×10‰=83,760 元

(二)超過累進起點地價的地價稅計算：

許念祖有土地一筆，面積爲 1.3250 公頃，所有權全部，其公告地價爲每平方公尺 2 萬元，許念祖未申報地價，而土地所在地縣市的累進起點地價爲 1,000 萬元，則其地價稅爲多少？

1.3250 公頃＝13,250 平方公尺

全部申報地價：13,250×20,000 元×80%＝21,200 萬元

累進起點地價為 1,000 萬元，是故全部申報地價超過累進起點地價 20 倍以上，其稅率為第六級

地價稅＝21,200 萬×55‰－1,000 萬×0.545＝1,166萬－545萬＝621 萬元

第 17 條（自用住宅用地地價稅之計徵）

合於下列規定之自用住宅用地，其地價稅按 2‰ 計徵：

一　都市土地面積未超過 3 公畝部分。

二　非都市土地面積未超過 7 公畝部分。

國民住宅及企業或公營事業興建之勞工宿舍，自動工興建或取得土地所有權之日起，其用地之地價稅，適用前項稅率計徵。

土地所有權人與其配偶及未成年之受扶養親屬，適用第 1 項自用住宅用地稅率繳納地價稅者，以一處為限。

解說

(一)本條的立法理由有二：

1.爲減輕對自用住宅土地的地價稅負擔，特訂定特別的優惠稅率，但仍須明確定義及其使用面積限制，以防杜濫用。

2.土地所有權人的配偶及未成年受扶養親屬依理應僅有一處

自用住宅，故明文限制，以期公平，並防止取巧。

(二)本條所謂「自用住宅用地」，依本法第 9 條的規定，請參閱該條的解說。

(三)本條所謂「都市土地」及「非都市土地」，依本法第 8 條的規定，請參閱該條的解說。

(四)本條規定，可分析如下：

1.稅率 2‰：依自用住宅用地的申報地價乘以 2‰，即是全年應繳納的地價稅。

2.其適用要件：

(1)須是自用住宅用地。

(2)都市土地面積未超過 3 公畝部分，非都市土地面積未超過 7 公畝部分，超過部分則依本法第 16 條所規定的稅率計徵地價稅。

(3)國民住宅及企業或公營事業興建的勞工宿舍，自動工興建或取得土地所有權之日起，其用地的地價稅，亦依 2‰ 的稅率計徵。

(4)土地所有權人與其配偶及未成年的受扶養親屬，僅能以一處爲限，適用自用住宅用地 2‰ 稅率繳納地價稅。因爲：

①民法第 1001 條規定，除有不能同居之正當理由外，夫妻互負同居的義務。準此，夫妻原則上不能各有其自用住宅用地而適用本條所規定的稅率計徵地價稅。

②民法第 1060 條規定，未成年的子女，以其父母的住所爲住所。準此，併同前述民法對於夫妻住所的規定，乃有本條第 3 項以一處爲限的規定。

(五)申請超過一處的認定順序（土稅施則 8）：

1.土地所有權人在本法施行區域內申請超過一處之自用住

宅用地時，依本法第 17 條第 3 項認定一處適用自用住宅用地稅率，以土地所有權人擇定之戶籍所在地爲準；土地所有權人未擇定者，以申請當年之自用住宅用地地價稅額最高者爲準；其稅額相同者，依土地所有權人、配偶、未成年受扶養親屬戶籍所在地之順序適用。

(1)土地所有權人之戶籍所在地。

(2)配偶之戶籍所在地。

(3)未成年受扶養親屬之戶籍所在地。

2.土地所有權人與其配偶或未成年之受扶養親屬分別以所有土地申請自用住宅用地者，應以共同擇定之戶籍所在地爲準；未擇定者，以土地所有權人與其配偶、未成年之受扶養親屬申請當年度之自用住宅用地地價稅最高者爲準。

3.第 1 項後段未成年受扶養親屬戶籍所在地之適用順序，依長幼次序定之。

(六)申請面積超額的計算順序（土稅施則 9）：

1.土地所有權人在本法施行區域內申請之自用住宅用地面積超過本法第 17 條第 1 項規定時，應依土地所有權人擇定之適用順序計算至該規定之面積限制爲止；土地所有權人未擇定者，以申請當年之自用住宅用地地價稅額由高至低之適用順序計算之；其稅額相同者，適用順序如下：

(1)土地所有權人與其配偶及未成年之受扶養親屬之戶籍所在地。

(2)直系血親尊親屬之戶籍所在地。

(3)直系血親卑親屬之戶籍所在地。

(4)直系姻親之戶籍所在地。

2.前項第 2 款至第 4 款之適用順序，依長幼次序定之。

(七)本條第 2 項所謂的國民住宅、企業或公營事業興建的勞工宿舍（土稅施則 10）。

1.所謂「國民住宅」，指依國民住宅條例規定，依左列方式興建之住宅：

(1)政府直接興建。

(2)貸款人民自建。

(3)獎勵投資興建。

2.所謂「企業或公營事業興建之勞工宿舍」，指興建之目的專供勞工居住之用。

(八)申請應備文件：

1.依土地稅法施行細則第 11 條規定，土地所有權人申請適用本法第 17 條第 1 項自用住宅用地特別稅率計徵地價稅時，應填具申請書並檢附建築改良物證明文件，向主管稽徵機關申請核定之。

2.依土地稅法施行細則第 12 條規定：

(1)土地所有權人，申請適用本法第 17 條第 2 項特別稅率計徵地價稅者，應填具申請書，並依下列規定，向主管稽徵機關申請核定之：

①國民住宅用地：其屬政府直接興建者，檢附建造執照影本或取得土地所有權證明文件。其屬貸款人民自建或獎勵投資興建者，檢附建造執照影本及國民住宅主管機關核准之證明文件。

②企業或公營事業興建之勞工宿舍用地：檢附建造執照或使用執照影本及勞工行政主管機關之證明文件。

(2)前項第 1 款貸款人民自建之國民住宅及第 2 款企業或公營事業興建之勞工宿舍，自建築完成之日起未供自用住宅或勞工宿舍使用者，應由土地所有權人向主管稽徵機關申報改按一般用地稅率計徵。

(3)第 1 項第 1 款貸款人民自建或獎勵投資興建之國民住宅及第 1 項第 2 款企業或公營事業興建之勞工宿舍，經核准按自用住宅用地稅率課徵地價稅後，未依建築主管機關核准期限建築完成者，應自核准期限屆滿日當年改按一般用地稅率計徵地價稅。

(九)平均地權條例第 20 條及其施行細則第 29 條至第 32 條等規定與前述規定相同。

(十)財政部訂頒「自用住宅用地地價稅書面審查作業要點」，請參閱附錄四。

(十一)實務解釋：

1.土地所有權人同時分別在都市及非都市計畫範圍內有自用住宅用地時，依土地稅法第 9 條第 2 項（現行法第 17 條第 3 項）規定，土地所有權人與其配偶及未成年之受撫養親屬適用本法關於自用住宅用地之規定，以一處爲限。至其另有住宅用地供土地所有權人已成年之直系親屬設籍使用，如該直系親屬已於該地辦竣戶籍登記，且無出租或供營業用者，同法第 9 條第 1 項規定，應同時准其享受自用住宅用地稅率課徵地價稅；惟其享受自用住宅用地之面積標準，依照同法第 17 條規定，都市土地面積爲未超過 3 公畝部分，非都市土地爲未超過 7 公畝部分（財政部 67.3.23 台財稅字第 31950 號函）。

2.土地所有權人死亡，土地無人管理，經主管稽徵機關指定土地使用人爲地價稅代繳義務人，該代繳義務人縱在該地辦竣戶籍登記且無出租或供營業，仍不准按自用住宅用地稅率課徵地價稅（財政部 72.1.22 台財稅字第 30467 號函）。

3.政府興建之國民住宅，無論係用以出售或出租，其用地之地價稅均有土地稅法第 17 條第 2 項（平均地權條例第 20 條第 2

項）及國民住宅條例第 14 條之適用（財政部 73.2.29 台財稅字第 51416 號函）。

4.土地稅法第 17 條第 2 項所稱企業，指任何以營利爲目的之事業，凡公司既以獨資或合夥方式經營之事業皆屬之。上揭條項所稱公營事業，係指公營事業移轉民營條例第 2 條規定之左列各項事業：

(1)政府獨資經營之事業。

(2)各級政府合營之事業。

(3)依事業組織特別法之規定，由政府與人民合資經營之事業。

(4)依公司法之規定，由政府與人民合資經營而政府資本超過 50% 以上之事業（財政部 80.6.29 台財稅字第 800181836 號函）。

5.公司董事長職務係事業經營之負責人，勞基法稱之爲「雇主」；總經理、經理、顧問等職務若係依公司法所委任者，均不屬勞動基準法所稱之勞工，其宿舍用地應不得適用特別稅率課徵地價稅。惟總經理、經理、顧問等職務如係基於僱傭關係受該公司僱用從事工作獲致工資者自屬勞工，其宿舍用地如符勞工宿舍有關規定，應准按特別稅率課徵地價稅（財政部 80.11.13 台財稅字第 800326907 號函）。

6.企業或公營事業興建之勞工宿舍用地，申請適用土地稅法第 17 條第 2 項特別稅率課徵地價稅，因老舊建築物無法檢附建造執照或使用執照影本者，准以「建物勘測成果表」代替。至於非企業或公營事業興建，係向他人購買供作勞工宿舍及原非勞工宿舍而於中途變更爲勞工宿舍之用地者，如經取得勞工行政主管機關之證明文件，亦准按特別稅率課徵地價稅（財政部 80.11.19

台財稅字第 800750598 號函）。

7.土地稅法第 17 條第 2 項，企業或公營事業興建之勞工宿舍，依同法施行細則第 10 條第 2 項規定，應指興建之目的專供勞工居住之用。公司興建勞工住宅後其建築物所有權已移轉爲勞工所有，核與專供勞工居住之勞工宿舍定義不合，應無土地稅法第 17 條第 2 項規定之適用（財政部 81.1.6 台財稅字第 800467381 號函）。

8.勞工宿舍用地適用自用住宅用地優惠稅率課徵地價稅，其面積之計算，准按已建勞工宿舍基地面積，加該已建築勞工宿舍之法定空地面積爲準（財政部 81.1.14 台財稅字第 800751985 號函）。

9.企業或公營事業興建之勞工宿舍用地，其地上建物爲樓房，部分樓層供作勞工宿舍使用，部分樓層供作其他用途使用時，准以各層房屋實際使用情形所占土地面積比例，分別按特別稅率及一般稅率計課地價稅。至於在同一樓層內或同一平房內，部分作勞工宿舍，部分作其他用途使用，如其使用情形有明確界線劃分者，准依實際使用情形所占面積比例，分別按特別稅率及一般稅率計課，否則應全部按一般稅率計課地價稅（財政部 81.2.18 台財稅字第 810753420 號函）。

10.改進土地所有權人申請適用自用住宅用地稅率會商結論：檢送研商「改進土地所有權人申請適用自用住宅用地稅率課徵地價稅」事宜會議紀錄，請依會商結論辦理（財政部 83.7.25 台財稅字第 831602961 號函）。

＊附件：研商「改進土地所有權人申請適用自用住宅用地稅率課徵地價稅」事宜會議紀錄會商結論：

(1)稽徵機關在受理土地移轉現值申報或契稅申報時，應確實輔導當事人填寫「土地增值稅或契稅申報書附聯」提前申請按自用住宅用地稅率課徵地價稅，俟辦竣所有權移轉登記，該申請案即生效。

(2)新建房屋於申報房屋現值及使用情形時，應輔導當事人填寫「地價稅自用住宅用地申請書」，申請按自用住宅用地稅率課徵地價稅。

(3)繼承土地於查註財產稅欠稅時，須確實輔導當事人填寫「地價稅自用住宅用地申請書」申請按自用住宅用地稅率課徵地價稅，或於接獲地政機關地籍異動通報時，通知當事人於10 月 7 日（已改為 9 月 22 日）前提出申請按自用住宅用地稅率課徵地價稅。

11.公司所有土地興建勞工宿舍，其第四層已空置數年，其所占土地面積比例應不得適用 2‰ 特別稅率計徵地價稅；惟同址第三層一戶已供勞工宿舍使用，不論該一戶之勞工宿舍供勞工本人或勞工攜眷居住，可就該層一戶之房屋所占土地面積比例，准按 2‰ 特別稅率計徵地價稅（財政部 83.9.24 台財稅字第 831611499 號函）。

12.政府直接興建國宅社區之部分樓層設置商業設施，既出租與銀行使用，其國有持分土地應無土地稅法第 17 條第 2 項規定之適用（財政部 91.5.6 台財稅字第 0910452552 號函）。

13.○君所有土地，其地上房屋部分樓層無法取得建物測量成果圖，可否按各層房屋實際使用情形所占土地面積比例分別適用自用住宅用地稅率及一般稅率計課地價稅疑義一案（財政部 93.7.29 台財稅字第 09300388460 號函）。

說明：經准內政部 93.7.20 台內地字第 0930010682 號函略以：「……第二、三層增建部分……因無增建使用執照等相關證明文件，依地籍測量實施規則第 4 編建築改良物測量之相關規定，無法辦理建物第一次測量及建物複丈……。查『未登記建物，為申辦自用住宅優惠稅率需要，得申請該建物之基地號勘查或勘測建物位置。依前項辦理基地號勘查或勘測建物位置完畢，應於建物測量成果表（圖）內註明“本項成果表（圖）僅供申請核課自用住宅用地稅率之用”。』為辦理土地複丈與建物測量補充規定第 25 點所明定，係地政機關為配合稅務機關核課未登記建物自用住宅用地優惠稅率需要所訂定，本案建物第二、三層增建部分可依前開規定辦理。」請參考上開內政部意見處理。

14.國民住宅社區內興建之商業、服務設施及其他建築物，雖屬國宅用地上興建之設施，惟其既非以住宅使用為目的，於房屋空置期間縱未出租供營業使用，仍無土地稅法第 17 條第 2 項規定之適用（財政部 94.5.4 台財稅字第 09404530350 號函）。

15.財團法人○醫院所有供醫護、醫事及行政人員之員工宿舍（包括單身及眷屬宿舍）用地，無土地稅法第 17 條第 2 項規定按特別稅率課徵地價稅之適用（財政部 97.3.12 台財稅字第 09700079730 號函）。

說明：財團法人尚非「企業」定義之範疇，本案財團法人○醫院供其員工及眷屬之宿舍用地，應無按特別稅率課徵地價稅之適用。

16.建物未辦所有權第一次登記且無使用執照，得否依「辦理土地複丈與建物測量補充規定」第 25 點規定申請建物測量成果圖（內政部 102.7.10 台內地字第 1020251918 號函）。

說明：為配合稅務機關核課未登記建物自用住宅用地優惠稅率需要，本部前以 93.7.20 台內地字第 0930010682 號函釋建物增建部分可依旨揭規定辦理在案，至本案地上四層建物雖屬未辦所有權第一次登記之違章建物，然仍爲未登記建物範疇，自得依旨揭規定申請該建物之基地號勘查或勘測建物位置坐落地號，並據以核發建物測量成果表（圖）。

17.○君所有之土地在土地合併前不屬房屋坐落基地，亦未合併申請建築載入使用執照，可否併同適用自用住宅用地稅率課徵地價稅（財政部 103.1.24 台財稅字第 10200222290 號函）。

說明：二、自用住宅用地基地之認定，依本部 101.8.16 台財稅字第 10104594270 號令訂定「適用自用住宅用地稅率課徵地價稅認定原則」（以下簡稱認定原則）四(一)1 規定，原則上以建築改良物所有權狀記載之基地地號爲準；惟建物基地之土地與相鄰未經申請建築土地合併者，應依認定原則四(一)5 辦理，即該相鄰土地如未合併申請建築載入使用執照，縱因土地合併而併入建築基地地號，仍不認屬該房屋基地範圍。稽徵機關審核是類案件，應就建築基地地號查核有無合併情事；另已核准自用住宅用地案件，應予列管該建物基地地號之面積，以利後續案件之審核。三、另查認定原則四(一)3 之規定，節錄自本部 87.4.18 台財稅第 871939713 號函，係考量非屬建物基地之土地，經編爲公共設施保留地（道路用地），既係土地所有權人連同主建物一併取得，且該土地與建築基地相鄰，位處該棟建物圍牆內供出入通路等使用，而與該棟建物之使用確屬不可分離，爰准併同適用自用住宅用地稅率課徵地價稅。四、本案○君所有之建物已興建完成，其建物基地本即有獨立出入通路等供自用住宅使用，無取得相鄰土地以供出入通路使用之必要，○君取得相鄰土地僅係與該建物基地合併使用，尚無使用上確屬不可分離之情事，故日後移轉予他人，新所有權人於申請適用自用住宅用地稅率時，縱主張該相鄰土地連同主建物基地一併取得，仍無認定原則四(一)3 規定之適用。

18.自有車位依規定供共享停車位使用得繼續適用自住用地稅率（財政部 107.8.14 台財稅字第 10704600150 號令）。

內容：一、自有停車位原經核准按自用住宅用地稅率課徵地價稅或位於地下停車場核准免徵房屋稅、地上房屋供停車使用部分核准按住家用稅率課徵房屋稅者，所有權人透過網際網路媒合服務平臺（下稱媒合服務平臺）將供本人、配偶或直系親屬所有車輛停放使用之自用停車位，於閒置時間提供不特定人使用（下稱共享停車位），得繼續適用原經核准之稅率徵免地價稅及房屋稅。二、前點所稱自有停車位指所有權人供自用住宅使用之主建物依法應附設之停車空間，且所有權狀已載明停車位權屬，或該建物所有權狀未載明停車位權屬，但仍可明確區分為其所有或有使用權者。三、第一點所稱閒置時間指每一共享停車位實際提供不特定人使用之時數（下稱共享時數），房屋稅以每月不超過 240 小時為限，逾限當月改按非住家非營業用稅率課徵；地價稅以每年不超過 2,880 小時為限，逾限當年改按一般用地稅率課徵；共有房地之所有權人依協議取得一定期間之停車位使用權者（下稱使用權人），於使用期間之共享時數逾限時，應按該使用權人持分部分改課，其他共有人持分部分不予改課。房地所有權人或使用權人參加媒合服務平臺不滿 1 月或 1 年，其共享時數上限之計算，分別按日數或月數比例計算。四、共享停車位之核課由地方稅稽徵機關依媒合服務平臺業者定期提供資料辦理，免由納稅義務人依房屋稅條例第 7 條規定申報變更使用情形及依土地稅法第 41 條規定申請適用特別稅率、申報適用原因事實消滅情事。

19.原經核准按自用住宅用地稅率課徵地價稅之土地，地上房屋經主管機關認定為高氯離子混凝土建築物（又稱海砂屋），依建築法或其他相關法令規定通知所有權人限期停止使用並拆除，倘土地所有權人或其配偶、直系親屬於主管機關通知發文日在該地辦竣戶籍登記，且自發文日至重建房屋尚在施工未核發使用執照前，均符合土地稅法第 9 條及第 17 條之其他要件規定者，於該期間准予繼續適用自用住宅用地稅率課徵地價稅（財政部 107.10.31 台財稅字第 10700603950 號令）。

(十二)稅額計算：符合本條規定者，則以其申報地價總額乘以 2‰，即是應納的地價稅額。

第 18 條（按目的事業主管機關核定規劃土地適用之優惠稅率）

供下列事業直接使用之土地，按 10‰ 計徵地價稅。但未按目的事業主管機關核定規劃使用者，不適用之：

一　工業用地、礦業用地。

二　私立公園、動物園、體育場所用地。

三　寺廟、教堂用地、政府指定之名勝古蹟用地。

四　經主管機關核准設置之加油站及依都市計畫法規定設置之供公眾使用之停車場用地。

五　其他經行政院核定之土地。

在依法劃定之工業區或工業用地公告前，已在非工業區或工業用地設立之工廠，經政府核准有案者，其直接供工廠使用之土地，準用前項規定。

第 1 項各款土地之地價稅，符合第 6 條減免規定者，依該條減免之。

解說

(一)土地固應依法繳納地價稅，但對於工業發展、公益事業土地，其面積廣大，勢必累進稅率課稅，爲減輕其稅負，特明定其稅率，是爲本條的立法理由。

(二)本條第 1 項明定按 10‰ 計徵地價稅的事業用地，第 2 項明定準用 10‰ 的工廠用地的要件，第 3 項則明定符合本法第 6 條減免規定者，則依該第 6 條規定減免地價稅。

(三)本條所規定的土地：土地稅法施行細則第 13 條規定，依本法第 18 條第 1 項特別稅率計徵地價稅之土地，指下列各款土地經按目的事業主管機關核定規劃使用者：

1.工業用地：爲依區域計畫法或都市計畫法劃定之工業區或依其他法律規定之工業用地，及工業主管機關核准工業或工廠使用範圍內之土地。

2.礦業用地：爲經目的事業主管機關核准開採礦業實際使用地面之土地。

3.私立公園、動物園、體育場所用地：爲經目的事業主管機關核准設立之私立公園、動物園及體育場所使用範圍內之土地。

4.寺廟、教堂用地、政府指定之名勝古蹟用地：爲已辦妥財團法人或寺廟登記之寺廟、專供公開傳教佈道之教堂及政府指定之名勝古蹟使用之土地。

5.經主管機關核准設置之加油站及依都市計畫法規定設置之供公眾使用之停車場用地：爲經目的事業主管機關核准設立之加油站用地，及依都市計畫法劃設並經目的事業主管機關核准供公眾停車使用之停車場用地。

6.其他經行政院核定之土地：爲經專案報行政院核准之土地。

(四)申請應備文件（土稅施則 14）：

1.土地所有權人，申請適用本法第 18 條特別稅率計徵地價稅者，應填具申請書，並依下列規定，向主管稽徵機關申請核定之：

(1)工業用地：應檢附建造執照及興辦工業人證明文件；建廠前依法應取得設立許可者，應加附工廠設立許可文件。其已開工生產者，應檢附工廠登記證明文件。

(2)其他按特別稅率計徵地價稅之土地：應檢附目的事業主管機關核准或行政院專案核准之有關文件及使用計畫書圖或組織設立章程或建築改良物證明文件。

2.核定按本法第 18 條特別稅率計徵地價稅之土地，有下列情形之一者，應由土地所有權人申報改按一般用地稅率計徵地價稅：

(1)逾目的事業主管機關核定之期限尚未按核准計畫完成使用。

(2)停工或停止使用逾一年。

3.前項第 2 款停工或停止使用逾一年之土地，如屬工業用地，其在工廠登記未被工業主管機關撤銷或廢止，且未變更供其他使用前，仍繼續按特別稅率計徵地價稅。

(五)申報回復以一般稅率計徵地價稅：

1.土地稅法施行細則第 15 條規定，適用特別稅率之原因、事實消滅時，土地所有權人應於 30 日內向主管稽徵機關申報，未於限期內申報者，依本法第 54 條第 1 項第 1 款之規定辦理。

2.依前述規定，凡適用第 17 條及第 18 條所規定的特別稅率的原因或事實消滅時，應予申報，否則除追補應納的稅額外，處短匿稅額或賦額三倍以下的罰鍰。

(六)平均地權條例第 21 條規定與本條相同。

(七)稅額計算：符合本條規定的土地，按其申報地價總額乘以 10‰，即為其應繳納的地價稅稅額。

(八)實務解釋：

1.直接供工廠用地課徵地價稅釋疑：

(1)「廠房及其附屬建築之用地」及「生產原料倉庫及露天堆置原料用地」，均視為直接供工廠用地，依實施都市平均地權條例有關條文規定，按申報地價數額徵收 15‰（現行法改為 10‰）地價稅。

(2)關於應保留之空地及工廠基地以及廠內之人行道及運輸道路，核與直接供工廠使用土地有關，准按申報地價數額課徵 15‰（現行法改為 10‰）地價稅。

(3)辦公廳及單身宿舍用地在工廠之內者，依照 15‰（現行法改為 10‰）稅率課徵地價稅；至眷屬宿舍用地，核與直接供工廠使用土地無關，仍應按一般用地之地價稅稅率課徵（財政部 58 台財稅發第 02220 號令）。

2.凡依法核定之工業區土地及政府核准工業或工廠使用之土地，已按工業主管機關核定規劃使用者，無論自有自用或出租與興辦工業人使用，均得適用土地稅法第 18 條規定之工業用地特別稅率課徵地價稅（財政部 69.6.13 台財稅字第 34700 號函）。

3.××公司於註銷工廠登記後，將所有經核准按工業用地稅率課徵地價稅之土地租予○○公司使用，如經查明仍符合工業用地有關規定，應准繼續適用工業用地稅率課徵地價稅（財政部 81.8.21 台財稅字第 810303719 號函）。

4.高爾夫球場經目的事業主管機關核准許可設立後，未經核准開放使用前，可通知土地所有權人取具主管機關核准延期證明文件以憑認定其是否已按核定規劃使用。其無法取具主管機關證明文件者，應認為未按核定規劃使用，自無土地稅法第 18 條規定之適用。高爾夫球場實際使用面積超過原核定設立球場面積部分，依土地稅法施行細則第 13 條規定，應無特別稅率之適用（財政部 83.5.24 台財稅字第 831595531 號函）。

5.依停車場法規定取得停車場登記證者，其設置供公共使用之停車場用地，准依土地稅法第 18 條第 1 項第 5 款及平均地權條例第 21 條第 1 項第 5 款規定按 10‰ 計徵地價稅，但未按目的事業主管機關核定規劃使用者不適用之（財政部 83.2.16 台財稅字第 830042741 號函）。

6.汽車客運業之車站用地如坐落工業用地內，且經查核其使用符合規定者，准依土地稅法第 18 條規定按工業用地稅率課徵地價稅。本案經函准經濟部 83.2.8. 經工 081506 號函略以：「本案汽車客運業之車站用地如坐落工業用地（指依區域計畫法或都市計畫法劃定之工業區或依其他法律規定之工業用地，及工業主管機關核准工業或工廠使用範圍內之土地），且經查核其使用符合規定者，應可按特別稅率計徵地價稅。」（財政部 83.3.9 台財稅字第 830074252 號函）

7.依自來水法規定經核准興辦之自來水事業，其所有供該事業直接使用之土地，准依土地稅法第 18 條第 1 項第 5 款及平均地權條例第 21 條第 1 項第 5 款規定按 10‰ 計徵地價稅，但未按目的事業主管機關核定規劃使用者不適用之（財政部 83.8.31 台財稅字第 830416961 號函）。

8.領有公司執照之汽車路線貨運業，如經經濟部工業局核准承購政府規劃之工業區土地，且確供該事業營業使用者，准按工業用地稅率課徵地價稅（財政部 77.2.2 台財稅第 770650054 號函）。

9.工廠管理輔導法於 90 年 3 月 14 日公布施行，為因應工廠登記制度之變革，申請適用工業用地稅率課徵地價稅之案件，應依下列規定辦理：一、依土地稅法第 18 條第 1 項第 1 款規定，工業用地按 10‰ 課徵地價稅，上開規定係以辦理工廠登記之廠房用地爲適用對象，亦即以製造業爲主要對象，工廠管理輔導法實施後，工廠登記改以達一定標準者，始需依該法申辦工廠登記。故製造業之範圍包括領有工廠登記證之工廠及免辦工廠登記而實際從事物品製造、加工行爲者。是以，於工業用地或工業區內，須設廠從事物品製造、加工者，始可准予適用工業用地稅率課徵地價稅，至於是否達申辦工廠登記標準，則非所問。另依促進產業升級條例（已於 99 年 5 月 12 日廢止）規定編定之工業區，並依下列第 1、2 款規定辦理：(一)生產事業用地及公共設施用地均准予適用工業用地稅率課徵地價稅。(二)社區用地，供作勞工宿舍、自用住宅用地使用者，依土地稅法第 17 條規定按 2‰ 稅率課徵地價稅。(三)工業用地或工業區非屬依促進產業升級條例規定編定者，比照前 2 款之規定辦理。二、工廠管理輔導法施行後，屠宰業因非屬物品製造、加工之範圍，免予辦理工廠登記，其用地地價稅之課徵，依下列規定辦理：(一)屠宰業依法領有「屠宰場登記證」者，因係由工業主管機關參與會勘合格而准予設立，其設立之屠宰場應可認屬與工業有關，准予適用工業用地稅率課徵地價稅。四、工業用地申請按 10‰ 稅率課徵地價稅應檢附之證件如下：1.建廠期間：應檢附建造執照（建築物用途載明與物品製造、加工有關之用途）及其他相關文件。如建廠前依法需先取得工廠設立許可者，應加附工廠設立許可。2.建廠完成後：已達申辦工廠登記標準者，應檢附工廠登記核准函及工廠登記證（現行登記不發證，應爲「工廠登記證明文件」）；未達申辦工廠登記標準者，應檢附使用執照或其他建築改良物證明文件（文件上用途記載與物品製造、加工有關之建築物）（財政部 91.7.31 台財稅字第 0910453050 號令）。

10.經主管機關核准設置之加油站用地，除供加油站本業直接使用及兼營車用液化石油氣部分，得依土地稅法第 18 條第 1 項第 4 款規定按 10‰ 稅率計徵地價稅外，其依加油站設置管理規則第 26 條規定所設置汽機車簡易保養設施、洗車設施、簡易排污檢測服務設施、銷售汽機車用品設施、自動販賣機及兼營便利商店、停車場、代辦汽車定期檢驗、經銷公益彩券使用部分，應按一般稅率計徵地價稅（財政部 91.12.20 台財稅字第 0910457590 號令）。

11.依土地稅法第 18 條第 1 項第 1 款規定，供「工業」直接使用之土地，按 10‰ 稅率計徵地價稅。又依本部 91.7.31 台財稅字第 0910453050 號令規定，於工業用地或工業區內，設廠從事物品製造、加工者，或依促進產業升級條例規定編定之工業區內之「生產事業用地」等，按目的事業主管機關核定規劃使用，且供「工業」直接使用之土地，始有按 10‰ 稅率課徵地價稅規定之適用。另於建廠期間申請適用 10‰ 稅率課稅者，於實務上，如所檢附之建造執照，建築物用途記載為廠房，稽徵機關無法從該建造執照得知起造人是否為興辦工業人，而逕予判斷該廠房是否將供物品製造、加工使用者，仍可依前揭令釋要求申請人另行提供「其他相關文件」、〔如公司證明文件、商業登記證明文件、使用計畫書圖、申明書（或切結書）等〕以供審認。另有關建築公司於工業區內投資興建廠房可否適用 10‰ 稅率課徵地價稅乙節，因建築公司並非興辦工業人，其興建廠房之目的係供租售，在未租售與興辦工業人實際供作工業用途使用之前，其用地難謂供「工業」直接使用，應無前揭 10‰ 稅率課徵地價稅規定之適用。至於建廠時經核定按 10‰ 稅率課徵地價稅，如建廠完成後，該土地未實際從事製造、加工使用或作「生產事業用地」，其改課年期准於核發使用執照之次年期起恢復按一般用地稅率課徵地價稅（財政部 92.9.24 台財稅字第 0920455746 號函）。

12.都市計畫編爲農業區之土地，土地所有權人未自行從事農業生產，而將土地出租與私人設置屠宰場使用，雖該屠宰場列爲農業產銷之必要設施，惟因其係從事畜禽之屠宰、解體與分裝之次級加工行業，且具有營利性質，已非屬供與農業經營不可分離之土地，應無徵收田賦之適用。至案關之屠宰場既經主管機關核准設置於農業區，並依法領有「屠宰場登記證」，依本部 91.7.31 台財稅字第 0910453050 號令規定，准按工業用地稅率課徵地價稅（財政部 93.3.17 台財稅字第 0930471195 號函）。

13.納稅義務人所有土地原經核准適用工業用地稅率計徵地價稅，嗣經查獲該土地上所設公司之工廠登記證已被註銷，納稅義務人未依規定向稽徵機關申報，涉嫌違章疑義案（財政部 94.4.15 台財稅字第 09404523640 號函）。

說明：二、本部 81.8.21 台財稅第 810303719 函釋之案情略爲：○公司於 77 年 2 月經註銷工廠登記證後，將原廠地出租△公司，△公司旋利用該廠地取得工廠設立許可，並於 77 年 6 月取得工廠登記證。本部考量原土地所有權人之工廠登記證雖經註銷，惟承租人於同一年（期）內，即利用原廠地取得主管機關核發之工廠設立許可及工廠登記證，故准予繼續適用工業用地。三、甲公司所有土地，原經核准按工業用地稅率課徵地價稅，惟經查獲於 78 年間公司歇業已註銷工廠登記證，土地所有權人未依規定申報，迨至 80 年始出租予乙公司使用，核其情形與本部前述 81 年函釋之案情有別，應無該函有關准「繼續」適用工業用地稅率課徵地價稅規定之適用。

14.地方政府租用私有土地，設置垃圾衛生掩埋場或資源回收（焚化）廠等公共設施，准依土地稅法第 18 條第 1 項第 5 款規定按 10‰ 計徵地價稅，但未按目的事業主管機關核定規劃使用者，不適用之（行政院 94.9.8 院臺財字第 0940039692 號、財政部 94.9.15 台財稅字第 09404561550 號函）。

15.瓦斯公司所有使用分區為「煤氣公用事業用地」之土地，供「瓦斯儲槽」使用，得否適用土地稅法第 18 條規定按 10‰ 稅率計徵地價稅一案（財政部 94.9.30 台財稅字第 09404570290 號函）。

說明：依土地稅法第 18 條第 1 項第 4 款規定，經主管機關核准設置之加油站用地，按 10‰ 計徵地價稅，但未按目的事業主管機關核定規劃使用者，不適用之。然該法條並未明定是類瓦斯槽用地得按上述稅率計徵，依據租稅法律主義，尚不宜比照適用。石油公司液化天然氣接收站相關之輸儲設備、配氣管線等設施用地，擬適用同條項第 5 款規定一案，前曾報經行政院 85.2.12 台財字第 04489 號函核示，略以：為反映真實成本及免於其他相類案例之援引比照因而影響地方政府之財政，未便照准在案。本案同屬天然氣事業之輸、儲設備用地，亦宜參照行政院上述核示意旨辦理。

16.原依工廠設立登記規則領有工廠登記證之汽車修理廠及其他工廠，其用地經核准按工業用地稅率課徵地價稅，不論其土地坐落於工業區（用地）內或工業區（用地）外，於工廠管理輔導法公布施行後，因非屬該法第 2 條（現行法第 3 條）及相關公告規定之從事物品製造、加工範圍，免予辦理工廠登記者，於原領之工廠登記證依該法第 33 條規定被公告註銷（所揭條文已於 99.6.2 全文修正，修正後條文已無公告註銷之規定）後，在土地所有權人及使用情形均未變更前，仍准繼續適用工業用地稅率。位於工業區（用地）外，原依工廠設立登記規則領有工廠登記證之工廠，其用地經核准按工業用地稅率課徵地價稅，於工廠管理輔導法公布施行後，雖屬該法第 2 條及相關公告規定之從事物品製造、加工範圍，但因廠房或廠地未達一定面積，或其生產設備未達一定電力容量或熱能標準，免予辦理工廠登記者，於原領之工廠登記證依該法第 33 條規定被公告註銷後，在土地所有權人及使用情形均未變更前，仍准繼續適用工業用地稅率（財政部 94.10.20 台財稅字第 09404577100 號令）。

17.公司所有坐落工業區或工業用地之土地，如原持工廠登記證向稅捐稽徵機關請准按工業用地課徵地價稅，而嗣後工廠登記證被註銷，則參照工廠管理輔導法第 20 條（原工廠設立登記規則第 13 條）規定，其工廠用地即屬未依原核定之規劃使用，亦即其適用特別稅率課徵地價稅之原因、事實消滅，依同法第 41 條第 2 項規定，土地所有權人應即向主管稽徵機關申報，並自次年（期）起改按一般用地稅率課徵地價稅（財政部 95.5.24 台財稅字第 09504528400 號函）。

18.交通違規車輛移置保管場使用之土地，業依土地稅法第 18 條（平均地權條例第 21 條）第 1 項第 5 款規定報經行政院核定，以其經當地直轄市、縣（市）政府同意爲前提要件，准按 10‰ 課徵地價稅（行政院 97.3.18 院臺財字第 0970009122 號函、財政部 97.3.24 台財稅字第 09700174640 號函）。

19.原核准按工業用地稅率課徵地價稅之土地以信託方式移轉予受託人，於信託期間將其管理及得處分之土地作工廠使用且與信託目的不相違背，惟該土地信託移轉爲受託人所有，其仍屬土地所有權之移轉，應依土地稅法第 41 條規定提出申請（財政部 98.5.20 台財稅字第 09800087510 號函）。

20.土地稅法第 18 條第 1 項第 1 款工業用地之「目的事業主管機關」，係指工業主管機關（財政部 99.7.19 台財稅字第 09900244900 號函）。

說明：本案汽車貨運業未辦理工廠登記，其所有乙種工業區土地可否按工業用地特別稅率課徵地價稅，經函准內政部 99.6.7 台內地字第 0990115471 號函復略以：「現行條文（即平均地權條例第 21 條）係於 75 年 6 月 29 日修正，針對實際需要擴大不予累進課稅之適用範圍，並明定其適用之條件。因適用範圍擴及工業用地以外土地，爲能從嚴審核，不致產生濫用優惠稅率情形，爰增加『目的事業主管機關』文字，以資明確。以工業用地而言，依立法沿革及立法意旨觀之，應指工業主管機關。」準此，工業用地是否符合土地稅法第 18 條第 1 項規定，應以工業主管機關之認定爲準。

21.依行政院 100.6.8 院臺財字第 1000029224 號函規定，臨時路外停車場用地已不再准予適用土地稅法第 18 條第 1 項第 5 款規定按特別稅率課徵地價稅。是納稅義務人倘於 100 年 6 月 8 日以後始向稽徵機關申請者，是類土地已非屬土地稅法第 18 條第 1 項第 5 款規定範圍，自無法據得准其所請。至前開行政院 100.6.8 函發布前（即 100.6.7 前）已核准按特別稅率課徵地價稅之臨時路外停車場用地，於原核准適用特別稅率期間內，如該土地仍供作合法公共停車場使用，縱經營者變更等由重新向交通主管機關申請換發新停車場登記證，其地價稅仍應適用特別稅率至原核准年限屆滿當年止（財政部 100.12.5 台財稅字第

10000348720 號函）。

22.觀光工廠適用土地稅法第 18 條第 1 項第 1 款規定按工業用地特別稅率課徵地價稅乙案（財政部 103.11.6 台財稅字第 10300656220 號書函）。

說明：(一)按土地稅法第 10 條第 2 項前段及第 18 條第 1 項第 1 款立法意旨係爲減輕工業經營者之成本，以獎勵工業發展。(二)另按「觀光工廠輔導評鑑作業要點」第 3 點規定，工廠兼營觀光服務，在不妨礙工廠生產及公共安全下得設置相關設施（如標示導覽設施、解說設施及產業文物……等）。是利用原有廠房及附屬設施，轉型美化改作觀光等「服務」功能，與一般商業使用並無不同，該供作觀光服務部分之土地，已非供「生產製造或加工」使用，自不符土地稅法第 18 條第 1 項第 1 款規定，不得按特別稅率課徵地價稅。有關工廠以部分廠房兼營觀光服務，所涉地價稅之課徵，應由土地所在地方稅稽徵機關查明實情依規定辦理。

23.汽車客運業依法設置之汽車運輸業停車場用地，如坐落於依區域計畫法或都市計畫法劃定之工業區或依其他法律規定之工業用地、工業主管機關核准工業或工廠使用範圍內，且經工業主管機關審認符合其核定規劃使用並有利當地工業發展者，不論自有或承租土地，就專供該汽車客運業者營業車輛停放使用部分，得按工業用地稅率計徵地價稅（財政部 107.6.20 台財稅字第 10700062960 號令）。

第 19 條（公共設施保留地優惠稅率）

都市計畫公共設施保留地，在保留期間仍為建築使用者，除自用住宅用地依第 17 條之規定外，統按 6‰ 計徵地價稅；其未作任何使用並與使用中之土地隔離者，免徵地價稅。

解說

(一)對因都市計畫而被劃爲公共設施的用地，在未徵收或收購的保留期間，其使用已被限制，故明定特別稅率及免徵標準，此爲本條的立法理由。

(二)依本條規定，都市計畫公共設施保留地的地價稅稅率爲：

1. 2‰：在保留期間仍爲建築使用而符合自用住宅用地者。

2. 6‰：在保留期間仍爲建築使用而未符合自用住宅用地者。

3.免徵地價稅：在保留期間未作任何使用並與使用中的土地隔離者。

(三)都市計畫公共設施保留地：

1.公共設施用地（市畫 42）：

(1)都市計畫地區範圍內，應視實際情況分別設置左列公共設施用地：

①道路、公園、綠地、廣場、兒童遊樂場、民用航空站、停車場所、河道及港埠用地。

②學校、社教機構、社會服利設施、體育場所、市場、醫療衛生機構及機關用地。

③上下水道、郵政、電信、變電所及其他公用事業用地。

④本章規定之其他公共設施用地。

(2)前項各款公共設施用地應儘先利用適當之公有土地。

2.所謂公共設施保留地，即都市計畫劃爲公共設施用地，並保留至將來需要使用時再予依法取得。

3.徵收補償標準（市畫 49）：

(1)依本法徵收或區段徵收之公共設施保留地，其地價補償以徵收當期毗鄰非公共設施保留地之平均公告土地現值爲準，必要時得加成補償之。但加成最高以不超過 40% 爲限，其地上建築改良物之補償以重建價格爲準。

(2)前項公共設施保留地之加成補償標準，由當地直轄市、縣（市）地價評議委員會於評議當年期公告土地現值時評議之。

4.臨時建築使用（市畫 50）：

(1)公共設施保留地在未取得前，得申請爲臨時建築使用。

(2)前項臨時建築之權利人，經地方政府通知開闢公共設施並限期拆除回復原狀時，應自行無條件拆除；其不自行拆除者，予以強制拆除。

(3)都市計畫公共設施保留地臨時建築使用辦法，由內政部定之。

5.從來使用：依本法指定之公共設施保留地，不得爲妨礙其指定目的之使用。但得繼續爲原來之使用或改爲妨礙目的較輕之使用（市畫 51）。

6.其他免稅：公共設施保留地因依本法第 49 條第 1 項徵收取得之加成補償，免徵所得稅；因繼承或因配偶、直系血親間之贈與而移轉者，免徵遺產稅或贈與稅（市畫 50 之1）。

(四)抵稅或退還：都市計畫公共設施保留地釘樁測量分割前，仍照原有稅額開單課徵，其溢徵之稅額，於測量分割後准予抵沖應納稅額或退還（土稅施則 16）。

(五)平均地權條例第 23 條規定與本條相同。

(六)現行政府徵收土地係依土地徵收條例之規定，係以「市價」補償徵收之地價。該條例第 30 條規定，被徵收之土地，應按照徵收當期之市價補償其地價。在都市計畫區內之公共設施保留地，應按毗鄰非公共設施保留地之平均市價補償其地價。前項市價，由直轄市、縣（市）主管機關提交地價評議委員會評定之。各直轄市、縣（市）主管機關應經常調查轄區地價動態，每六個月提交地價評議委員會評定被徵收土地市價變動幅度，作爲調整徵收補償地價之依據。

(七)實務解釋：

1.○君所有依都市計畫劃定之使用分區爲部分住宅區部分道路預定地之土地，在尚未分割確定前，准先行估算，分別依法徵免地價稅（財政部 88.1.19 台財稅第 881896214 號函）。

說明：本案當事人出具承諾書，就公共設施保留地部分，由主管機關先行以估算之面積，改按公共設施保留地稅率課徵地價稅，俟將來地政機關釘樁逕爲分割確定後，面積如有增減，再依法辦理退補稅款。

2.檢送內政部 93 年 12 月 6 日召開研商「都市計畫公共設施保留地認定相關事宜」會議紀錄乙份，請轉知依會商結論辦理（財政部 93.12.24 台財稅字第 09304569490 號函）。

附件：都市計畫公共設施保留地認定相關事宜會議紀錄

會議結論：(一)政府已取得或非留供各事業機構、各該管政府或鄉、鎮、縣轄市公所取得者，非屬公共設施保留地。是以，都市計畫劃設之公共設施用地，經政府依相關法令規定核准私人或團體投資興建者，於該私人或團體投資興建完成，其須申領使用執照者，於取得使用執照後，即非屬公共設施保留地。(二)私人或團體依政府相關法令規定興建完成之公共設施用地，如荒廢已久或因故毀損、滅失者，得由直轄市、縣（市）主管機關會同目的事業主管機關、投資興辦人實地勘查後，如認有重新獎勵投資興辦或由政府取得興闢之必要者，得解除原投資核准，回復為公共設施保留地。

3.高壓線下原比照公共設施保留地稅率計徵地價稅之土地，因建築高度受限制，於實際使用情形未變更下，准繼續按公共設施保留地稅率課徵地價稅（財政部 100.1.31 台財稅字第 09900496430 號函）。

第 20 條（公有土地地價稅之課徵）

公有土地按基本稅率徵收地價稅。但公有土地供公共使用者，免徵地價稅。

解說

(一)公有土地不供公共使用者，仍須課稅，但不宜累進稅率課徵，故訂定特別稅率，此為本條的立法理由。

(二)依本條規定，可分析如下：

1.按 10‰ 計徵地價稅：公有土地未供公共使用者，按 10‰ 的基本率計徵地價稅。

2.免徵地價稅：公有土地供公共使用者，免徵地價稅。

(三)依本法第 3 條第 2 項規定，公有土地以其管理機關為納稅義務人。因此，土地稅法施行細則第 17 條規定，依本法第 20 條課徵地價稅之公有土地應由管理機關於每年地價稅開徵 40 日前，提供有關資料與主管稽徵機關核對稅籍資料。

(四)平均地權條例第 24 條規定與本條相同。

(五)所謂公有土地，依本法第 7 條規定，是指國有、直轄市有、縣（市）有及鄉、鎮（市）有的土地。請參閱該條解說。

(六)實務解釋：

1.經濟部加工出口區管理處管有國有土地，既經查明為加工出口區內承租廠商運輸、行走之道路、員工育樂中心及廢棄物處理場等用途，且以上設施在圍牆內，係供承租之廠商使用，不符土地稅減免規則第 4 條供公眾使用土地之規定，自無免稅規定之適用。惟國有財產法第 8 條規定，國有土地除放租有收益及該法第 4 條第 2 項第 3 款所指事業用者外，免徵土地稅，本案國有土地如經查明符合上開規定，仍得免徵地價稅（財政部 88.2.6 台財稅第 880057006 號函）。

2.私有土地經用地機關徵收取得後，在未開闢使用前，仍為原地主建築使用者，依本部 87.7.15 台財稅第 871954380 號函釋，尚非屬公共設施保留地，應依土地稅法第 20 條規定核課地價稅（財政部 89.8.30 台財稅第 0890456241 號函）。

說明：依內政部 89.8.19 台（89）內地字第 8965481 號函釋，略以：「……都市計畫劃設之公共設施用地在尚未依法撥用前，自仍屬公共設施保留地，例如原為住宅使用之國有土地經都市計畫變更為公園用地，在公園用地之需地機關未依法撥用前，該土地雖為公有土地，惟仍屬公共設施保留地，而有土地稅法第 19 條（平均地權條例第 23 條）規定之適用；至於都市計畫劃設之公共設施用地，已由該管政府或鄉、鎮、縣轄市公所取得者，則非屬公共設施保留地，應適用土地稅法第 20 條（平均地權條例第 24 條）有關公有土地課徵地價稅規定。」

第 21 條（空地稅之加徵）

凡經直轄市或縣（市）政府核定應徵空地稅之土地，按該宗土地應納地價稅基本稅額加徵二至五倍之空地稅。

解說

(一)「地盡其利」爲土地政策追求的目標，故對於本法第 11 條所規定的空地，宜有促進其使用的措施或方法，而加徵空地稅，即爲措施或方法之一，此爲本條的立法理由。

(二)土地法的規定較爲嚴重（土 173）：

1.私有空地，經限期強制使用而逾期未使用者，應於依法使用前加徵空地稅。

2.前項空地稅，不得少於應繳地價稅之三倍，不得超過應繳地價稅之十倍。

(三)平均地權條例的規定與本條類似：直轄市或縣（市）政府對於私有空地，得視建設發展情形分別劃定區域，限期建築、增建、改建或重建；逾期未建築、增建、改建或重建者，按該宗土地應納地價稅基本稅額加徵二倍至五倍之空地稅或照價收買（均 26 Ⅰ）。

(四)依本條規定，可分析如下：

1.應徵空地稅的土地，由直轄市或縣（市）政府核定。

2.計徵空地稅，是以應繳地價稅的基本稅額爲準，亦即空地雖係以累進稅率計徵地價稅，但仍以其基本稅率 10‰ 所計算出來的稅額爲準，另行計徵空地稅。

3.空地稅係於地價稅之外另行加徵，其倍數爲二倍至五倍。

(五)倍數的擬訂與核定：依本法第 21 條規定加徵空地稅之倍數，由直轄市、縣（市）主管機關視都市發展情形擬訂，報行政院核定（土稅施則 18）。

第三章　田　賦

第 22 條（徵收田賦之土地）

非都市土地依法編定之農業用地或未規定地價者，徵收田賦。但都市土地合於下列規定者亦同：

一　依都市計畫編為農業區及保護區，限作農業用地使用者。

二　公共設施尚未完竣前，仍作農業用地使用者。

三　依法限制建築，仍作農業用地使用者。

四　依法不能建築，仍作農業用地使用者。

五　依都市計畫編為公共設施保留地，仍作農業用地使用者。

前項第 2 款及第 3 款，以自耕農地及依耕地 375 減租條例出租之耕地為限。

農民團體與合作農場所有直接供農業使用之倉庫、冷凍（藏）庫、農機中心、蠶種製造（繁殖）場、集貨場、檢驗場、水稻育苗用地、儲水池、農用溫室、農產品批發市場等用地，仍徵收田賦。

公有土地供公共使用及都市計畫公共設施保留地在保留期間未作任何使用並與使用中之土地隔離者，免徵田賦。

解說

(一)雖然全面規定地價並開徵地價稅，但爲免增加農民的負擔，對於農業用地仍予以課徵田賦，是故對於課徵田賦的農業用地，必須明確規定，以利執行，此爲本條的立法理由。

(二)非都市土地課徵田賦者：

1.本法第 22 條第 1 項所稱非都市土地依法編定之農業用

地，指依區域計畫法編定為農牧用地、林業用地、養殖用地、鹽業用地、水利用地、生態保護用地、國土保安用地及國家公園區內由國家公園管理機關會同有關機關認定合於上述規定之土地（土稅施則 21）。

2.非都市土地編為前條以外之其他用地合於左列規定者，仍徵收田賦（土稅施則 22）：

(1)於中華民國 75 年 6 月 29 日平均地權條例修正公布施行前，經核准徵收田賦仍作農業用地使用。

(2)合於非都市土地使用管制規定作農業用地使用。

(三)公共設施尚未完竣前的定義（土稅施則 23）：

1.本法第 22 條第 1 項第 2 款所稱公共設施尚未完竣前，指道路、自來水、排水系統、電力等四項設施尚未建設完竣而言。

2.前項道路以計畫道路能通行貨車為準；自來水及電力以可自計畫道路接通輸送者為準；排水系統以能排水為準。

3.公共設施完竣之範圍，應以道路兩旁鄰接街廓之一半深度為準。但道路同側街廓之深度有顯著差異者或毗鄰地形特殊者，得視實際情形由直轄市或縣（市）政府劃定之。

(四)田賦之認定與課徵（土稅施則 24）：徵收田賦之土地，依下列規定辦理：

1.第 21 條之土地，分別由地政機關或國家公園管理機關按主管相關資料編造清冊，送主管稽徵機關。

2.本法第 22 條第 1 項但書規定之土地，由直轄市或縣（市）主管機關依地區範圍圖編造清冊，送主管稽徵機關。

3.第 22 條第 1 款之土地，由主管稽徵機關按平均地權條例於中華民國 75 年 6 月 29 日修正公布施行前徵收田賦之清冊課徵。

4.第 22 條及本法第 22 條第 1 項但書規定之土地中供與農業經營不可分離之使用者，由農業機關受理申請，會同有關機關勘查認定後，編造清冊，送主管稽徵機關。

5.第 22 條第 2 款之土地中供農作、森林、養殖、畜牧及保育之使用者，由主管稽徵機關受理申請，會同有關機關勘查認定之。

6.本法第 22 條第 1 項之非都市土地未規定地價者，由地政機關編造清冊送主管稽徵機關。

7.本法第 22 條第 3 項之用地，由主管稽徵機關受理申請，會同有關機關勘查認定之。

(五)改課地價稅之變動與處理（土稅施則 25）：

1.本法第 22 條第 1 項但書所定都市土地農業區、保護區、公共設施尚未完竣地區、依法限制建築地區、依法不能建築地區及公共設施保留地等之地區範圍，如有變動，直轄市或縣（市）主管機關應於每年 2 月底前，確定變動地區範圍。

2.直轄市或縣（市）主管機關對前項變動地區內應行改課地價稅之土地，應於每年 5 月底前列冊送主管稽徵機關。

(六)賦籍卡的建立及釐正（土稅施則 26）：

1.依本法第 22 條規定課徵田賦之土地，主管稽徵機關應依相關主管機關編送之土地清冊分別建立土地卡（或賦籍卡）及賦籍冊按段歸戶課徵。

2.土地權利、土地標示或所有權人住址有異動時，地政機關應於登記同時更正地價冊，並於 10 日內通知主管稽徵機關釐正土地卡（或賦籍卡）及賦籍冊。

3.公有土地管理機關應於每期田賦開徵 40 日前，提供有關資料，並派員前往主管稽徵機關核對冊籍。

(七)實務解釋：

1.都市土地依都市計畫編爲農業區及保護區，經列爲重劃範圍，且公共設施已完竣，因都市計畫變更爲住宅區尚未核定，致未使用，其在都市計畫依法變更前，准仍課徵田賦（財政部71.10.5 台財稅字第 37280 號函）。

2.「田」地目土地，供作蘭花保溫（玻璃房）使用。地面鋪有水泥，蘭花懸空種植，既經貴省農林廳函覆略以：「蘭花屬園藝作物之一種，因此本案土地應屬農業使用」，應准予課徵田賦（財政部 72.4.22 台財稅字第 32742 號函）。

3.都市土地在公共設施未完竣前空置不爲農業用地使用者，核與平均地權條例第 3 條第 3 款及第 22 條第 1 項第 2 款規定不符，無課徵田賦之適用，應依法改課地價稅（財政部 75.8.30 台財稅字第 7567499 號函）。

4.公有出租土地，實際供與農業經營不可分離之使用，經依平均地權條例施行細則第 37 條第 4 款規定，由農業機關受理申請，會同有關機關勘查認定屬實者，應依徵收田賦之土地辦理（財政部賦稅署 79.5.1 台稅三發字第 790648935 號函）。

5.水泥公司所有土地，係劃定爲「山坡地保育區」，尚未編定使用地類別之非都市土地，如仍作農業使用，准自申請當期起依土地稅法第 22 條（平均地權條例第 22 條）規定課徵田賦。本案經函准內政部 81.7.10 台內地字第 8185036 號函略以：「查平均地權條例第 22 條規定：『非都市土地依法編定之農業用地或未規定地價者，徵收田賦。』至本條所稱『非都市土地依法編定之農業用地』，依同條例施行細則第 34 條規定，係指『依區域計畫法編定爲農牧用地、林業用地……之土地』。複查非都市土地使用管制規則第 7 條規定：『山坡地範圍內森林區、山坡地保育區及風景區之土地，在未編定使用地之類別前適用林業用地管制。』是以山坡地範圍內土地凡經劃定爲『山坡地保育區』，尚未編定使用地類別前，現作農業使用之非都市土地，依照上開規定，課徵田賦。」（財政部 81.7.29 台財稅字第 810298049 號函）

6.台灣自來水股份有限公司所有供水庫水源保護區及水庫蓄水範圍（淹沒區）用地，如符合土地稅法第 22 條暨其施行細則第 21 條及第 22 條規定，仍得依法課徵田賦（財政部 82.2.19 台財稅字第 820731328 號函）。

7.非都市土地經依法編定爲山坡地保育區林業用地，地目爲「雜」，閒置不用，可否適用土地稅法（平均地權條例）第 22 條第 1 項規定課徵田賦乙案，經函准內政部 83.7.13 台內地字第 8308246 號函覆略以：「按非都市土地經依法編定各種使用地之使用管制係依其使用地類別爲準，而非以其地目。又平均地權條例施行細則第 34 條第 1 項規定：『本條例第 22 條第 1 項所稱非都市土地依法編定之農業用地，指依區域計畫法編定爲農牧用地、林業用地、養殖用地、鹽業用地、水利用地、生態保護用地、國土保安用地之土地。』亦無地目之限制。因此，本案非都市土地之編定使用地類別如符合前開施行細則規定，似有課徵田賦之適用。」本部同意內政部上開見解（財政部 83.8.4 台財稅字第 831604557 號函）。

8.行水區土地經查獲部分供傾倒廢土，部分荒置未作農業使用，已不符合課徵田賦要件，自應依法改課地價稅（財政部 83.8.9 台財稅字第 831604761 號函）。

9.土地稅法第 22 條第 1 項第 3 款所稱依法限制建築及同條項第 4 款所稱依法不能建築土地之認定，尚非稽徵機關之權責，請洽有關權責機關辦理（財政部 83.10.28 台財稅字第 831617497 號函）。

10.依都市計畫編爲農業區及保護區，限作農業用地使用之都市土地，閒置未作農業使用，如經查明並未違法改作農業用地使用以外之其他用途，仍有土地稅法第 22 條第 1 項第 1 款規定之適用，請查照（財政部 90.2.12 台財稅字第 0900450899 號函）。

查土地稅法第 22 條第 1 項第 1 款規定，都市土地依都市計畫編爲農業區及保護區，限作農業用地使用者，徵收田賦。是上開土地，既「限」作農業用地使用，即此類土地僅能爲農業用地使用，不能有農業用地使用之外之其他用途。

11.都市計畫說明書內附帶「本計畫原則以市地重劃方式整體開發……」規定，在未辦理市地重劃前，是否屬「依法限制建築」或「依法不能建築」地區，而得適用平均地權條例第 22 條（土地稅法第 22 條）規定辦理乙案（財政部 85.4.8 台財稅第 850178747 號函、內政部 85.3.25 台內地字第 8502754 號函）。

說明：案經函准財政部 85.2.16 台財稅第 850063168 號函略以：「本案已發布細部計畫地區，其都市計畫如有『應以市地重劃方式開發（或本計畫原則以市地重劃方式整體開發），並於市地重劃完成後，始准核發建築執照……』之附帶規定，依貴部營建署 84.12.1 營署都市第 22179 號函說明二所敘略以，附帶規定並不具限制建築之法律效力，其於依法辦理市地重劃前，如有地主申請建照，則除有法律之原因外，主管機關不得任意拒絕。是以，本案已發布細部計畫地區，似不宜視爲『依法限制建築』或『依法不能建築』地區。」，本部同意上揭財政部意見。

12.土地經都市計畫發布爲「暫緩發展區」，其在土地使用分區管制訂定及細部計畫完成前，依法其建築仍受限制，倘經查明該土地仍作農業用地使用，應准依土地稅法第 22 條第 1 項第 3 款規定，繼續課徵田賦（財政部 88.3.2 台財稅第 881902680 號函）。

13.非都市土地編為土地稅法施行細則第 21 條以外之其他用地，應同時符合同細則第 22 條第 1 款及第 2 款規定，始得課徵田賦（財政部 88.3.4 台財稅第 880099371 號函）。

說明：本案經函准內政部 88.2.9 台（88）內地字第 8802669 號函，略以：「查土地稅法施行細則第 22 條規定：『非都市土地編為前條以外之其他用地合於左列規定者，仍徵收田賦：一、於中華民國 75.6.29 本條例（註：平均地權條例）修正公布施行前，經核准徵收田賦仍作農業用地使用者。二、合於非都市土地使用管制規定作農業用地使用者。』其立法目的乃因平均地權條例修正前規定非都市土地作農業用地使用者，不論編定為何種用地，均徵收田賦，為照顧農民生活，兼顧既往已徵收田賦之事實，對非都市土地編為前條以外之土地作農業用地使用者，仍徵收田賦。故非都市土地編為土地稅法施行細則第 21 條以外之其他用地，應同時符合同細則第 22 條第 1 款及第 2 款規定者，始得課徵田賦。」本部同意上開內政部意見。

14.土地稅法施行細則第 23 條（平均地權條例施行細則第 36 條）第 2 項所稱「計畫道路」，是否涵蓋尚未辦理徵收而已由私人提供開闢作道路用地使用之土地一案，請依內政部 88.10.6 台（88）內地字第 8812309 號函辦理（財政部 88.10.15 台財稅第 880735160 號函）。

附件：內政部 88.10.6 台（88）內地字第 8812309 號函

「依平均地權條例施行細則第 36 條，對於公共設施完竣，道路部分之認定標準僅規定『道路以計畫道路能通行貨車爲準』，故本案道路如已符合前開平均地權條例施行細則第 36 條計畫道路能通行貨車爲準之規定，無論該計畫道路是否由政府開闢完成，均宜劃設爲公共設施完竣地區予以課徵地價稅。」爲本部 83.1.14 台 83 內地字第 8378176 號函釋示之規定，本案已由私人提供開闢作道路用地使用尚未辦理徵收之土地，依上開函釋規定應爲平均地權條例施行細則第 36 條（土地稅法施行細則第 23 條）第 2 項所稱「計畫道路」。

15.原課徵地價稅之公共設施未完竣地區土地，如經查明其已恢復作農業使用並符合課徵田賦之規定，准自申請之當年起改課田賦（財政部 89.7.15 台財稅第 0890454860 號函）。

16.檢送內政部訂定「平均地權條例第 22 條有關依法限制建築、依法不能建築之界定作業原則」影本一份（財政部 93.4.26 台財稅字第 0930473202 號函）。

附件：內政部 93.4.12 台內地字第 0930069450 號令

訂定「平均地權條例第 22 條有關依法限制建築、依法不能建築之界定作業原則」，並自即日起生效（業經內政部 99.4.28 台內第字第 0990071114 號令修正）。

平均地權條例第 22 條有關依法限制建築、依法不能建築之界定作業原則：

(1)依法限制建築，仍作農業用地使用者，指依法令規定有明確期間禁止其作建築使用仍作農業使用之土地。前項法令包括平均地權條例第 53 條及第 59 條、土地徵收條例第 37 條、農地重劃條例第 9 條、農村社區土地重劃條例第 8 條、都市更新條例第 24 條及第 33 條、國民住宅條例（已於 104 年 1 月 7 日廢止）第 10 條，獎勵民間參與交通建設條例第 17 條、促進民間參與公共建設法第 21 條、都市計畫法第 81 條、九二一震災重建暫行條例（已於 95 年 2 月 4 日施行期限期滿廢止）第 6 條及其他確有明文禁止建築使用之法條。

(2)依法不能建築，仍作農業用地使用者，指依法令規定無明確期間禁止其作建築使用，仍作農業用地使用之土地。前項法令包括都市計畫法第 17 條、建築法第 47 條、大眾捷運法第 45 條、公路法第 59 條、土壤及地下水污染整治法第 14 條（現行法第 17 條）及其他確有明文禁止建築使用之法條。

(3)建築物高度、強度、種類受到限制之土地或地區，僅部分建築行爲受限，不得視爲依法限制建築或依法不能建築之土地。

17.原經劃定爲公共設施完竣地區土地，嗣後藉分割、贈與等方式，形成「隔有他人土地」之「裡地」，是否應改認定爲公共設施未完竣土地，而有土地稅法第 22 條第 1 項第 2 款課徵田賦規定之適用乙案，請參考內政部 92.12.16 台內地字第 0920017251 號函辦理（財政部 94.3.9 台財稅字第 09404714000 號函）。

附件：內政部 92.12.16 台內地字第 0920017251 號函

查本部 88.12.20 台內字第 8815188 號函規定「……對象地與同街廓已通貨車之計畫道路因無『既成道路』或隔有他人土地無從通達，且其同街廓之計畫道路部分尚未開闢者，不得逕依同條文（平均地權條例施行細則第 36 條）第 3 項規定劃爲公共設施完竣地區。」，本案○地號土地係爲「道」地目土地，惠請貴府查明上開土地是否屬既成道路用地，如屬既成道路，則○地號土地非屬因無既成道路無從通達之土地，應屬公共設施完竣地區。上開地號土地若非既成道路，惟在已認定爲公共設施完竣地區後，以土地贈與之方式，創設隔有他人土地無從通達之情形，似有規避課徵地價稅之嫌。且上開土地贈與之行爲，亦未改變已認定爲公共設施完竣地區之事實。

18.檢送內政部關於「新市鎮特定區實施整體開發前區內土地及建築物使用管制辦法」是否符合「平均地權條例第 22 條有關依法限制建築、依法不能建築之界定作業原則」第 2 點規定之「依法不能建築，仍作農業使用之土地」規定函釋 1 份（財政部 94.5.10 台財稅字第 09404534110 號函）。

附件：內政部 94.4.8 台內地字第 0940072770 號函

關於「新市鎮特定區實施整體開發前區內土地及建築物使用管制辦法」是否符合「平均地權條例第 22 條有關依法限制建築、依法不能建築之界定作業原則」第 2 點規定之「依法不能建築，仍作農業使用之土地」規定乙案。說明：本案新市鎮開發條例第 21 條雖無明文禁止建築，惟其條文規定：「新市鎮特定區計畫發布實施後，實施整體開發前，區內土地及建築物之使用，得由中央主管機關訂定辦法『管制』之，不受都市計畫法規之限制。……」，且前開辦法第 2 條規定：「新市鎮特定區於實施整體開發前，除本辦法另有規定外，應禁止變更地形，並『限制』其土地及建築物之使用。」，又經貴署敘明其立法意旨，認定其限制實較都市計畫法第 17 條規定更爲嚴格。據此，本部同意認定上開辦法應可符合前述作業原則第 2 點中所列之「其他確有明文禁止建築使用之法條」。

19.非都市土地編定爲鄉村區乙種建築用地或山坡地保育區丙種建築用地現況作農作使用（種植水稻、樹木），得否課徵田賦乙案，請參考內政部 96.1.30 台內地字第 0960007865 號函辦理（財政部 96.2.13 台財稅字第 09604710710 號函）。

附件：內政部 96.1.30 台內地字第 0960007865 號函

按平均地權條例施行細則第 35 條第 2 款「合於非都市土地使用管制規定作農業用地使用」規定，依非都市土地使用管制規則第 6 條「非都市土地經劃定使用分區並編定使用地類別，應依其容許使用之項目及許可細目使用。」乙種建築用地與丙種建築用地如種植水稻、樹木等農作使用，雖未符該管制規則第 6 條第 3 項附表一「各種使用地容許使用項目及許可使用細目表」所載。惟依該管制規則第 8 條「土地使用編定後，其原有使用或原有建築物不合土地使用分區規定者，在政府令其變更使用或拆除建築物前，得為從來之使用。」依此，土地使用編定前之原有使用如未經政府令其變更前，而為從來之使用，難謂有違反非都市土地使用管制規則之處。是以，乙種建築用地或丙種建築用地，如係土地所有權人自行申請由農牧用地、林業用地、養殖用地等而變更者，則應依乙種建築用地及丙種建築用地之容許使用項目使用，方符合細則第 35 條第 2 款規定。如土地原屬農牧用地、林業用地等，而因政府通盤檢討，主動變更為乙種建築用地或丙種建築用地，且該土地於使用編定變更前後皆從事農作使用，並在政府未令其變更使用前，應無違反細則第 35 條第 2 款規定。

20.原經核准「與農業經營不可分離」課徵田賦之土地，經依公職人員財產申報法規定辦理信託登記，如屬自益信託且土地使用情形未改變者，可免再重新向農業主管機關申請查編，准予繼續課徵田賦（財政部 98.10.1 台財稅字第 09804747630 號函）。

21.原依土地稅法第 22 條第 1 項但書第 2 款規定課徵田賦之土地，經依「公職人員財產申報法」規定辦理信託登記，如屬自益信託，且土地使用情形未變更者，基於簡政便民與實質課稅原則，准予繼續課徵田賦（財政部 98.10.15 台財稅字第 09804735860 號函）。

22.配合農地管理由「管地又管人」政策改變為「管地不管人」，土地稅法第 22 條（同平均地權條例第 22 條）第 2 項所稱「自耕農地」以土地所有權人自行耕作即可，不再限制土地所有權人之身分（財政部 99.1.21 台財稅字第 09800412020 號令）。

23.農業設施附屬設置綠能設施之農業用地，如其設施均依法申請核准且使用符合農業用地作農業使用相關規定，於出租能源業者或自行附屬設置綠能設施售電期間，仍准適用土地稅法第 22 條規定課徵田賦，請查照（財政部 105.10.27 台財稅字第 10504207780 號函）。

說明：按行政院農業委員會 105.5.18 農企字第 1050713586 號函略以，依據「申請農業用地作農業設施容許使用審查辦法」第 28 條及第 33 條第 1 項規定，於農業設施屋頂設置附屬綠能設施，該農業設施應依原核定之農業經營計畫內容確實作農業使用，至其附屬設置之綠能設施自不得影響農業設施內之動植物生長，係符合原核定之農業經營計畫內容。農業設施附屬設置綠能設施之農業用地，倘均依法申請核准，且其使用合於相關規定，於出租能源業者使用之租賃期間，倘有涉及農地移轉需申請上開土地之稅賦減免優惠者，得向農業主管機關申辦農業用地作農業使用證明書。依上，核准興建農業設施附屬設置綠能設施之農業用地，出租能源業者使用期間，如其使用均合於相關規定，仍得認屬作農業使用。

第 22 條之 1（荒地稅之課徵）

農業用地閒置不用，經直轄市或縣（市）政府報經內政部核准通知限期使用或命其委託經營，逾期仍未使用或委託經營者，按應納田賦加徵一倍至三倍之荒地稅；經加徵荒地稅滿 3 年，仍不使用者，得照價收買。但有下列情形之一者不在此限：

一　因農業生產或政策之必要而休閒者。

二　因地區性生產不經濟而休耕者。

三　因公害污染不能耕作者。

四　因灌溉、排水設施損壞不能耕作者。

五　因不可抗力不能耕作者。

前項規定之實施辦法，依平均地權條例有關規定辦理。

解說

(一)爲促進土地利用，遏止農地廢耕，以保障糧食生產，並配合平均地權條例第 26 條之 1 規定，明定農業用地閒置，經直轄市或縣（市）政府通知限期使用，逾期未使用者，應加徵荒地稅，並就例外不課徵荒地稅情形，以但書分款予以明定，且配合平均地權條例第 26 條之 1 規定，於第 2 項明定其實施辦法，此爲本條的立法理由。

(二)土地法的原則規定：

1.荒地的定義：凡編爲農業或其他直接生產用地，未依法使用者，爲荒地。但因農業生產之必要而休閒之土地，不在此限（土 88）。

2.加徵荒地稅（土 174）：

(1)私有荒地，經限期強制使用，而逾期未使用者，應於依法使用前加徵荒地稅。

(2)前項荒地稅，不得少於應徵之地價稅，不得超過應繳地價稅之三倍。

3.前述土地法的規定，僅是原則性的規定。

(三)平均地權條例第 26 條之 1 規定與本條規定相同。依本條規定，除但書規定的五種情形不加徵荒地稅外，其加徵荒地稅的情形如下：

1.須是農業用地。

2.須是農業用地閒置不用。

3.須經直轄市或縣（市）政府報經內政部核准通知限期使用或命其委託經營，逾期仍未使用或委託經營者。

(四)加徵荒地稅的計算：荒地稅係以應徵田賦爲準，加徵一倍至三倍。

(五)照價收買：經加徵荒地稅滿 3 年，仍不使用者，得照價收買。依平均地權條例第 31 條規定，以照價收買當期之公告土地現值爲準作爲照價收買的價格。

第 23 條（田賦之徵實與代金）

田賦徵收實物，就各地方生產稻穀或小麥徵收之。不產稻穀或小麥之土地及有特殊情形地方，得按應徵實物折徵當地生產雜糧或折徵代金。

實物計算一律使用公制衡器，以公斤為單位，公兩以下四捨五入。代金以元為單位。

解說

(一)本條的立法理由有二：

1.明定田賦徵收實物，不產稻穀或小麥及有特殊情形得折徵代金，俾掌握糧源，充分供應軍、公、教、民食，必要時平抑市價，以資安定國計民生問題。

2.明定田賦徵收實物的公制衡器，以公斤爲單位，以便利稽徵作業。

(二)由於農民經營農業，可能現金比較短缺，而有的是農業生產的實物，且如立法理由所述爲掌握糧源、平抑市價，以安定國計民生問題，故田賦以徵收實物的方法爲之。我國農業生產以稻穀或小麥爲主，故以稻穀或小麥等實物繳納田賦，以求方便。於特殊情形，則折徵雜糧或代金。

(三)折徵代金的情形：

1.田賦徵收實物，但合於本法第 23 條第 1 項規定不產稻穀或小麥之土地及有特殊情形地方，得依下列規定折徵代金（土稅施則 27）：

(1)田地目以外土地不產稻穀或小麥者，得按應徵實物折徵代金。

(2)田地目土地受自然環境限制不產稻穀或小麥，經勘定爲永久性單季田、臨時性單季田及輪作田者，其不產稻穀或小麥之年（期），得按應徵實物折徵代金。

(3)永久性單季田如係跨兩期改種其他農作物者，每年田賦仍應一期徵收實物，一期折徵代金。

(4)永久性單季田及輪作田於原核定種植稻穀或小麥年（期），有第 30 條所定情形之一經勘查屬實者，當期田賦實物仍得折徵代金。

2.納稅義務人所有課徵田賦實物之土地，按段歸戶後實際造單時，賦額未超過五賦元者，准予折徵代金（土稅施則 28）。

(四)永久性單季田的勘定：田地目土地有下列情形之一者，應勘定爲永久性單季田（土稅施則 29）：

1.土地因受自然環境限制、水量不足、氣候寒冷或水量過多時，每年必有一期不產稻穀或小麥者。

2.屬於灌溉區域內土地，每年必有固定一期無給水灌溉，不產稻穀或小麥者。

(五)臨時性單季田的勘定：田地目土地有下列情形之一，當期不產稻穀或小麥者，應勘定爲臨時性單季田（土稅施則 30）：

1.因災害或其他原因，致水量不足者。

2.灌溉區域之稻田，因當期給水不足者。

3.非灌溉區域之稻田，因當期缺水者。

(六)輪作田的勘定：田地目土地因非輪值給水灌溉年（期），不產稻穀或小麥者，應勘定爲輪作田（土稅施則 31）。

(七)公告與申請：

1.臨時性單季田、永久性單季田及輪作田之勘定，應由直轄市及縣（市）主管稽徵機關參酌當地每期稻作普遍播種時間，分別訂定公告，以當地每期稻作普遍播種後 30 日內爲受理申請期間，函由各鄉、鎭、市（區）公所接受申請。但永久性單季田及輪作田，經核定有案者，免再提出申請（土稅施則 32）。

2.納稅義務人或代繳義務人依前條規定申請勘定單季田及輪作田時，應依規定期間，按地段逐筆塡妥申請書向土地所在地之鄉、鎭、市（區）公所或村里辦公處申請辦理。各鄉、鎭、市（區）公所應派員輔導或代塡申請書。前項申請書由各縣（市）主管稽徵機關印製發交各鄉、鎭、市（區）公所免費供應申請人使用（土稅施則 33）。

(八)勘定單季田及輪作田的辦理（土稅施則 34）：

1.單季田及輪作田之勘定，依下列規定辦理：

(1)各鄉、鎮、市（區）公所接到單季田或輪作田申請書後，應統一編號並即與土地賦籍冊核對納稅義務人或代繳義務人姓名、土地坐落、等則、面積、賦額等記載相符後，由鄉、鎮、市（區）公所派員持同原申請書實地逐筆勘查，將初勘意見、初勘日期填註於申請書各該欄，並限於當地申請期間屆滿後五日內初勘完竣。業經初勘之申請書，應由初勘人員簽章後按段裝訂成冊，並由財政課長、鄉、鎮、市（區）長於底頁簽章存案。

(2)各鄉、鎮、市（區）公所初勘完竣後，應於申請期間屆滿後八日內將初勘結果擬核定為單季田或輪作田之土地，按段逐筆填造勘查成果清冊一式各三份，並按段填造該鄉、鎮、市（區）勘查成果統計表一式各三份，分別裝訂於清冊冊首，以一份存案，餘二份函送主管稽徵機關派員複勘。

(3)稽徵機關接到勘查成果清冊後，應於 3 日內排定複勘日程表，洽請當地糧政主管機關派員會同複勘。

(4)複勘人員應攜帶地籍圖及勘查成果清冊前往實地逐筆複勘，填註複勘意見。如經複勘結果不合規定應予剔除者，勘查成果清冊上該筆土地應以紅筆雙線劃去，並由複勘人員會同加蓋職名章以示負責，惟仍應將實施勘查情形詳實簽註，以資查考。

(5)經複勘後之清冊，應經複勘人員及稽徵及糧食機關主管簽章，並填造勘查成果統計表一式各二份，一併簽請縣（市）長核定，分別裝訂於勘查成果清冊冊首，並以清冊一份函送當地糧政主管機關。

(6)經核定之永久性單季田及輪作田，應每 3 年依據各縣

（市）原核定清冊辦理初、複勘一次。

(7)單季田及輪作田，如因申報筆數過多，無法在本條各款規定期間內辦理完竣者，得視當地實際情形酌予延展，惟其複勘工作至遲應在當地申報期限屆滿之日起30日內辦理完竣。

(8)申請臨時性單季田土地，如部分種植稻穀面積超過該筆土地面積一半以上者，不予核定爲臨時性單季田。

2.前項規定於直轄市單季田及輪作田之申請準用之。

(九)自行申報改徵實物（土稅施則35）：

1.永久性單季田及輪作田，於原已核定非種植稻穀之年（期），因水利改良改種稻穀使用者，納稅義務人或代繳義務人應自行申報改徵實物。

2.前項土地，納稅義務人或代繳義務人未自行申報改徵實物，被查獲或經檢舉而調查屬實者，依本法第54條第1項第2款之規定辦理。

第24條（田賦徵收實物之標準）

田賦徵收實物，依下列標準計徵之：

一　徵收稻穀區域之土地，每賦元徵收稻穀二十七公斤。

二　徵收小麥區域之土地，每賦元徵收小麥二十五公斤。

前項標準，得由行政院視各地土地稅捐負擔情形酌予減低。

解說

(一)明定田賦徵收實物每賦元的最高限額，並授權行政院得視各地土地稅捐負擔情形，酌予減低，以爲彈性因應，此爲本條的立法理由。

(二)依土地稅法施行細則第 36 條第 1 項規定，田賦徵收實物的賦率，由行政院公告之。

(三)本條規定的「賦元」，依本法第 13 條第 3 款規定，是指按各種地目等則土地單位面積全年收益或地價釐定全年賦額的單位。

(四)由於我國農業生產以稻穀或小麥為主，故本條規定徵收實物以稻穀或小麥為計徵標準。

第 25 條（實物之驗收標準）

實物驗收，以新穀同一種類、質色未變及未受蟲害者為限；其所含沙、石、泥、土、稗子等類雜物及水分標準如下：

一　稻穀：夾雜物不得超過 5‰，水分不得超過 13%，重量一公石在五十三公斤二公兩以上者。

二　小麥：夾雜物不得超過 4‰，水分不得超過 13%，重量一公石在七十四公斤以上者。

因災害、季節或特殊情形，難達前項實物驗收標準時，得由直轄市、縣（市）政府視實際情形，酌予降低。

解說

(一)明定實物驗收標準，作為徵、納、收三方面之依據，並明定如遇災害，得視情形降低驗收標準，此為本條的立法理由。

(二)由於田賦徵收實物或依本法第 26 條規定隨賦徵購實物，其實物的品質可能參差不齊，故特別明定其驗收標準，以免發生爭議。

(三)實物驗收標準：

1.一般標準：依本條第 1 項前段規定，實物驗收的一般標準爲：

(1)新穀同一種類。

(2)質色未變。

(3)未受蟲害。

2.雜物及水分標準：

(1)稻穀：

①夾雜物不得超過 5‰。

②水分不得超過 13%，重量一公石在五十三公斤二公兩以上者。

(2)小麥：

①夾雜物不得超過 4‰。

②水分不得超過 13%，重量一公石在七十四公斤以上者。

3.明定驗收標準，不僅可作爲徵收的依據，亦可免除爭議，並可防止投機取巧。

4.因災害、季節或特殊情形，例如颱風或長期下雨，致稻穀夾雜物偏多，或水分含量偏高，得由直轄市或縣（市）政府視實際情形，酌予降低驗收標準，以資因應。

(四)購買繳納（土稅施則 39）：

1.納稅義務人或代繳義務人，如因災害或其他特殊情形，當期無稻穀或其稻穀不合本法第 25 條第 1 項規定驗收標準，致無法繳納田賦實物者，各指定經收公糧倉庫應按稻穀市價供納稅人購買繳納。但其價格不得高於該倉庫購穀成本 103%。

2.指定經收公糧倉庫，如無稻穀供納稅人購買繳納時，納稅人得申請糧政主管機關指定公糧倉庫洽購稻穀繳納。

3.糧政主管機關爲便於法院執行收納舊欠田賦實物，應在各縣市指定交通較方便地區之經收公糧倉庫辦理代購稻穀事項，指定經收公糧倉庫不得拒絕。

第 26 條（隨賦徵購實物）

徵收實物地方，得視當地糧食生產情形，辦理隨賦徵購實物；其標準由行政院核定之。

解說

(一)政府爲掌握糧源，充分供應軍、公、教、民食，明定得視各地糧食生產情形，辦理隨賦徵購實物，其標準授權由行政院訂定，此爲本條的立法理由。

(二)關於第 23 條折徵代金及本條隨賦徵購實物價格（土稅施則 36）：田賦折徵代金標準及隨賦徵購實物價格規定如下：

1.田地目以外各地目按土地賦籍冊所載之年賦額及依前項賦率徵收稻穀數量，按各縣（市）當地田賦開徵前第 20 日至第 16 日共 5 日期間，各主要生產鄉、鎮、市（區）當期生產之在來種稻穀平均市價折徵代金。台灣省澎湖縣田賦折徵代金標準比照該省台南縣第一期公告之折徵代金價格折徵。

2.隨賦徵購稻穀價格，以各縣（市）當期田賦開徵前第 20 日至第 16 日共 5 日期間，各主要生產鄉、鎮、市（區）當期生產之蓬萊種稻穀平均市價與在來種稻穀平均市價爲準，報由各縣（市）議會與縣（市）政府有關單位組織之隨賦徵購稻穀價格評價委員會於當期田賦開徵前第 14 日分別訂定之，其標準應優於市價。

3.前二款之稻穀市價，由行政院農業委員會同當地縣（市）政府、議會、農會及米穀商業同業公會調查之。

4.隨賦徵購稻穀價格由評價委員會評定後，3 日內送請行政院農業委員會公告實施。折徵代金標準，由縣（市）政府於稻穀市價調查完畢次日公告實施。

5.直轄市之折徵代金標準及隨賦徵購稻穀價格，應比照毗鄰之縣份當期公告之價格辦理。田地目土地、稻穀生產量較少及稻穀市價調查期間經常未有實際交易之稻穀市價可供調查之縣（市），其折徵代金標準及隨賦徵購稻穀價格，應比照毗鄰縣份當期公告之價格辦理。

6.稻穀市價調查及資料通報等有關作業事項，依各縣（市）政府之規定。

第 27 條（地目等則之調整）

徵收田賦土地，因交通、水利、土壤及水土保持等因素改變或自然變遷，致其收益有增減時，應辦理地目等則調整；其辦法由中央地政主管機關定之。

解說

(一)爲期稅負公平起見，訂定土地因交通、水利、土壤及水土保持等因素改變，應調整土地等則，並重新查定賦額，此爲本條約的立法理由。

(二)田賦是依賦元予以計算，而賦元是依各種地目等則的土地收益或地價予以釐定，故土地因交通、水利、土壤及水土保持等因素改變或自然變遷，其收益價格有增減時，勢必調整地目等則以重新釐定其賦元。

(三)有關地目等則，請參閱本法第 13 條。

(四)內政部於民國 71 年 7 月 15 日訂頒「徵收田賦土地地目等則調整辦法」，依該辦法略述有關規定如下（88.6.29 修正）：

1.地目等則調整的定義：本辦法所稱地目等則調整，係指徵收田賦之土地，因交通、水利、土壤及水土保持等因素改變或自然變遷，致其收益有增減時，就已登記地目予以變更或等則予以提高或降低（第 2 條）。

2.調整年限：地目等則調整，每 5 年舉辦一次，必要時直轄市、縣（市）主管機關得變更之（第 4 條）。

3.地目等則調整標準如下（第 6 條）：

(1)土地有下列因素改變或自然變遷情事之一，致其收益增加者，應變更其地目或提高其等則：

①堤防之興建、改良、復舊。

②灌溉及排水等水利工程設施之興建、改良、復舊。

③道路之興建、改良、復舊。

④水土保持設施之興建、改良、復舊。

⑤土壤改良。

⑥防風防砂造林之完成。

⑦因公共設施或工商發展關係直接受益。

⑧因自然環境變遷或土地重劃等改良。

⑨其他合法原因。

(2)土地有下列因素改變或自然變遷情事之一，致其收益減少者，應變更其地目或降低其等則：

①堤防破壞失修。

②灌溉及排水等水利工程破壞、失修。

③道路破壞失修。

④水土保持破壞。

⑤防風防砂林破壞。

⑥因重大災害無法爲原來之使用。

⑦其他合法原因。

4.辦理地目等則調整的程序（第 7 條）：

(1)蒐集資料。

(2)選定調整等則標準地區。

(3)勘定地目等則調整地區。

(4)擬定調整之地目等則。

(5)提交地目等則調整評議委員會評議。

(6)抽查複勘。

(7)公告通知。

(8)異議處理。

(9)造冊統計。

(10)陳報核備。

(11)訂正成果。

第 27 條之 1（停徵田賦）

為調劑農業生產狀況或因應農業發展需要，行政院得決定停徵全部或部分田賦。

解說

(一)爲減輕農民負擔，田賦已自民國 76 年第二期起停徵，於民國 78 年 10 月 30 日修正本法時，增訂本條以資配合，此爲本條的立法理由。

(二)依本條規定，可分析如下：

1.停徵田賦的目的：是爲調劑農業生產狀況或因應農業發展需要。

2.停徵的範圍：得視實際情形全部停徵或部分停徵。

3.停徵的決定機關：由行政院決定。

第四章　土地增值稅

第 28 條（土地增值稅之課徵對象）

已規定地價之土地，於土地所有權移轉時，應按其土地漲價總數額徵收土地增值稅。但因繼承而移轉之土地，各級政府出售或依法贈與之公有土地，及受贈之私有土地，免徵土地增值稅。

解說

(一)配合全面實施平均地權政策，凡已規定地價的土地，除屬政府出售、贈與、受贈的土地及因繼承而移轉者外，均應課徵土地增值稅，此為本條的立法理由。

(二)「漲價歸公」為平均地權的四大方法之一，依　國父遺教的平均地權，是規定地價以後，該地價永以為定，嗣後的自然漲價則全部歸公，但目前並未如此施行，而是以課徵土地增值稅作為漲價歸公的手段。

(三)依本條規定，可分析如下：

1.課稅的土地：對於已規定地價的土地，才課徵土地增值稅。換言之，未規定地價的土地，是不課徵土地增值稅的。但台灣地區的土地，於民國 67 年以後均已規定地價，故全面開徵土地增值稅。

2.課稅的時機：於土地所有權移轉時，課徵土地增值稅。換言之，土地所有權未移轉時，是不課徵土地增值稅的。

3.課稅的標準：土地增值稅是按土地漲價總數額計徵，故於計算土地增值稅之前，應先依本法第 31 條規定計算土地漲價總數額。

4.免稅的情形：

(1)繼承土地免稅。

(2)各級政府出售的公有土地免稅。

(3)各級政府依法贈與的公有土地免稅。

(4)各級政府受贈的私有土地免稅。

(四)土地交換是移轉土地所有權，故依本法第 5 條第 2 項及本法施行細則第 42 條規定，應予課徵土地增值稅。此外，共有物分割或合併，其分割或合併前後價值不相等者，其差額也是具有移轉的性質，故應予課徵土地增值稅。因此，土地稅法施行細則第 42 條規定：

1.土地交換，應分別向原土地所有權人徵收土地增值稅。

2.分別共有土地分割後，各人所取得之土地價值與其分割前應有部分價值相等者，免徵土地增值稅；其價值減少者，就其減少部分課徵土地增值稅。

3.公同共有土地分割，其土地增值稅之課徵，準用前項規定。

4.土地合併後，各共有人應有部分價值與其合併前之土地價值相等者，免徵土地增值稅。其價值減少者，就其減少部分課徵土地增值稅。

5.前三項土地價值之計算，以共有土地分割或土地合併時之公告土地現值爲準。

(五)實務解釋：

1.本案土地買賣如在重測公告期滿確定前已依登記簿載面積申報現值並繳納增值稅有案，雖因重測結果面積而有增減，無須退補增值稅，亦無須辦理申報，仍應依原塡面積辦理。至該項土地以後再移轉時，自應以公告確定後之實測面積爲準（財政部 67.2.27 台財稅字第 31297 號函）。

2.×××先生於地籍圖重測前申報土地移轉繳納土地增值稅並辦妥移轉登記後，因辦理地籍圖重測致面積減少，其減少原因係重測前圖簿不符，地政機關原應於重測前辦理更正，惟未發現致未辦理更正，其因該面積減少所溢繳之土地增值稅應准退還（財政部 82.7.20 台財稅字第 820311094 號函）。

3.重測期間發生界址糾紛，當事人於糾紛未解決前申報移轉現值，其土地增值稅之計徵，以重測前之面積及土地標示爲準。本案經函准內政部 83.8.16 台內地字第 8309976 號函覆略以「『重測結果公告期滿無異議者，即屬確定』。『重測期間發生界址糾紛尚未解決之土地，應按重編之段別、地號，將原登記簿內之記載資料，除標示部「面積」資料外，轉載於重測後登記簿。標示部備考欄註明「重測前面積×××」及加註「本宗土地重測界址糾紛未解決」字樣，並通知土地所有權人。該土地俟界址糾紛解決後再辦理土地標示變更登記及換發書狀』，爲土地法第 46 條之 1 至第 46 條之 3 執行要點第 25 點、第 33 點所明定。本案因重測界址糾紛未決，面積尚未確定，在糾紛未解決前申報移轉現值，其計徵土地增值稅宜以重測前面積及土地標示辦理」，本部同意內政部上開意見（財政部 83.8.29 台財稅字第 831607645 號函）。

4.有限公司依公司法規定變更組織爲股份有限公司，依司法院大法官會議釋字第 167 號解釋，其法人人格之存續不受影響，其土地之變更名義自不應課徵土地增值稅。嗣後如再移轉時，應以公司變更名義前之第一次規定地價，或前次移轉現值爲原規定地價，核課土地增值稅（財政部 70.7.8 台財稅字第 35621 號函）。

5.教會分設教堂，依內政部規定，就地辦理財團法人登記，將其部分不動產劃分登記爲該分設教堂財團法人所有，應免徵土地增值稅。教會財產原屬一體，茲以分設教堂，依內政部訂頒規定，須就地登記爲財團法人，故須將所有不動產以捐贈方式變更爲新分設教堂所有，其產權登記名義雖有變更，惟究其實質，乃係配合政府法令規定辦理，核與一般所有權移轉情形不同（財政部 67.3.10 台財稅字第 31581 號函）。

6.業經政府登記有案之寺廟，其不動產並經登記爲寺廟所有，如因寺廟本身須成立財團法人而須將其不動產以捐贈方式移轉登記爲財團法人寺廟所有時，應可免徵土地增值稅（財政部 68.11.1 台財稅字第 37603 號函）。

7.「××職工福利委員會」，係屬××縣政府登記有案之非法人團體，其不動產業經登記爲該團體所有，茲因該團體向法院申請登記爲「財團法人××職工福利委員會」，須將該團體之不動產捐贈與該財團法人所有，其於辦理移轉登記時，應可免徵土地增值稅（財政部 70.8.27 台財稅字第 37135 號函）。

8.因繼承而分割不動產，乃係取得遺產單獨所有之手段，且遺產尚包括動產，僅不動產分割，無法審究是否應繼分相當。基於上述理由，因繼承而分割不動產時，不論分割之結果與應繼分是否相當，依照土地稅法第 28 條但書規定，均不課徵土地增值稅；繼承人先辦理公同共有登記嗣後再辦理分割登記者，亦同。再行移轉核計土地增值稅時，其前次移轉現值，仍應依土地稅法第 31 條第 2 項規定，以繼承開始時該土地之公告現值爲準（財政部 75.3.7 台財稅字第 7533046 號函）。

9.繼承人以繼承之土地抵繳遺產稅，將該土地移轉登記為國有時，應辦理現值申報及審核（財政部 68.7.23 台財稅字第 35071 號函）。

10.被繼承人死亡後遺留土地未辦妥繼承登記，繼承人逕以被繼承人名義將該等土地移轉與他人承受，得否退還土地增值稅乙案，經函准法務部 79.12.26 法律決 18828 號函：「土地法第 43 條所謂登記有絕對之效力係為保護第三人，將登記事項賦予絕對眞實之公信力，故第三人信賴登記而取得土地權利時，不因登記原因無效而被追奪（司法院院字第 1919 號解釋）。但主管登記機關於核准登記後發現該項核准登記行為有重大瑕疵，於未有第三人因信賴該項登記取得權利之新登記以前，如未涉及私權爭執且無人告爭時，非不得本於職權予以撤銷之（行政院 53.4.9 台訴字第 2366 號令、行政院 62.8.9 台內字第 6795 號函）。本件出賣人在申請移轉登記時業已死亡，其已無申請登記之當事人能力，主管登記機關未及察覺而為核准登記，似可認係重大瑕疵，於未有第三人因信賴該項登記取得權利之新登記前，依上開法律見解，可本於職權撤銷該項核准登記行為。」準此，於未有第三人因信賴該項登記取得權利之新登記前，如經主管登記機關本於職權撤銷該項核准登記行為後，准予退還原納土地增值稅（財政部 80.1.24 台財稅字第 790473477 號函）。

11.祭祀公業解散，由其派下員取得祀產土地，宜否課徵土地增值稅乙案，依下列原則處理：

(1)非財團法人祭祀公業之土地，原為其派下子孫所公同共有。該祭祀公業於解散時，將其土地變更名義為派下子孫所公同共有，應屬名義變更，如將其土地權利均分與派下子孫，由子孫按平均分得之持分登記為分別共有，應屬共有型態之變更，如將其土地平均分由子孫按平均分得之土地登記爲個別所有，亦屬公同共有物之分割，均不發生課徵土地增值稅及遺產稅問題；惟未依平均分配原則而登記爲分別共有或分割爲個別所有時，應向取得土地價值減少者，就其減少部分課徵土地增值稅；如取得土地價值減少者，係無償減少，則應由取得土地價值較多者繳納土地增值稅，取得土地價值較少者，應依遺產及贈與稅法規定繳納贈與稅。

(2)依前項規定經變更爲派下子孫名義公同共有或分別共有或個別所有而可不課徵土地增值稅之土地，如再行移轉時，其前次移轉地價之計算，應以第一次規定地價爲準。如祭祀公業之土地係於第一次規定地價後自他人移轉而取得者，則以祭祀公業取得該土地時核計土地增值稅之現值爲準（財政部 68.8.25 台財稅字第 35920 號函）。

12.祭祀公業之管理規則訂有解散後各房分所有及持分比例者，其解散後據以將其祀產登記爲派下子孫個別所有，是否課徵土地增值稅乙案，本部 68 台財稅字第 35920 號函釋，有關祭祀公業解散後，由其派下員取得祀產土地，應以均分爲原則，倘未依均分原則分割，應向取得土地減少者，就其減少部分課徵土地增值稅之處理原則，係根據邀集貴部等有關機關會商結論所釋示。又前述均分原則，係以各共有人對公同共有物之應有權利，無從就該公同共有關係所由規定之法律或規約予以認定時，始予適用。倘可由祭祀公業所由規定規約予以認定，自可依其規約之規定登記爲其個別所有，其土地增值稅之課徵，仍依本部前揭函釋處理原則辦理（財政部 82.5.5 台財稅字第 820750683 號函）。

13.祭祀公業解散登記後，申請共有型態變更爲派下員分別所有，因其管理規約未訂定有解散後各房分所有及持分比例，是否課徵土地增値稅（內政部 83.12.2 台內地字第 8314293 號函）：

本案經函准財政部前開函覆略以：「非財團法人祭祀公業解散，其派下員取得祀產土地，徵免土地增値稅之原則，前經本部 82.5.5 台財稅字第 820750683 號函覆貴部在案。本案祭祀公業解散，其祀產土地已登記爲派下員公同共有，擬按房分均分原則變更爲分別共有或個別所有乙節，倘祭祀公業潛在之房分，可視爲各派下員對該祭祀公業公同共有物之應有權利，於解散後派下員按其房分取得土地權利，依本部上揭函釋意旨，可免徵土地增値稅。至於祭祀公業潛在之房分，可否視爲派下員對該祭祀公業公同共有物之應有權利，尚非本部權責，……。」關於祭祀公業潛在之房分，可否視爲派下員對該祭祀公業公同共有物之應有權利乙節，經函准法務部函覆略以：「按祭祀公業係以祭祀祖先及結合同姓同宗之親屬爲目的而設置具有永續性之組織，其財產在法律上屬派下全體公同共有。民法第 827 條第 2 項規定：『各公同共有人之權利，及於公同共有物之全部。』公同共有，在公同關係存續中，各公同共有人之權利，既係及於公同共有物之全部，則各該共有人並無應有部分存在。另依學者通說之見解亦認爲，公同共有其應有部分係潛在者，乃隱而未顯，祭祀公業派下之房分對祭祀公業之財產而言，除規約另有訂定外，爲潛在之應有部分。來函所述關於祭祀公業解散，其派下員潛在之房分，如規約未另有訂定者，參酌上揭說明，似得認爲各該派下員對該祭祀公業公同共有物之權利。」本部同意上開法務部及財政部意見。本案土地增値稅之課徵，請依上開二部意見辦理。

14.土地經法院判決確定共有權存在，及該土地共有權原以買賣爲原因所爲之所有權移轉登記應予塗銷並回復共有權登記。

經查該「回復共有權登記」係回復其原狀所為之一種登記，當事人間尚無土地所有權移轉，無需辦理土地現值申報及核課土地增值稅（財政部 70.5.29 台財稅字第 34363 號函）。

15.土地買賣已申報現值繳清土地增值稅，並向地政機關辦竣所有權移轉登記，經地方法院民事庭調解成立，已向地政機關辦理塗銷登記，恢復為原所有權人名義者，其原已繳納之稅款，應予退還（財政部 71.1.14 台財稅字第 30316 號函）。

16.紀君贈與其子土地後撤銷贈與，經法院判決其子應將原受贈土地之所有權移轉登記予紀君，依最高法院 18 年抗字第 241 號判例，自應依照判決所示辦理所有權移轉登記。紀君土地雖屬原贈與之撤銷，但既應辦理所有權移轉登記，依規定仍應課徵土地增值稅（財政部 74.11.19 台財稅字第 24991 號函）。

17.共有土地分割，不論係法院判決分割或和解或當事人自行協議申請分割，其土地增值稅之核課，應依下列規定辦理：數人共有一筆之土地，其照原有持分比例計算所得之價值分割者，依土地稅法施行細則第 42 條第 2 項規定，不課徵土地增值稅。惟分割後取得之土地，如與原持分比例所算得之價值不等，其屬有補償者，應向取得土地價值減少者，就其減少價值部分課徵土地增值稅。如屬無補償者，應向取得土地價值增多者，就其增加價值部分課徵土地增值稅（財政部 71.3.18 台財稅字第 31861 號函）。

18.無人承認繼承之土地，經法院裁定歸屬國庫時，無須辦理現值申報及課徵土地增值稅（財政部 71.11.6 台財稅字第 38144 號函）。

19.不動產所有權人於出賣其所有土地時，雖於買賣契約內載明得返還其所領之價金而買回其土地，並於約定之期限內行使買回權，仍屬另一次產權移轉行為，應依土地稅法第 30 條規定計算土地增值稅（財政部 72.1.26 台財稅字第 30549 號函）。

20.×××君持憑法院命義務人應辦理所有權移轉登記之確定判決申報土地移轉現值，仍應依法核課土地增值稅。查依土地稅法第 28 條前段規定：「已規定地價之土地，於土地所有權移轉時，應按其土地漲價總數額徵收土地增值稅。」土地所有權係屬物權性質，其權利有無移轉，自應以民法物權編規定認定之。至於就同法第 5 條之立法意旨以觀，對土地所有權之移轉行為，無論有償或無償，均應課徵土地增值稅；再就同條第 2 項規定「所稱無償移轉，指贈與及遺贈等方式之移轉」以觀，係屬例示規定，並非僅以遺贈及贈與兩種方式為限，其他情形之無償移轉，自亦包括在內。本案某甲與某乙合買土地，而以某乙名義登記為土地所有權人，依現行民法、土地法、土地登記規則等規定，係以某乙（受任人）為該土地之法定所有權人，某甲（委任人）僅得依其契約關係向某乙主張土地所有權之移轉。現經法院判決確定將土地移轉與某甲時，依現行法律某甲始取得該土地之所有權。此項所有權之移轉，不問其為有償或無償，均應依現行土地稅法第 28 條規定，核課土地增值稅（財政部 72.8.17 台財稅字第 35793 號函）。

21.農田水利會既非社會福利事業亦非各級政府，其受贈私人土地，應無土地稅法第 28 條及第 28 條之 1 規定免徵土地增值稅之適用（財政部 82.4.26 台財稅字第 820146344 號函）。

22.依建築法第 44 條或第 45 條第 1 項規定調整地形者，調整後，各土地所有權人所取得之土地價值與其原有土地價值有增減時，可比照分別共有土地合併分割案件，就其價值減少部分課徵土地增值稅（財政部 86.2.24 台財稅第 860078724 號函）。

說明：案經函准內政部86.2.5台（86）內地字第8601366號函復：「本案本部同意案附臺灣省政府財政廳函說明二之意見略以：依建築法第44條或第45條第1項規定調整地形者，係相鄰2筆土地分屬不同所有權人所有，雙方為求達到符合准予建築最小面積之寬度與深度，協議調整地形，因其並非土地整筆交換，其性質與先將二筆土地合併後，按協議調整之地形分割，再辦理共有物分割之情形較為相近，可比照分別共有土地合併分割案件，就其價值減少部分課徵土地增值稅」，本部贊同上揭內政部意見。

23.依台北縣（現為新北市）政府訂定「三重等十七處都市計畫區土地使用分區管制要點」第11點規定，為加速公共設施用地取得及增進都市環境品質，凡基地面積超過1千平方公尺自願無償捐贈公共設施用地者，得增加興建樓地板面積。該要點既明定為「無償捐贈」，且准內政部87.12.10台（87）內地字第8712956號函略以：「查台北縣政府訂定三重等都市計畫（土地使用分區管制要點）案，其中土地使用分區管制要點第11條……應係以執行都市計畫為目的，而比照都市計畫法第56條規定之精神，所為之一種獎勵方式。就政府取得公共設施用地部分，確屬無償取得……」，土地所有權人依該要點規定捐贈土地與政府，應有土地稅法第28條但書免徵土地增值稅規定之適用（財政部88.2.24台財稅第880068326號函）。

24.自辦市地重劃之土地，重劃後土地所有權人應分配土地面積已達最小分配面積標準，惟其實際分配之土地面積低於應分配土地面積，該減少分配面積所領取之差額地價，應否課徵土地增值稅乙案，應依內政部68.1.22台（68）內地字第820755號函規定辦理（財政部88.7.21台財稅第881926490號函）。

附件：內政部 68.1.22 台（68）內地字第 820755 號函

案經本部邀同財政部、台灣省政府及各有關機關研商並獲致結論如次：「查因辦理土地重劃致所有權移轉時，不徵收土地增值稅為土地法第 196 條所明定。土地重劃後，原則上應依各宗土地原來之面積或地價仍分配於原土地所有權人，但限於實際情形，不能依原來之面積或地價妥為分配者，得變通補償，亦為土地法第 136 條所明定。而此項變通補償，復為實際辦理土地重劃交換分配時所不能避免之作業，故其差額地價之領取或繳納，皆為辦理土地重劃工作之一部分，並非基於土地所有權人之意思而辦理。為便利土地重劃業務之推行，自不能因其無法按原權利面積分配土地改領差額地價而予課徵土地增值稅。」

25.○公司與○君協議無償調整界址，調整後土地價值有增減，依地籍測量實施規則第 227 條規定申報土地移轉現值時，參照本部 86.2.24 台財稅第 860078724 號函規定，可比照共有土地合併分割案件處理（財政部 88.9.6 台財稅第 881941813 號函）。

26.土地原以買賣原因而為之所有權移轉登記，經債權人訴請法院民事判決確定其買賣關係不存在，應予塗銷並已向地政機關辦理塗銷登記，恢復為原所有權人名義者，其原已繳納之稅款，應予退還。有關上開退稅請求權消滅時效期間之起算點，應自法院民事判決確定之日起算，又退稅請求權之消滅時效期間如係於行政程序法施行後發生者，應有行政程序法第 131 條第 1 項規定之適用（財政部 91.6.4 台財稅字第 0910453064 號令）。

27.檢送內政部關於登記機關受理共有物分割登記案件之審查原則函釋一份（財政部 92.8.21 台財稅字第 0920044663 號函）。

附件：內政部 92.7.15 內授中辦地字第 0920010381 號函

一、有關共有人不完全相同之數宗共有土地，併同協議共有物分割，登記機關審查範圍為何，前經本部 91.5.20 台內地字第 0910006992 號令示在案，惟為齊一登記機關受理協議分割共有物申請登記案件審查標準，經召開「研商協議分割共有土地申請登記案件之審查原則」會議，獲致結論如次：(一)共有人持憑「共有土地建築改良物所有權分割契約書」申請共有物分割登記時，其共有土地建築改良物所有權分割契約書應由全體共有人協議。(二)共有人不完全相同之數宗共有土地，如經共有人全體協議亦得辦理共有物分割，惟其協議分割後之土地，僅得分配予該宗土地之原共有人或原共有人之一。(三)有關坐落○○地號等土地申辦共有物分割案件，因協議分割後之土地，並非分配予原共有人或原共有人之一，不符民法「原物分配」之規定，其性質係屬「交換」，故不得以共有物分割申請辦理登記。二、上開會議結論經分別轉准司法院秘書長 92.6.20（92）秘台廳民二字第 14968 號函復略以：「按共有物之協議分割係共有人本於共有權所為之處分行為，其分割方法如何，民法並無規定，以原物分配、價金分配與價格補償交互運用，共有人間得自由協議決定，惟如採原物分配，該土地僅得分配原共有人或原共有人之一，且其協議內容非法規禁止或有無效之情形，登記機關應准其辦理分割登記。又共有人協議分割後之土地，如未分配予該宗土地之原共有人或原共有人之一，固不符原物分配方法，非屬民法協議分割之範疇，惟基於契約自由原則，並不影響共有人間協議之效力。」；法務部 92.6.24 法律字第 0920024636 號函復：「按我國民法關於分割共有物之效力，係採移轉主義，即各共有人因分割而成為單獨所有人，係由於彼此相互移轉，讓與部分權利所致，故民法第 825 條規定：『各共有人，對於他共有人因分割而得之物，按其應有部分，負與出賣人同一之擔保責任。』據此，二宗以上土地之共有人倘不相同，自無從於分割後取得非共有土地相互之移轉權利，且既非『原物分配』，自亦無從對移轉部分負擔保責任（參照：最高法院 77 年度台上字第 2061 號民事判決）。從而，共有人不完全相同之數宗共有土地，倘共有人欲以協議分割之方式分配土地，因共有人既不完全相同，於他宗土地無所有權之人，自無法與他人彼此相互移轉、讓與部分所有權，不符『原物分配』，非屬民法物權編所稱之『協議分割』，其性質似屬民法債編所稱之『互易』，應準用買賣之規定（民法第 398 條規定參照）。」在案。

28.繼承人先辦理公同共有繼承登記後，因無法達成協議分割，而以「判決共有物分割」爲登記原因取得土地，應有本部 75.3.7 台財稅第 7533046 號函規定不課徵土地增值稅之適用（財政部 94.2.23 台財稅字第 09404514140 號函）。

29.祭祀公業無原始規約，嗣依內政部訂頒「祭祀公業土地清理要點」（該要點業已廢止）第 14 點訂立規約，該公業解散後，依據規約將祀產土地登記爲派下員個別所有，應否申報土地增值稅等疑義一案（財政部 94.5.17 台財稅字第 09404535410 號函）。

說明：本部 82.5.5 台財稅第 820750683 號函所稱均分原則，係以各共有人對公同共有物之應有權利，無從就該公同共有關係所由規定之法律或規約予以認定時，始予適用；又查民法第 828 條立法意旨，公同共有人之權利義務，應依公同關係成立時之法律或契約爲準，準此，上函所稱規約，應指公同關係成立時之規約（原始規約）。至於祭祀公業成立時無原始規約，而係由其派下員於嗣後補訂立規約，規定解散後各派下員應取得之持分比例，縱可依「祭祀公業土地清理要點」第 14 點第 2 項之(6)規定據以登記爲派下員個別所有，惟此情形，因其並非本部上函所稱「可由祭祀公業所由規定規約予以認定」之情形，故其土地增值稅之核課，仍應依本部 68.8.25 台財稅第 35920 號函釋辦理。如准依前揭 68 年函釋免徵（其實質意義應爲不課徵）土地增值稅之案件，應否申報土地移轉現值一節，經洽據內政部 93.12.13 內授中辦地字第 0930017095 號函意見略以：「……祭祀公業解散，如係以更名方式申請登記爲派下員公同共有或分別共有，因非屬移轉登記，自無須向主管稽徵機關申報土地移轉現值……」，本部同意該部意見。至依均分原則申請登記爲派下員個別所有，免徵（其實質意義應爲不課徵）土地增值稅之案件，亦無須申報土地移轉現值；另參照本部 92.1.14 台財稅字第 0910456670 號令釋，亦准免依土地稅法第 51 條第 1 項規定辦理查欠。

30.申請人就已辦竣所有權買賣移轉登記之土地，因契約解除所爲返還給付物之所有權移轉行爲，應否申報土地移轉現值及繳納應負擔之稅款，請依內政部 95.7.20 內授中辦地字第 0950048420 號函辦理（財政部 95.8.3 台財稅字第 09504551650 號函）。

附件：內政部 95.7.20 內授中辦地字第 0950048420 號函

買賣雙方因合意成立土地買賣契約，並由賣方將土地移轉其所有權與買方後，嗣經雙方解除買賣契約，依民法第 259 條規定及最高法院 28 年上字第 2113 號判例，買方自負有將該物權移轉於賣方以回復原狀之義務，其土地產權回復原狀之方法，案經函准法務部 94.4.7 法律決字第 0940002426 號函示，該登記依土地法第 72 條規定，應屬所有權移轉之變更登記。從而，申請人自應依其所檢附之法院確定判決、或經法院核定之鄉鎮市調解委員會調解、和解筆錄等證明文件，分別以「判決移轉」、「調解移轉」或「和解移轉」爲登記原因申辦之。申請人就已辦竣所有權買賣移轉登記之土地，因契約解除所爲返還給付物之所有權移轉行爲，依本部94.5.9內授中辦地字第0940044433號函規定，應辦理所有權移轉登記。既屬土地所有權之移轉，除符合法定減免或不課徵要件者外，仍應課徵土地增值稅。

31.非財團法人祭祀公業在未經解散下，將部分土地按派下員持分比例變更爲全體派下員所分別共有或個別所有，應否課徵土地增值稅乙案（財政部95.8.31台財稅字第09504556030號函）。

說明：經函准法務部95.7.31法律決字第0950700556號書函，略以：「查本件如經公同共有人全體協議同意將祭祀公業（土地）按派下員持分比例變更爲全體派下員所分別共有或個別所有，應爲公同共有關係之消滅，屬協議分割，仍得維持部分財產爲分別共有關係，符合共有型態變更範疇，不適用土地法第34條之1共有物處分規定，……。」準此，本案祭祀公業在未經解散下，將部分土地按派下員持分比例變更爲派下員分別共有或個別所有，其土地增值稅之課徵應參照68.8.25台財稅第35920號函釋規定辦理。

32.公同共有土地出售與部分共有人（依內政部101.2.1內授中辦地字第1016650079號令應指行使優先購買權之少數共有人），承買之部分共有人所有潛在應有部分於本次買賣時，是否應依土地稅法第28條規定課徵土地增值稅一案（財政部97.4.21台財稅字第09600361070號函）。

說明：按司法院釋字第180號解釋意旨，土地增值稅之稅款應向獲得土地自然漲價之利益者徵收，始符合租稅公平之原則。基於上述理由，本案公同共有土地移轉，因承買之部分共有人兼具出賣人身分，其所有潛在應有部分於本次買賣時，其增值利益尚未眞正實現，應不課徵土地增值稅；惟嗣後再移轉時，該潛在應有部分之原地價，應以本次移轉前之原規定地價或前次移轉現值爲準，計算漲價總數額，課徵土地增值稅。

33.分別共有之土地依土地法第 34 條之 1 第 1 項規定出售與部分共有人（依內政部 101.2.1 內授中辦地字第 1016650079 號令應指行使優先購買權之少數共有人），承買之部分共有人所有應有部分於本次買賣時，其土地增值稅之核課，准比照本部 97.4.21 台財稅字第 09600361070 號函釋規定辦理（財政部 97.6.5 台財稅字第 09700258750 號函）。

34.無限公司因股東死亡，依公司法第 66 條及第 69 條規定辦理退股而將公司之不動產權利移轉予股東，並以「退股」爲不動產移轉登記原因，應否課徵土地增值稅疑義乙案（財政部 98.6.8 台財稅字第 09800142000 號函）。

說明：按「已規定地價之土地，於土地所有權移轉時，應按其土地漲價總數額徵收土地增值稅。」爲土地稅法第 28 條前段所明定。本案函准內政部 98.4.1 內授中辦地字第 0980724162 號函略以：「依公司法第 66 條及第 69 條規定無限公司得因股東退股而將公司之不動產權利移轉予股東，故該退股登記係屬不動產權利移轉性質，申請人自應訂立移轉契約書申辦移轉登記……查本案○無限公司之退股案，繼承人已就死亡股東所有之股權申報並繳清遺產稅，並已依規定向經濟部申請核准減資有案，是以，本案『退股』登記應得由繼承取得股權之權利人與該無限公司會同訂立移轉契約書，依土地登記規則第 34 條規定檢附登記申請書……及主管機關核准辦理減資之證明文件等申辦登記……」據此，本案系爭土地如由無限公司移轉所有土地與無限股東之繼承人，尚非屬土地稅法第 28 條但書規定之繼承移轉，於土地所有權移轉時，應按其土地漲價總數額徵收土地增值稅。

35.信託契約明定信託財產之受益人爲委託人者，委託人（同受益人）因公司合併而消滅依規定辦理信託內容變更登記變更委託人及受益人爲合併後存續公司時，應依本部 93.10.19 台財稅字第 09304551970 號令辦理；如該合併符合企業併購法第 34 條（現爲第 39 條）第 1 項序文規定，其依法應由該消滅公司負擔之土地增值稅，准依同條項第 5 款規定記存（財政部 100.9.22 台財稅字第 10000314990 號令）。

36.祭祀公業及神明會所有土地，依祭祀公業條例及地籍清理條例規定辦理囑託登記，免課徵土地增值稅（財政部 102.4.2 台財稅字第 10100720090 號函）。

說明：二、依祭祀公業條例第 28 條第 2 項、第 50 條第 3 項及地籍清理條例第 24 條第 2 項、第 25 條規定，祭祀公業及神明會未於期限內依規定之方式處理其土地，爲達清理目的，即視爲無內部規定，應由直轄市、縣（市）主管機關依派下全員證明書之派下現員名冊、現會員（或信徒）名冊，囑託該管土地登記機關均分登記爲派下員、現會員（或信徒）分別共有，該囑託登記屬共有型態之變更，應不課徵土地增值稅；嗣其派下員或現會員（或信徒）再移轉該土地時，其前次移轉現值，應以該祭祀公業或神明會原取得該筆土地時核定之移轉現值爲準。三、又祭祀公業及神明會所有不動產依旨揭條例規定辦理囑託登記時，免依土地稅法第 51 條第 1 項及房屋稅條例第 22 條第 1 項規定辦理查欠。囑託登記前祭祀公業或神明會之不動產屬其派下員或現會員

（或信徒）公同共有，如尚有囑託登記前之地價稅或房屋稅繳款書未送達，稽徵機關應依稅捐稽徵法第 12 條及第 19 條有關公同共有財產納稅義務人及送達之規定辦理。

37.本部 92.7.15 內授中辦地字第 0920010381 號函不適用於法院裁判分割登記（內政部 102.4.11 內授中辦地字第 1026032959 號函）。

說明：本部旨揭函所示登記機關受理共有物分割登記案件之審查原則，係本部爲齊一登記機關審查協議共有物分割登記之標準，於 92 年 5 月 21 日邀集司法院民事廳（請假）、法務部（請假）、各直轄市政府地政處、部分縣（市）政府、地政事務所及中華民國地政士公會全國聯合會等單位開會研商，及參據司法院秘書長 92.6.20（92）秘台廳民二字第 14968 號函、法務部 92.6.24 法律字第 0920024636 號函見解所爲之規定，尚不適用於法院裁判分割之登記。又依民法第 824 條之 1 第 1 項規定，共有人自共有物分割之效力發生時起，取得分得部分所有權，所稱「效力發生時」，於裁判分割，係指在分割之形成判決確定時。是，倘共有土地經法院判決分割確定，共有人自該形成判決確定時起，即取得分得部分之所有權，地政機關自當配合辦理登記。

38.宗教財團法人附設醫院經衛生福利部依醫療法第 119 條規定要求補正，嗣宗教財團法人將原供附設醫院使用之不動產捐助移轉與經衛生福利部許可新設之醫療財團法人，屬配合政府法令規定辦理，與一般所有權移轉情形不同，該次移轉不課徵土地增值稅；其所持憑向地政機關申請不動產移轉登記之憑證，非屬印花稅法第 5 條第 5 款規定之課稅範圍，無須課徵印花稅。但前開土地於再次移轉第三人時，應以該土地無償移轉前之原規定地價或前次移轉現值爲原地價，計算漲價總數額，課徵土地增值稅

（財政部 107.5.17 台財稅字第 10700572160 號令）。

第 28 條之1（免徵土地增值稅之對象）

私人捐贈供興辦社會福利事業或依法設立私立學校使用之土地，免徵土地增值稅。但以符合下列各款規定者為限：

一　受贈人為財團法人。

二　法人章程載明法人解散時，其賸餘財產歸屬當地地方政府所有。

三　捐贈人未以任何方式取得所捐贈土地之利益。

解說

(一)爲配合老人福利法、兒童福利法、殘障福利法及社會救助法的施行，鼓勵私人創辦社會福利事業，規定私人捐贈供興辦社會福利事業使用的土地免徵土地增值稅，並規定免稅的適用要件，以防流弊，此爲本條的立法理由。

(二)依本條規定，可分析如下：

1.私人捐贈土地，本應課徵土地增值稅，但符合本條規定者免稅。所謂「私人」，除自然人外，也包括財團法人及社團法人等私人在內。

2.須是捐贈供興辦社會福利事業或依法設立私立學校使用的土地，而符合本條的規定者免稅。

3.須符合本條但書各款規定者免稅。

(三)社會福利事業及依法設立私立學校的定義：本法第 28 條之 1 所稱社會福利事業，指依法經社會福利事業主管機關許可設立，以興辦社會福利服務及社會救助爲主要目的之事業。所稱依法設立私立學校，指依私立學校法規定，經主管教育行政機關許可設立之各級、各類私立學校（土稅施則43 I ）。

(四)申請免稅與核定列管（土稅施則43II、III）：

1.依本法第 28 條之 1 申請免徵土地增值稅時，應檢附社會福利事業主管機關許可設立之證明文件或主管教育行政機關許可設立之證明文件、捐贈文書、法人登記證書（或法人登記簿謄本）、法人捐助章程及當事人出具捐贈人未因捐贈土地以任何方式取得利益之文書。

2.依本法第 28 條之 1 核定免徵土地增值稅之土地，主管稽徵機關應將核准文號建檔及列冊保管，並定期會同有關機關檢查有無第 55 條之 1 規定之情形。

(五)平均地權條例第 35 條之 1 規定與本條相同。

(六)本法第 55 條之 1 規定有「依本條捐贈應追補應納的土地增值稅及處二倍罰鍰」之情形，宜予注意。詳見該法條的解說。

(七)實務解釋：

1.財團法人社會福利事業之章程記載「法人解散時，其賸餘財產歸屬當地地方自治團體所有」，視爲符合平均地權條例第 35 條之 1 第 2 款「法人解散時，其賸餘財產歸屬當地地方政府所有」之免稅要件乙案，業經奉行政院核示同意照內政部邀集有關單位研商結論辦理。該結論爲：「財團法人社會福利事業之章程載明法人解散時，其賸餘財產歸屬當地地方自治團體所有者，符合民法第 44 條及內政業務財團法人監督準則第 17 條規定，且上開財團法人社會福利事業解散時，其賸餘財產歸屬，就土地而言，應登記爲直轄市或縣（市）所有，故財團法人社會福利事業之章程載明『法人解散時，其賸餘財產歸屬當地地方自治團體所有』應視爲符合平均地權條例第 35 條之 1 第 2 款『法人解散

時，其賸餘財產歸屬當地地方政府所有』之免稅要件。」（財政部 80.5.22 台財稅字第 800161908 號函）

2.捐贈土地與財團法人台灣省私立××仁愛之家，受贈人章程記載「本家如因故依法解散時，悉依民法第 44 條之規定辦理」，核與土地稅法第 28 條之 1 免稅要件未盡相符，不得依上揭條文免徵土地增值稅（財政部 82.5.22 台財稅字第 820206657 號函）。

3.財團法人××學校前接收自財團法人××學校所有土地，無土地稅法第 28 條之 1 免徵土地增值稅規定之適用。案經函准法務部 83.9.21 法律決 20307 號函略以：「依土地稅法第 28 條之 1 規定免徵土地增值稅者，除應具備『私人捐贈供依法設立私立學校使用之土地』之要件外，尚須符合該條但書第 1 款至第 3 款規定之要件，……查財團法人××學校捐助章程規定：『所有財產由財團法人××學校接收處理之。』所謂『接收處理』，是否即係捐贈之法律關係？宜請先予認定，若認係屬捐贈，則系爭土地受贈人××學校仍為財團法人，固符合土地稅法第 28 條之 1 但書第 1 款『受贈人為財團法人』之規定，又捐贈人如未以任何方式取得所捐贈土地之利益，亦符合同條但書第 3 款之規定；惟其捐助章程規定『解散時，除現金外，其餘全部財產歸屬中央教育主管機關』，則與同條但書第 2 款規定『法人（受贈人）章程載明法人解散時，其賸餘財產歸屬當地地方政府所有』之要件似有不符。」準此，本案財團法人××學校前接收自財團法人××學校之土地，如其並非依捐贈之法律關係接收者，固無土地稅法第 28 條之 1 規定之適用；反之，縱係依捐贈之法律關係接收，因系爭土地受贈人××學校之捐助章程規定與土地稅法第 28 條之 1 但書第 2 款規定要件亦不符，仍無該條免徵土地增值稅規定之適用（財政部 83.12.24 台財稅字第 831627621 號函）。

4.土地稅法第 28 條之 1 所稱「私人」，除自然人外，尚包括財團及社團法人等私法人在內（財政部 80.4.17 台財稅字第 800129801 號函）。

5.財團法人天主教會××教區受贈土地，既經查明該財團法人非屬社會福利事業，自無土地稅法第 28 條之 1 免徵土地增值稅規定之適用（財政部 82.10.18 台財稅字第 820493753 號函）。

6.社會福利事業於籌備期間以籌備處代表人名義受贈之土地，仍應依土地稅法第 28 條規定徵收土地增值稅，俟其完成財團法人許可及設立登記後，依同法施行細則第 43 條第 2 項規定檢齊證件，如經審查符合同法第 28 條之 1 規定，再予辦理退稅（財政部 83.5.10 台財稅字第 830206892 號函）。

7.土地稅法第 28 條之 1 規定意旨，捐贈之土地應供受贈之社會福利事業使用，始有免稅規定之適用。本案土地縱經○育幼院與房屋使用人訂立租約，並追溯自受贈土地時即取得土地收益，惟受贈土地並非供該育幼院所使用，仍與免稅規定不合（財政部 87.8.7 台財稅第 870557752 號函）。

8.財團法人○文教基金會依其捐助章程及業務報告書等資料，其設立目的及業務雖兼有舉辦社會公益活動，惟該會係經縣政府教育局核准設立之文教財團法人，其設立之宗旨、目的與推展之業務工作皆符合財團法人文教基金會業務範疇，並非屬土地稅法施行細則第 43 條規定依法經社會福利事業主管機關許可設立之社會福利事業，其受贈土地尚無土地稅法第 28 條之 1 免徵土地增值稅規定之適用（財政部 89.9.26 台財稅第 0890456314 號函）。

9.有關土地稅法第 28 條之 1 第 2 款規定，所稱「當地地方政府」係指法人主事務所所在地之地方政府，抑或指該法人所有土地所在地之地方政府一案（財政部 90.1.18 台財稅第 0900450305 號函）。

說明：本案經函准內政部 90.1.8 台（90）內地字第 8918319 號函略以：「本案○○所有土地於申報贈與財團法人○基金會時，該法人章程已明訂『本會如因故解散時，其賸餘財產全部捐贈主事務所所在地之地方自治團體』應符合上開法條意旨。」本部同意該部意見。

10.財團法人○煤礦業社會福利基金會受贈土地，既經查明原始即供礦工醫院使用，迄今並未變更其用途，是其自始未供受贈之該社會福利基金會使用，至爲明顯，又准內政部 90.4.26 台（90）內中社字第 9074738 號函復，該礦工醫院所從事之醫療事業，非社會福利目的事業，應無土地稅法第 28 條之 1 規定免徵土地增值稅之適用。至於上開內政部函述「難謂該會未按捐贈目的使用土地或有違反該事業設立宗旨之情事」係屬有無土地稅法第 55 條之 1 追補處罰規定之適用問題，與本案得否適用土地稅法第 28 條之 1 規定免徵土地增值稅無涉（財政部 90.9.12 台財稅字第 0900454131 號函）。

11.檢送內政部 91 年 8 月 5 日協商處理「有關財團法人○基金會受贈土地爭取免徵土地增值稅疑義案」會議紀錄一份（財政部 91.10.11 台財稅字第 0910456289 號函）。

附件：內政部 91.8.22 台內中社字第 0910075289 號函

決議事項：平均地權條例施行細則第 50 條第 1 項中「所稱社會福利事業，指依法經社會福利事業主管機關許可設立，以興辦社會福利服務及社會救助爲主要目的之事業」係指須符合下列情形之一：

(1)依民法及內政業務財團法人監督準則（本準則已廢止，宜改參照「內政部審查內政業務財團法人設立許可及監督要點」）規定經社會福利事業主管機關許可設立之社會福利慈善事業基金會興辦社會福利事業者。

(2)依兒童福利法、少年福利法（現爲兒童少年福利與權益保障法）、老人福利法、身心障礙者保護法（現爲身心障礙者權益保障法）及社會救助法等社會福利相關法規經直轄市、縣（市）社會福利事業主管機關許可設立之社會福利機構興辦社會福利事業者。

(3)財團法人附設前款之社會福利機構興辦社會福利事業者。

12.訂立土地贈與契約，受贈人將債權讓與給私立學校，經私立學校對贈與人之繼承人提起訴訟後，法院判決系爭土地應移轉登記予私立學校，並非本於原土地所有權人對私立學校之捐贈，應無土地稅法第 28 條之 1 規定免徵土地增值稅之適用（財政部 95.6.1 台財稅字第 09504738570 號函）。

13.財團法人○會受贈土地，供其附設○園作社會福利設施使用，該園現仍籌設中，可否准依土地稅法第 28 條之 1 規定免徵土地增值稅（財政部賦稅署 103.9.19 臺稅財產字第 10304211410 號函）。

說明：依財政部 91.10.11 台財稅字第 0910456289 號函轉內政部 91.8.22 台內中社字第 0910075289 號函規定：「『所稱社會福利事業，指依法經社會福利主管機關許可設立，以興辦社會福利服務及社會救助爲主要目的之事業』係指須符合下列情形之一：……(二)依……身心障礙者權益保障法及社會救助法等社會福利相關法規經直轄市、縣（市）社會福利事業主管機關許可設立之社會福利機構興辦社會福利事業者。(三)財團法人附設前款之社會福利機構興辦社會福利事業者。」本案財團法人○會接受○君捐贈○縣等土地，倘經查明該土地確係提供作社會福利設施使用，且該受贈財團法人附設之○園係經○縣政府同意依「私立身心障礙福利機構設立許可及管理辦法」籌設興辦，屬籌設中之身心障礙者權益保障機構，自籌設至設立完竣及日後營運，均依身心障礙者權益保障法等相關規定辦理者，參酌上揭規定得依土地稅法第 28 條之 1 規定免徵土地增值稅；惟嗣如未依原許可事項辦理時，則應依土地稅法第 55 條之 1 規定補稅處罰。

14.財團法人○大學（以下簡稱○大學）等 4 校法人存續合併（編者註：依私立學校法第 68 條之合併）為○學校財團法人（以下簡稱○學校），○大學所有土地因合併而移轉為○學校所有，其中部分屬○大學受贈取得並經核准依土地稅法第 28 條之 1 規定免徵土地增值稅之土地，應如何續予列管一案。說明：二、○大學法人主體因合併而消滅，依私立學校法第 67 條第 2 項規定，其權利義務由合併後○學校繼受，○大學於合併前受贈並經核准依土地稅法第 28 條之 1 規定免徵土地增值稅之土地已移轉登記為○學校所有，經查明該等土地仍供依法設立私立學校使用，且○學校符合土地稅法第 28 條之 1 各款規定者，應以○學校為對象，依土地稅法施行細則第 43 條第 3 項規定續予列管及辦理定期檢查作業。嗣如經發現○學校所有不符前開稅法規定或對於旨揭土地有同法第 55 條之 1 規定之情事，應予補徵原○大學受贈時免徵之土地增值稅或併予處罰（財政部 103.4.11 台財稅字第 10304007410 號函）。

第 28 條之 2（配偶贈與免徵增值稅）

配偶相互贈與之土地，得申請不課徵土地增值稅。但於再移轉依法應課徵土地增值稅時，以該土地第一次不課徵土地增值稅前之原規定地價或最近一次課徵土地增值稅時核定之申報移轉現值為原地價，計算漲價總數額，課徵土地增值稅。

前項受贈土地，於再移轉計課土地增值稅時，贈與人或受贈人於其具有土地所有權之期間內，有支付第 31 條第 1 項第 2 款改良土地之改良費用或同條第 3 項增繳之地價稅者，準用該條之減除或抵繳規定；其為經重劃之土地，準用第 39 條之 1 第 1 項之減徵規定。該項再移轉土地，於申請適用第 34 條規定稅率課徵土地增值稅時，其出售前一年內未曾供營業使用或出租之期間，應合併計算。

解說

(一)由於遺產及贈與稅法已經修正爲配偶相互贈與之財產不計入贈與總額，亦即不再課徵贈與稅，因此，土地稅法配合修正，於民國 86 年 5 月 21 日增訂本條文，並於民國 110 年 6 月 23 日再次修正。

(二)配偶相互贈與之土地，雖不課徵土地增值稅，但再移轉依法應課徵土地增值稅時，則以第一次不課徵土地增值稅前之原規定地價或最近一次課徵土地增值稅時核定之申報移轉現值爲原地價，計徵土地增值稅。例如夫於民國 70 年取得土地，於民國 86 年 7 月贈與其妻，不課土地增值稅；妻取得土地後，若於民國 88 年出售他人，則應以民國 70 年之地價計徵土地增值稅。

(三)爲防止夫妻間贈與來又贈與去以逃漏土地增值稅，所以均以第一次不課徵土地增值稅前之原規定地價或最近一次課徵土地增值稅時核定之申報移轉現值爲原地價計算。

(四)本法條於民國 93 年 1 月 14 日修正增訂第 2 項，蓋因配偶相互贈與後，於再移轉時，以該土地第一次不課徵土地增值稅前之原規定地價或最近一次課徵土地增值稅時核定之申報移轉現值爲原地價，計算漲價總數額，課徵土地增值稅，則其夫妻持有期間，有關支付改良費之減除、增繳地價稅之抵繳、土地經重劃之減徵及自用住宅用地優惠稅率之適用等，自應依法辦理，始稱公允。

(五)實務解釋：

1.夫妻於婚姻關係存續中訂定贈與契約，於婚姻關係消滅後申報土地移轉現值，且逾訂定契約之日起 30 日始申報，除經查明該贈與契約有倒填日期，非於婚姻關係存續期間所訂定者外，仍應有不課徵土地增值稅規定之適用（財政部 93.11.17 台財稅字第 09304558850 號函）。

2.債權人得否持法院和解筆錄代位申報土地移轉現值乙節，本案依和解筆錄所載，債權人爲法院和解筆錄之當事人，自可持該筆錄單獨辦理移轉登記。另土地稅法第 49 條第 1 項但書規定，依規定得由權利人單獨申請登記者，權利人得單獨申報其移轉現值。準此，債權人既爲土地登記規則上所允許可持法院和解筆錄單獨辦理移轉登記之權利人，則應可由該債權人持法院和解筆錄代爲申報土地移轉現值，並依土地稅法第 5 條之 1 規定代爲繳納土地增值稅。至於債權人得否持和解筆錄代爲申請適用土地稅法第 28 條之 2 配偶相互贈與土地不課徵土地增值稅之規定乙節，如准由債權人代位行使因夫妻身分關係而衍生配偶相互贈與土地不課徵土地增值稅之公法選擇權，將因而有不利於取得土地所有權人之法律效果，此與民法債權人代位權之行使，單純爲保障債權人之權利，應有不同，參照本部 90.8.13 台財稅字第

0900455007 號函釋規定之意旨，不宜由債權人代爲申請適用土地稅法第 28 條之 2 不課徵土地增值稅之規定（財政部 95.11.29 台財稅字第 09504566210 號函）。

3.原土地所有權人依都市更新條例權利變換規定取得之應分配土地，經配偶相互贈與依土地稅法第 28 條之 2 第 1 項不課徵土地增值稅者，於再移轉計課土地增值稅時，參據同條第 2 項重劃土地準用第 39 條第 4 項減徵規定，准比照都市更新條例第 46 條第 3 款（編者註：現行第 67 條第 1 項第 4 款）減徵土地增值稅 40%（財政部 107.12.19 台財稅字第 10700678270 號令）。

第 28 條之3（信託土地不課徵土地增值稅之情形）

土地為信託財產者，於下列各款信託關係人間移轉所有權，不課徵土地增值稅：

一　因信託行為成立，委託人與受託人間。

二　信託關係存續中受託人變更時，原受託人與新受託人間。

三　信託契約明定信託財產之受益人為委託人者，信託關係消滅時，受託人與受益人間。

四　因遺囑成立之信託，於信託關係消滅時，受託人與受益人間。

五　因信託行為不成立、無效、解除或撤銷，委託人與受託人間。

解說

(一)本條文係於民國 90 年 6 月 13 日修正本法時增訂。

(二)誠如本法第 3 條之 1 的解說，信託土地移轉、登記爲受託人，其名義雖爲受託人，但實質上仍爲委託人所有，故除有第 5 條之 2 規定應課徵土地增值稅的情形外，本條特別明定不課徵土地增值稅的情形。

(三)遺產及贈與稅法亦於民國 90 年 6 月 13 日修正，增訂第 5 條之 2 規定信託財產不課徵贈與稅的五種情形，與本條規定相同，因其立法意旨亦相同的緣故。

(四)契稅條例亦於民國 90 年 6 月 13 日修正，增訂第 14 條之 1 規定不動產爲信託財產不課徵契稅的五種情形，與本條規定相同，因其立法意旨亦相同的緣故。

(五)不課徵土地增值稅的情形：

1.因信託行爲成立，委託人與受託人間移轉土地所有權：土地原爲委託人所有，因信託行爲成立，土地從委託人移轉爲受託人；如前所述，名義上雖爲受託人，但實質上仍爲委託人所有，故其信託移轉登記，不課徵土地增值稅。

2.受託人變更：於信託關係存續中，受託人可能辭職、可能不適任而解職、亦可能死亡等諸多原因，變更受託人。因此，信託土地應辦理受託人變更登記，亦即由原受託人名義移轉爲新受託人名義；亦如前所述，無論受託人如何變動，該信託土地實質上仍爲委託人所有。故信託土地，於受託人變更而移轉，仍不課徵土地增值稅。

3.自益信託關係消滅：信託的受益人爲委託人者，謂爲自益信託。信託土地實質上爲委託人所有，而委託人又是受益人，似此，於信託關係消滅時，受託人將土地返還委託人（亦即受益人），當然不課徵土地增值稅。但如爲他益信託，受託人將土地移轉於委託人以外的受益人時，則應依本法第 5 條之 2 規定課徵土地增值稅，詳情請參閱該法條的解說。

4.遺囑成立的信託關係消滅：遺囑自遺囑人死亡時發生效力（民 1199）。因遺囑成立的信託，顯然是在遺囑人死亡後，故只有受益人，而且依民國 90 年 6 月 13 日修正增訂的遺產及贈與稅法第 3 條之 2 規定，因遺囑成立之信託於遺囑人死亡時，其信託財產應依本法規定課徵遺產稅。因此，遺囑成立的信託，其信託財產實質上屬於受益人所有，於信託關係消滅時，由受託人移轉與受益人，不課徵土地增值稅。

5.回復原狀：信託財產已因信託關係的成立，由委託人移轉與受託人，其土地不課徵增值稅已如前述。嗣因信託行爲不成立、無效、解除或撤銷，等於是回復原狀，基於實質上爲委託人所有之同一法理，故仍不課徵土地增值稅。

(六)實務解釋：

1.以土地爲信託財產，信託契約明定信託財產之受益人爲委託人，委託人於信託關係存續中死亡，委託人之繼承人依信託法第 63 條規定終止信託，受託人依同法第 65 條規定移轉該信託土地與委託人之繼承人時，依土地稅法第 28 條之 3 第 3 款規定不課徵土地增值稅（財政部 103.10.23 台財稅字第 10300613270 號令）。

2.自益信託土地，委託人於信託關係存續中死亡，其繼承人終止信託及申辦塗銷登記，受託人移轉該信託土地與該繼承人時，應如何課徵土地增值稅乙案（財政部賦稅署 104.10.14 台稅財產字第 10404035360 號函）。

說明：按法務部 103.6.26 法律字第 10303507640 號函略以，自益信託之委託人死亡時，倘其信託關係依信託目的，不因委託人死亡而消滅，於其繼承人未終止信託關係前，其信託利益應由受益人之繼承人享有。又按信託法上所稱之委託人係指創設信託之人，自益信託之委託人死亡後，其繼承人依信託法第 63 條規定終止信託，致信託關係消滅時，其繼承人依同法第 65 條及民法第 1148 條第 1 項規定，承受委託人之信託利益並取得信託財產，換言之，繼承人取得受益人之地位。本案自益信託之委託人死亡，由全體繼承人協議該委託人之信託利益由部分繼承人取得，並會同受託人依土地登記規則第 133 條規定申辦信託內容變更登記，該部分繼承人即取得受益人（同委託人）之地位，嗣其與受託人同意終止信託，受託人移轉自益信託土地與該繼承人時，應按土地稅法第 28 條之 3 第 3 款規定不課徵土地增值稅。

第 29 條（出典地增值稅之繳納）

已規定地價之土地，設定典權時，出典人應依本法規定預繳土地增值稅。但出典人回贖時，原繳之土地增值稅，應無息退還。

解說

(一)為防止假借設定典權的名義以進行移轉之實而逃漏土地增值稅，特明定於設定典權時應預繳土地增值稅，於回贖時，退還該土地增值稅，此為本條的立法理由。

(二)回贖時申請退還土地增值稅應備文件：土地出典人依本法第 29 條但書規定，於土地回贖申請無息退還其已繳納土地增值稅時，應檢同原納稅證明文件向主管稽徵機關申請之。（土稅施則 45）。

(三)實務解釋：

查設定典權之土地，在典權存續期間，出典人將土地出售予他人（非典權人），其已預繳之土地增值稅可在本次移轉之土地增值稅內扣抵，業經本部 72.5.9 台財稅字第 33208 號函釋在案。至於買受人取得土地所有權後，原設定之典權如繼續存在而非重新設典者，自不必依土地稅法第 29 條之規定，再預繳土地增值稅（財政部 72.5.31 台財稅字第 33810 號函）。

第 30 條（申報移轉現值審核標準）

土地所有權移轉或設定典權，其申報移轉現值之審核標準，依下列規定：

一　申報人於訂定契約之日起 30 日內申報者，以訂約日當期之公告土地現值為準。

二　申報人逾訂定契約之日起 30 日始申報者，以受理申報機關收件日當期之公告土地現值為準。

三　遺贈之土地，以遺贈人死亡日當期之公告土地現值為準。

四　依法院判決移轉登記者，以申報人向法院起訴日當期之公告土地現值為準。

五　經法院或法務部行政執行署所屬行政執行分署（以下簡稱行政執行分署）拍賣之土地，以拍定日當期之公告土地現值為準。但拍定之價額低於公告土地現值者，以拍定價額為準；拍定價額如已先將設定抵押金額及其他債務予以扣除者，應以併同計算之金額為準。

六　經政府核定照價收買或協議購買之土地，以政府收買日或購買日當期之公告土地現值為準。但政府給付之地價低於收買日或購買日當期之公告土地現值者，以政府給付之地價為準。

前項第 1 款至第 4 款申報人申報之移轉現值，經審核低於公告土地現值者，得由主管機關照其自行申報之移轉現值收買或照公告土地現值徵收土地增值稅。前項第 1 款至第 3 款之申報移轉現值，經審核超過公告土地現值者，應以其自行申報之移轉現值為準，徵收土地增值稅。

於中華民國 86 年 1 月 17 日起至 86 年 10 月 30 日期間經法院判決移

轉、法院拍賣、政府核定照價收買或協議購買之案件，於期間屆至尚未核課或尚未核課確定者，其申報移轉現值之審核標準適用第 1 項第 4 款至第 6 款及前項規定。

解說

(一)本條第 1 項將土地移轉或設定典權，政府審核移轉現值的標準逐款列舉，以資明確；第 2 項則明定第 1 項土地申報的移轉現值，低於或高於各該款所訂定審核標準的公告現值時的處理方法，以作爲主管機關及申報人遵循的依據；第 3 項則明訂在 86 年 1 月 17 日至 86 年 10 月 30 日期間尚未核課或尚未核課確定之法院判決移轉、法院拍賣、政府核定照價收買或協議購買之案件，主管機關得適用新修正後之規定，審核申報之移轉現值，此爲本條的立法理由。

(二)本條第 1 項第 1 款及第 2 款規定，以立約日爲準，於30 日內申報者以立約日的公告現值爲準，逾 30 日申報者以申報日的公告現值爲準。由於公告現值每年 1 月 1 日會予以調整，對於逾期申報者，以申報日的公告現值爲準，實際上具有懲罰的意義。

(三)遺贈，於被繼承人死亡時發生效力，爲民法第 1199 條所規定，故本條第 1 項第 3 款規定以遺贈人死亡日當期的公告現值爲準。

(四)至於法院判決移轉者，以起訴日的公告現值爲準，以免因長期爭訟而增加納稅義務人的稅負，並示公允。

(五)爲求齊一標準以示公允，民國 86 年 1 月 15 日及民國 86 年 10 月 29 日先後修正第 5 款及第 6 款，一律以公告現值爲準，但因拍賣可能低於公告現值，而卻應依公告現值爲準，顯有失公允，是故再修正以實際拍定之價額為準。至於拍定價額如已先扣除抵押金額或其他債務時，則應加總後再與公告現值比較，其高於公告現值者，以公告現值為準，其低於公告現值者，以加總數額為準。

(六)低報的處理：

1.照價收買：本條第 2 項規定，對於第 1 項第 1 款至第 4 款申報人申報的移轉現值，若低於公告現值者，得由主管機關照其自行申報的移轉現值收買。

2.照公告現值計稅：若低於公告現值申報，主管機關未照價收買時，得照公告土地現值徵收土地增值稅。

(七)高報的處理：第 1 項第 1 款至第 3 款，若高於公告現值申報移轉現值者，應以其自行申報的移轉現值為準，徵收土地增值稅。

(八)平均地權條例第 47 條之 1 規定與本條相同。

(九)財政部訂頒有「土地所有權移轉或設定典權申報現值作業要點」，請參閱附錄三。

(十)實務解釋：

1.承購土地實際價格縱係超過該土地移轉時之公告現值，惟既經納稅義務人及權利人共同以公告現值申報移轉現值，稽徵機關自應據以計算土地漲價總數額課徵土地增值稅。至權利人事後請求納稅義務人以「實際買賣價格」為申報移轉現值，更正原已申報之移轉現值為納稅義務人拒絕時，此為雙方之約定事項，稅法尚無強制之規定（財政部 67.5.10 台財稅字第 33093 號函）。

2.土地稅法第 30 條規定，土地移轉原則上以公告現值為準，計課土地增值稅。故土地之實際交易價格超過公告現值，當事人如以公告現值申報繳納土地增值稅，尚無稅捐稽徵法第 41

條規定之適用（財政部 71.11.3 台財稅字第 38007 號函）。

3.×××君所有土地及其地上房屋共同設有抵押權，該土地經法院拍賣後，抵押權不塗銷隨同土地移轉與買受人承受，有關土地部分之抵押債務金額，應就房地全部抵押債務總額，按土地公告現值占土地公告現值及房屋評定現值總額之比例計算後，加計該土地之拍定價額，計算其土地之增值，核課土地增值稅（財政部 75.7.26 台財稅字第 7559577 號函）。

4.法院拍賣之土地，原拍定人不願承受，經法院再行拍賣，其拍定價額少於原拍定價額之差額，由原拍定人所繳之保證金清償，該保證金係屬損害賠償之性質，不應計入拍定價額作為申報移轉現值，課徵土地增值稅（財政部 80.12.17 台財稅字第 800414709 號函）。

5.土地經法院和解成立分割移轉，其申報移轉現值，准比照平均地權條例第 47 條之 1 第 1 項第 4 款規定，按起訴日當期之公告土地現值為申報移轉現值（財政部 78.12.9 台財稅字第 780419512 號函）。

6.土地經法院判決共有物分割，因法院卷宗銷毀而無法提出起訴日期證明文件，其分割前後各人所有土地價值之計算，以判決確定日當期之公告土地現值為準（財政部 79.11.28 台財稅字第 790418530 號函）。

7.經法院調解成立之土地所有權移轉案件，其申報移轉現值之審核標準，可比照適用土地稅法第 30 條第 1 項第 4 款規定，以聲請調解日當期之公告土地現值為準（財政部 81.1.28 台財稅字第 801791522 號函）。

8.土地所有權移轉，申報人申報移轉現值時所檢附之契約書與雙方私訂之買賣契約書，兩者訂約日期不同，其申報移轉現值之審核，究以何日之公告土地現值爲準乙案，經函准內政部 81.10.13 台內地字第 8112691 號函略以：「按平均地權條例第 47 條及土地稅法第 49 條規定，土地所有權移轉或設定典權時，權利人及義務人應檢同契約書及有關文件，共同申報土地移轉現值，故關於土地所有權移轉訂定契約日期之認定，宜以權利人及義務人共同申報土地移轉現值時所檢附契約書上之訂約日期爲準，據以審核其申報土地移轉現值。惟其所檢附之契約書訂約日期，經檢舉有造假之情形，如經查明屬實，自得按所查之眞實訂約日期，依規定審核其申報土地移轉現值。」（財政部 81.11.6 台財稅字第 810469021 號函）

9.○君等人所有土地協議合併，在未申報現值前地政機關即准予辦理合併登記，嗣經發現通知補正，其補報之現值，應依土地稅法第 30 條第 1 項第 2 款規定，以受理申報機關收件日當期之公告土地現值爲審核標準（財政部 83.12.22 台財稅字第 831627204 號函）。

10.土地稅法修正公布生效日之前訂約或法院判決確定移轉案件，於生效日之後始申報土地移轉現值，其屬一般合意移轉及形成判決以外之判決移轉者，原則上適用申報時之稅法規定；惟如於訂約或判決確定之日起 30 日內申報，而申報時之法律規定較爲不利者，應准其適用較有利之舊法規定辦理。至法院判決屬形成判決者，應適用判決確定時之稅法規定（財政部 90.5.21 台財稅字第 0900451860 號函）。

11.土地市價低於公告現值，按市價出售免課贈與稅（財政部 90.11.7 台財稅字第 0900457029 號令）。

土地買賣成交價低於公告土地現值，如納稅義務人能提供附近相同或類似用地於相當期間之買賣價格、法院拍定價格或其他客觀資料，證明市價確實低於公告土地現值，且其成交價與市價相當者，免依遺產及贈與稅法第 5 條第 2 款規定課徵贈與稅。

12.權利人於土地重劃後始持重劃前經法院判決移轉確定之判決書，單獨申報土地移轉現值，其移轉現值之審核，仍以申報人向法院起訴日當期之公告土地現值爲準。另查本案法院之判決係屬給付判決，而非形成判決，其所有權移轉應經登記始生效力，因此本案重劃費用證明書，仍應依市地重劃實施辦法第 36 條規定，以土地分配結果公告期滿之日土地登記簿所載土地所有權人○君爲核發對象，並於○君移轉土地時，自漲價總數額中扣除重劃負擔總費用（財政部 85.1.26 台財稅第 850034869 號函）。

13.○君將所有土地贈與其子，於訂立贈與契約後土地所有權移轉登記前，受贈人有要求贈與人履行贈與義務（移轉登記）之請求權，如受贈人於土地移轉登記前死亡，該項請求權即由其繼承人繼承，至於繼承人行使該項請求權後，經法院判決贈與人應履行贈與義務，將土地所有權移轉登記與請求權人，則土地既係因法院基於贈與之法律關係而判決移轉，其土地移轉現值之審核，自應依土地稅法第 30 條第 1 項第 4 款規定，以申報人向法院起訴日當期之公告土地現值爲準，徵收土地增值稅（財政部 86.12.7 台財稅第 861931560 號函）。

14.臺灣板橋地方法院民事執行處依金融機構合併法第 15 條第 3 項（現爲第 11 條第 2 項，且條文文字亦有修正）規定委託○金融資產服務股份有限公司辦理不動產拍賣，可比照法院拍賣之土地，依土地稅法第 30 條第 1 項第 5 款規定審核其移轉現值（財政部 92.8.28 台財稅字第 0920454764 號函）。

15.當事人協議時之公告土地現值與訂立契約時之公告土地

現值不同，其申報移轉現值究應以何者爲準一節，查土地稅法第 30 條第 1 項第 6 款（平均地權條例第 47 條之 1 第 1 項第 6 款）規定，經政府協議購買之土地，其申報移轉現值之審核標準係以政府購買日當期之公告土地現值爲準，所稱「購買日」係指買賣契約訂立之日而言。本案申報移轉現值之審核標準，應以訂約日當期之公告土地現值爲準（財政部 93.9.1 台財稅字第 0930475788 號函）。

16.夫妻一方死亡，生存配偶依民法第 1030 條之 1 規定行使剩餘財產差額分配請求權，於申報土地移轉現值時，應檢附其與全體繼承人協議給付文件或法院確定判決書，並准依土地稅法第 28 條之 2 規定，申請不課徵土地增值稅。有關生存配偶申報移轉現值之審核，其於生存配偶與全體繼承人訂立協議給付文件之日起 30 日內申報者，以訂立協議給付文件日當期之公告土地現值爲準；逾訂立協議給付文件之日 30 日後始申報者，以受理機關收件日當期之公告土地現值爲準；依法院判決移轉登記者，以申報人向法院起訴日當期之公告土地現值爲準。至原地價之認定，以應給付差額之配偶取得該土地時核計土地增值稅之現值爲原地價（財政部 96.12.26 台財稅字第 09604560470 號令）。

17.本部國有財產局（現爲國有財產署）依土地法第 73 條之 1 規定代爲標售逾期未辦理繼承登記之土地，爲簡化行政作業程序，得由該局（該署）函請稽徵機關查復相關欠稅費並核發土地增值稅繳款書，以供其自標售價款中扣繳，免再申報土地移轉現值。前述標售土地於核計土地增值稅時，其前次移轉現值應以被繼承人死亡時之公告土地現值爲準；其申報移轉現值之審核以決標日當期之公告土地現值爲準（財政部 97.3.6 台財稅字第 09704516310 號令）。

18.地方法院拍賣土地原按當期公告現值作爲其申報移轉現值課徵土地增值稅，嗣經地政機關更正該公告現值，有無本部85.2.27 台財稅第 851064321 號函釋之適用一案（財政部 97.7.29台財稅字第 09704535820 號函）。

說明：經法院拍賣之土地依稅捐稽徵法第 6 條第 3 項規定，稽徵機關於執行法院通知後，應依土地稅法第 30 條第 1 項第 5 款規定，以公告現值或拍定價額孰低者核定其移轉現值及土地增值稅，固毋庸由雙方當事人共同申報，惟土地拍賣已辦竣登記後，其據以課徵土地增值稅之公告現值經地政機關公告更正者，稽徵機關不論係依當事人中一方之申請或逕予更正原移轉現值及土地增值稅，通常會造成對一方有利、對另一方不利之利益衝突情形。另依法務部轉據司法院秘書長 97.5.16 秘台廳民二字第0970009641 號函略以：「依強制執行法所爲之拍賣，通說係解釋爲買賣之一種，即債務人爲出賣人，拍定人爲買受人，而以拍賣機關代替債務人立於出賣人之地位（最高法院 47 年台上字第152 號判例、49 年台抗字第 83 號判例及 80 年台抗字第 143 號判例參照）。」拍賣既是買賣之一種，本案仍應參照旨揭函釋第 2點之處理原則，由雙方當事人共同申請更正，以兼顧雙方之權益。本案參照旨揭函釋第 2 點規定，應俟當事人雙方共同申請更正時，稽徵機關始得據以辦理退補稅，故補徵稅額核課期間之起算日，亦應以當事人共同向稽徵機關申請更正之日爲準。

19.依都市更新條例等相關法令規定辦理權利變換地價改算或申報移轉現值之審核執行疑義一案，業經內政部於 97 年 10 月16 日邀集有關單位開會研商，獲致結論，應以權利變換計畫核定發布實施日當期公告土地現值爲準（財政部 97.11.4 台財稅字第 09700426970 號函）。

20.國、私有土地辦理交換，其土地申報移轉現值疑義乙案（財政部賦稅署 98.3.6 台稅三發字第 09804010370 號函）。

說明：經換出之國有土地，依土地稅法第 28 條但書規定，免徵土地增值稅，稽徵機關於核定其移轉現值時，應依土地稅法第 30 條之 1 第 1 款之規定，以實際出售價額爲準。至於該交換之私有土地移轉現值，應依同法第 30 條第 1 項第 6 款規定辦理。

21.土地所有權人依都市更新條例第 31 條第 2 項規定領取差額價金移轉土地時，應否課徵土地增值稅乙節，依內政部 95.4.10 內授營更字第 0950801738 號函及 95.8.22 內授營更字第 0950805277 號函釋，應視其權利變換分配結果而定，如土地所有權人除獲配完整土地及建築物面積單元外，尚有剩餘未達最小分配面積單元基準，該未達最小分配面積單元基準部分，因無法參與分配而改領現金，其土地增值稅應依同條例第 46 條第 5 款辦理；至能獲配數個完整土地及建築物面積單元，部分擬不參加分配而改領現金者，應依同條例第 46 條第 3 款規定辦理。權利變換計畫核定發布實施日後，原土地所有權人移轉其權利變換前所有之土地與新土地所有權人，嗣後新土地所有權人依該計畫移轉土地時，申報移轉現值之審核基準，依內政部 98.5.25 內授營更字第 0980805010 號函，以原土地所有權人申報移轉土地當期之公告土地現值爲準（財政部 98.6.22 台財稅字第 09800048830 號函）。

22.直轄市或縣（市）主管機關依地籍清理條例及祭祀公業條例規定代爲標售或受理申請代爲讓售土地案件，其土地移轉現值申報及現值核定基準疑義乙案（財政部 100.11.24 台財稅字第 10000391960 號函）。

說明：有關申報移轉現值之審核標準，代爲標售案件，以決標日當期之公告土地現值爲準；代爲讓售案件，以直轄市或縣（市）主管機關通知申購土地之寺廟或宗教性質法人限期繳納價款時之當期公告土地現值爲準。

23.生存配偶依民法第 1030 條之 1 規定行使剩餘財產差額分配請求權取得之土地，如以繼承辦理所有權登記，未改辦「剩餘財產差額分配」登記，經國稅稽徵機關通報案件，請依說明辦理（財政部 101.10.16 台財稅字第 10104038410 號函）。

說明：一、土地稅法第 28 條規定，已規定地價之土地，於土地所有權移轉時，應按其土地漲價總數額徵收土地增值稅。但因繼承而移轉之土地，免徵土地增值稅。旨揭土地依本部 89.6.20 台財稅第 0890450123 號函規定，應依土地稅法第 49 條規定，申報土地移轉現值課徵土地增值稅，並依同法第 5 條第 1 項第 2 款規定，以取得土地所有權之人爲納稅義務人。二、爲維護當事人權益並輔導其依法申報土地移轉現值，地方稅稽徵機關接獲通報後，應通知生存配偶與繼承人限期申報土地移轉現值，並提示生存配偶得依本部 96.12.26 台財稅字第 09604560470 號令規定，申請不課徵土地增值稅。如當事人屆期未申報者，應以生存配偶登記取得該土地之日當期公告現值爲土地移轉現值，核課土地增值稅。三、旨揭案件中如生存配偶已將所取得土地再行移轉者，地方稅稽徵機關免辦理輔導，應逕依法補徵土地增值稅。

24.權利人以原土地所有權人之繼承人爲被告提起請求土地所有權移轉登記訴訟案件，該繼承人於法院判決確定後死亡，嗣權利人依該判決申報土地移轉現值時，其申報移轉現值之審核，應以該繼承人死亡日當期之公告土地現值爲準（財政部 102.6.17 台財稅字第 10204567880 號令）。

25.土地所有權移轉經稅捐稽徵機關按公告土地現值徵收土地增值稅，於辦竣移轉登記後，因地政機關更正該公告土地現值，買賣雙方共同申請更正原申報之土地移轉現值致溢繳稅款者，稅捐稽徵機關應依稅捐稽徵法第 28 條第 2 項及第 3 項規定查明後按日加計利息一併退還（財政部 102.6.5 台財稅字第 10200021290 號令）。

26.夫妻離婚或婚姻關係存續中將法定財產制變更爲其他夫妻財產制，夫或妻一方依民法第 1030 條之 1 規定行使剩餘財產差額分配請求權，於申報土地移轉現值時，應檢附離婚登記、夫妻財產制變更契約或法院登記等法定財產制關係消滅之證明文件，及夫妻訂定協議給付文件或法院確定判決書，並准依土地稅法第 28 條之 2 規定，申請不課徵土地增值稅。二、申報移轉現值之審核，其於夫妻雙方訂定協議給付文件之日起 30 日內申報者，以訂定協議給付文件日當期之公告土地現值爲準；逾訂定協議給付文件之日起 30 日始申報者，以受理申報機關收件日當期之公告土地現值爲準；依法院判決移轉登記者，以申報人向法院起訴日當期之公告土地現值爲準。至原地價之認定，以應給付差額配偶取得該土地時核計土地增值稅之現值爲原地價，但法律另有規定者，依其規定（財政部 107.7.4 台財稅字第 10700509500 號令）。

第 30 條之 1（土地所有權移轉登記之依據）

依法免徵土地增值稅之土地，主管稽徵機關應依下列規定核定其移轉現值並發給免稅證明，以憑辦理土地所有權移轉登記：

一　依第 28 條但書規定免徵土地增值稅之公有土地，以實際出售價額為準；各級政府贈與或受贈之土地，以贈與契約訂約日當期之公告土地現值為準。

二 依第 28 條之 1 規定，免徵土地增值稅之私有土地，以贈與契約訂約日當期之公告土地現值為準。

三 依第 39 條之 1 第 3 項規定，免徵土地增值稅之抵價地，以區段徵收時實際領回抵價地之地價為準。

解說

(一)免稅土地，於日後再移轉如應徵收土地增值稅時，依本法第 31 條規定，應有前次移轉現值，故本條特明定其移轉現值並發給免稅證明，以作爲再移轉時計徵土地增值稅的依據，並憑免稅證明辦理土地所有權移轉登記，此爲本條的立法理由。

(二)本法第 28 條但書規定中的免稅包括繼承，但本條第 1 款規定並未包括繼承在內，顯然繼承不須申報移轉現值，亦不須憑本條所規定的免稅證明辦理繼承登記。

(三)本條第 3 款規定的「抵價地」，是指區段徵收時應予補償地價，但被徵收的土地地主並未領取補償的地價，而是於區段徵收後以可供建築的土地折算抵付，該折算抵付的土地，就是所謂的抵價地。

(四)第 28 條之 2 及之 3 所規定不課徵土地增值稅，並不在本條規定的範圍內。

(五)實務解釋：

1.土地所有權人依土地法第 34 條之 1 規定出售國私共有土地，本部國有財產局（現爲國有財產署）對該土地之處分有異議，其屬國有部分之免稅證明書得由申報人領取，據以辦理權利變更登記（財政部 84.3.2 台財稅第 831628472 號函）。

2.依法院判決移轉之公有土地，按土地稅法第 28 條但書規定既應免徵土地增值稅，其申報移轉現值之審核標準，自應適用同法第 30 條之 1 第 1 款規定，以實際出售價額爲準（財政部 93.5.13 台財稅字第 0930451901 號令）。

第 31 條（土地漲價總數額之計算）

土地漲價總數額之計算，應自該土地所有權移轉或設定典權時，經核定之申報移轉現值中減除下列各款後之餘額，為漲價總數額：

一　規定地價後，未經過移轉之土地，其原規定地價。規定地價後，曾經移轉之土地，其前次移轉現值。

二　土地所有權人為改良土地已支付之全部費用，包括已繳納之工程受益費、土地重劃費用及因土地使用變更而無償捐贈一定比率土地作為公共設施用地者，其捐贈時捐贈土地之公告現值總額。

前項第 1 款所稱之原規定地價，依平均地權條例之規定；所稱前次移轉時核計土地增值稅之現值，於因繼承取得之土地再行移轉者，係指繼承開始時該土地之公告現值。但繼承前依第 30 條之 1 第 3 款規定領回區段徵收抵價地之地價，高於繼承開始時該土地之公告現值者，應從高認定。

土地所有權人辦理土地移轉繳納土地增值稅時，在其持有土地期間內，因重新規定地價增繳之地價稅，就其移轉土地部分，准予抵繳其應納之土地增值稅。但准予抵繳之總額，以不超過土地移轉時應繳增值稅總額 5% 為限。

前項增繳之地價稅抵繳辦法，由行政院定之。

解說

(一)本條明定土地漲價總數額的計算方式，於民國 84 年 1

月 18 日修正第 1 項第 2 款，增訂「及因土地使用……」，其修正理由為：

1.因捐贈土地而變更餘留的土地使用分區，進而增加土地的價值。其土地之所以增加價值，是因所有權人犧牲捐贈土地的價值所致，亦即所捐贈的土地價值，實際上為保留土地的改良成本，故應於核計餘留土地漲價總數額中予以減除，始符公允，並可獎勵人民樂於配合政府的政策。

2.以捐贈土地捐贈時的公告現值作為減除數額標準與土地增值稅的課徵標準相一致，最為公允。

(二)規定地價後未經移轉的土地：

1.土地稅法施行細則第 46 條規定，本法第 31 條所稱土地漲價總數額，在原規定地價後未經移轉之土地，於所有權移轉或設定典權時，以其申報移轉現值超過原規定地價之數額為準。

2.本條第 2 項規定，所謂「原規定地價」，依平均地權條例的規定。

3.依平均地權條例第 38 條第 2 項規定，所謂原規定地價是指：

(1)中華民國 53 年規定的地價。

(2)其在中華民國 53 年以前已依土地法規定辦理規定地價者，以其第一次規定的地價為原規定地價。

(3)其在中華民國 53 年以後舉辦規定地價者，以其第一次規定的地價為原規定地價。

(三)規定地價後曾經移轉的土地：

1.本法第 31 條所稱土地漲價總數額，在原規定地價後曾經移轉之土地，於所有權移轉或設定典權時，以其申報移轉現值超過前次移轉時申報之現值之數額為準（土稅施則 47）。

2.繼承後再行移轉者，其前次移轉現值，是指繼承開始時該土地的公告現值。

3.土地稅法施行細則第 48 條規定，本法第 31 條所稱土地漲價總數額，在因繼承取得之土地，於所有權移轉或設定典權時，以其申報移轉現值超過被繼承人死亡時公告土地現值之數額為準。但繼承土地有左列各款情形之一者，以超過各該款地價之數額為準：

(1)被繼承人於其土地第一次規定地價以前死亡者，以該土地於中華民國 53 年之規定地價為準。該土地於中華民國 53 年以前已依土地法辦理規定地價，或於中華民國 53 年以後始舉辦規定地價者，以其第一次規定地價為準。

(2)繼承人於中華民國 62 年 2 月 8 日起至中華民國 65 年 6 月 30 日止，依當時遺產及贈與稅法第 57 條或依遺產稅補報期限及處理辦法之規定補報遺產稅，且於中華民國 65 年 12 月 31 日以前向地政機關補辦繼承登記者，以該土地補報繼承登記收件時之公告土地現值為準。

(3)繼承人於中華民國 62 年 2 月 8 日起至中華民國 65 年 6 月 30 日止，依當時遺產及贈與稅法第 57 條或依遺產稅補報期限及處理辦法之規定補報遺產稅，且於中華民國 66 年 1 月 1 日以後始向地政機關補辦繼承登記者，以其補報遺產稅收件時之公告土地現值為準。

(四)減除費用的證明文件（土稅施則 51）：

依本法第 31 條第 1 項第 2 款規定應自申報移轉現值中減除之費用，包括改良土地費用、已繳納之工程受益費、土地重劃負擔總費用及因土地使用變更而無償捐贈作為公共設施用地其捐贈土地之公告現值總額。但照價收買之土地，已由政府依平均地權條例第 32 條規定補償之改良土地費用及工程受益費不包括在內。

依前項規定減除之費用，應由土地所有權人於土地增值稅繳納期限屆滿前檢附工程受益費繳納收據、直轄市或縣（市）主管機關發給之改良土地費用證明書或地政機關發給之土地重劃負擔總費用證明書及因土地使用變更而無償捐贈作爲公共設施用地其捐贈土地之公告現值總額之證明文件，向主管稽徵機關提出申請。

(五)原規定地價或前次移轉現值應依本法第 32 條規定，以物價指數調整後再計算土地漲價總數額。

(六)土地漲價總數額的計算公式（土稅施則 50）：

土地漲價總數額= 申報土地移轉現值－(原規定地價或前次移轉時所申報之土地移轉現值×台灣地區消費者物價總指數／100)－(改良土地費用+工程受益費＋土地重劃負擔總費用＋因土地使用變更而無償捐贈作為公設用地其捐贈土地之公告現值總額)

(七)增繳地價稅抵繳土地增值稅：

1.在持有土地期間內，因重新規定地價已增繳了地價稅，顯然漲價已部分歸公，於移轉時再計徵土地增值稅，顯然重複漲價歸公，故本條第 3 項特別明定增繳的地價稅得抵繳土地增值稅，但額度只有應繳土地增值稅額的 5%。

2.行政院依本條第 4 項規定訂頒「增繳地價稅抵繳土地增值稅辦法」規定：

(1)加徵的空地稅，不適用於抵繳土地增值稅（第 2 條）。

(2)抵繳的計算公式（第 5 條）：

①土地所有權人在持有土地期間，經重新規定地價者，其增

繳之地價稅，自重新規定地價起（按新地價核計之稅額），每繳納 1 年地價稅抵繳該筆土地應繳土地增值稅總額 1%（繳納半年者，抵繳 0.5%）。如納稅義務人申請按實際增繳稅額抵繳其應納土地增值稅者，應檢附地價稅繳納收據，送該管稽徵機關按實抵繳，其計算公式如下：

A.原按特別稅率、公共設施保留地稅率及基本稅率課徵地價稅者：

增繳之地價稅=〔(最近一次重新規定地價之申報地價－取得土地時之原規定地價或重新規定地價之申報地價)×原課徵地價稅稅率〕×同稅率已徵收地價稅年數

B.原按累進稅率課徵地價稅者：

增繳之地價稅=〔$\frac{\text{各該户累進課徵地價稅土地每年地價稅額}}{\text{各該户累進課徵地價稅土地課徵地價總額}}$×(最近一次重新規定地價之申報地價－取得土地時之原規定地價或重新規定地價之申報地價)〕×同稅率已徵收地價稅年數

②依前項計算公式計算增繳之地價稅，因重新規定地價、地價有變動或使用情形變更，致適用課徵地價稅之稅率不同者，應分別計算之。

3.未抵繳的申請更正：土地所有權人收到土地增值稅繳納通知書後，發現主管稽徵機關未依本法第 31 條第 3 項計算增繳地價稅或所計算增繳地價稅金額不符時，得敘明理由，於土地增值稅繳納期限屆滿前向主管稽徵機關申請更正（土稅施則 52）。

(八)實務解釋：

1.某甲出售一筆土地，面積 0.3204 公頃，持分 4 分之 1，前次移轉現值爲每平方公尺 1 萬元，出售時，公告現值爲每平方公尺 5 萬元，物價指數爲 180%，持有期間並繳納工程受益費 10 萬元，其漲價總數額的計算爲：

前次移轉現值經由物價指數調整後為：10,000 元×180%=18,000元

每平方公尺漲價為：50,000 元－18,000 元=32,000 元

全部漲價扣除工程受益費後為：32,000元×3,204m^2×1/4－100,000 元=2,553.2 萬元

計算公式為：

50,000 元×3,204m^2×1/4－10,000 元×3,204 m^2×1/4×180%－100,000 元=25,532,000 元

2.土地所有權人於繳納土地增值稅後，辦理產權移轉登記前公告開徵之工程受益費，不得適用工程受益費徵收條例第 6 條規定，由土地買受人出具承諾書繳納辦法辦理。查工程受益費徵收條例第 6 條第 2、3 項規定，就土地及其改良物徵收之工程受益費，於各該工程開工之日起至完工後 1 年內開徵。第 1 項受益範圍內之土地及其改良物公告後之移轉，除因繼承者外，應由買受人出具承諾書，願依照規定繳納未到期之工程受益費或先將工程受益費全部繳清，始得辦理移轉登記；經查封拍賣者亦同。上項所規定由買受人承諾繳納工程受益費之辦法，僅對土地移轉登記前未到期之工程受益費而言。本案土地所有權人出售土地繳納土地增值稅後，在未辦理產權移轉登記前，該項土地工程受益費既已開徵，自不適用上開法條所稱未到期之工程受益費，由買受人出具承諾書繳納之規定，仍應由土地所有權人繳納，並准於土地漲價總數額中扣除，其溢繳之土地增值稅准予退還（財政部67.7.18 台財稅字第 34752 號函）。

3.法院拍賣之土地，倘承買人承諾願意代繳原土地所有權人欠繳之工程受益費，於繳納通知書註明代繳人（即承買人）名稱或姓名，嗣後該土地再次移轉時，准自漲價總數額中扣除該代繳費額後核計土地增值稅（財政部 77.1.12 台財稅字第 761135430 號函）。

4.遺贈土地，其前次移轉現值之認定應以繼承開始時該土地之公告土地現值爲準（財政部 83.7.2 台財稅字第 830298290 號函）。

5.贈與取得之土地，經依遺產及贈與稅法第 15 條規定併入贈與人之遺產總額課徵遺產稅後，受贈人於繼承原因發生日後再次移轉該土地，核課土地增值稅時，其前次移轉現值以繼承時之公告土地現值爲準（財政部 83.11.17 台財稅字第 831620404 號函）。

6.土地所有權人僅將已改良之土地部分移轉，其已支付之改良土地費用，應按改良土地總面積平均分攤，再依實際移轉部分之面積比例計算，自該移轉部分土地之漲價總數額中扣除。同一筆（同一地號）土地，雖僅作部分之改良，其土地之增值應及於整筆土地，故其改良費用自應分攤於整筆土地面積，倘土地整筆移轉時，則其改良費自漲價中一次扣除。若土地僅係部分移轉時，則其改良費應按整筆土地面積平均分攤，再依實際移轉部分之面積比例計算，自該移轉部分土地之漲價總額中扣除（財政部 70.5.13 台財稅字第 33814 號函）。

7.土地稅法第 31 條中所稱前次移轉時核計土地增值稅之「現值」，係指以每一筆土地之每平方公尺單價爲計算標準所核計之土地現值。查地政機關之土地公告現值，係僅公告每筆地號土地之每平方公尺單價，而非該筆地號土地之總價；且在實務上稽徵機關亦均係以每一筆地號土地之每平方公尺單價，爲核算該筆地號土地現值之標準。爲期地政與稅務機關處理一致，仍應以每筆地號土地之每平方公尺單價爲計算標準（財政部 71.2.18 台財稅字第 31114 號函）。

8.土地所有權人移轉其所有重劃後部分土地，檢附重劃前已繳納之工程受益費收據申請扣抵土地漲價總數額時，應按重劃後分配之土地總面積分攤，再就實際移轉部分比例計算（財政部 74.10.4 台財稅字第 22965 號函）。

9.數人共有一筆或多筆土地，於重劃完成後再行分割，各取得其中一筆或數筆土地，嗣後再移轉時，其於重劃時實際支付之重劃費用，應准自分割後取得之土地漲價總數額中扣減後計課土地增值稅（財政部 76.2.28 台財稅字第 7632023 號函）。

10.土地所有權人所有同一重劃區內土地分批移轉，在計算土地漲價總數額時，如已移轉之土地所負擔之重劃費用超過未扣除費用前之土地自然漲價數額，其超過部分之重劃費用不得遞移至其餘土地移轉時，與該其餘土地之土地改良費用合併扣除（財政部 80.9.5 台財稅字第 800336708 號函）。

11.土地改良，未依平均地權條例施行細則第 12 條規定之程序申請驗證登記，不得依據當地鄉公所核發之證明書所列金額予以認定其土地改良費用，自土地漲價總數額中扣除（財政部 72.2.24 台財稅字第 31209 號函）。

12.分次取得土地所有權，一次或分次移轉時，核算土地增值稅應依左列規定辦理：

(1)同一土地所有權人於同一宗土地分次取得所有權後，再將其全部持分一次移轉，應按各次取得之持分及其原地價分別核算。

(2)同一土地所有權人就同一宗土地，分次取得後再分次移轉，如經查明確認其移轉之持分係在何時取得及取得時之移轉現值，應以移轉各該持分之原地價認定。至分別確認移轉持分之原地價有困難時，應按各次取得之比例認定之（財政部 78.3.31 台財稅字第 780024585 號函）。

13.重劃土地，土地所有權人於重劃後，應分配權利面積如已達最小分配面積標準，申請自願放棄分配土地，改發現金補償地價者，其性質與政府協議購買之土地所有權移轉類似，故宜依土地稅法第 30 條第 1 項第 6 款規定，以政府核定改發現金補償地價之日當期公告土地現值為審核標準，課徵土地增值稅，但政府發給補償地價低於上開公告土地現值者，以政府發給地價為準。本案○君等六人，因市地重劃於土地分配結果公告期間申請放棄分配土地改領現金補償，如其應分配權利面積已達最小分配面積標準者，自應依上揭規定課徵土地增值稅；又該等土地既已參與市地重劃，其負擔之重劃費用，依土地稅法第 31 條第 1 項第 2 款規定，應可自經核定之申報移轉現值中減除。另倘其符合內政部 85.12.21 台（85）內地字第 8588990 號函修正之平均地權條例第 42 條第 3 項（93.3.24 修正為第 4 項）補充規定第 2 點「本法第 3 項所稱『重劃後』第一次移轉，係指『重劃土地分配結果公告確定日以後』之第一次移轉」或第 6 點「土地所有權人以重劃前土地標示申報移轉現值，其土地所有權於重劃後始申請移轉登記」之相關規定者，其土地增值稅亦應准依土地稅法第 39 條第 4 項規定減徵（財政部 87.4.1 台財稅第 871936651 號函）。

14.配偶相互贈與之土地，經核准依土地稅法第 28 條之 2 規定不課徵土地增值稅，嗣該土地依遺產及贈與稅法第 15 條規定併入贈與人之遺產總額課徵遺產稅，受贈人於繼承原因發生日後再次移轉核課土地增值稅時，其前次移轉現值應以繼承時之公告土地現值爲準（財政部 87.9.17 台財稅第 870663048 號函）。

15.○君死亡所遺留之土地，雖經法院判決共有物分割，由共有人單獨申報移轉現值並繳納土地增值稅後，遺產管理人始代爲申報遺產稅，其分割時核計土地增值稅之前次移轉現值，仍應以土地所有權人死亡時之公告現值爲準，其原溢繳之土地增值稅並應准予退還（財政部 88.4.14 台財稅第 880217070 號函）。

16.檢送內政部令頒有關平均地權條例施行細則第 12 條第 2 項所稱「按宗」發給證明之核釋乙份（財政部 90.8.1 台財稅字第 0900043285 號函）。

附件：內政部 90.7.23 台（90）內地字第 9069449 號令

平均地權條例施行細則第 12 條第 2 項（條文內容已有修正）所稱「按宗」發給證明，原則上依改良土地面積比例計算，但同一開發許可或建築執照之申請案件，其土地所有權人得於工務（建設）機關核定之總改良土地費用額度內，就開發範圍內全部或部分土地，於申請書內自行載明各筆地號攤提之改良土地費用金額，向工務（建設）機關申請發給改良土地費用證明。工務（建設）機關已核定之改良土地費用證明書所載之各宗土地改良費用金額，如申請人尚未據以自申報土地移轉現值減除，且符合前項原則者，工務（建設）機關得重新受理核發改良土地費用證明，已全部減除者，申請人不得重新申請核發。

17.爲改良土地已支付之全部費用如何依土地稅法第 31 條第 1 項第 2 款規定減除一案（財政部 90.8.24 台財稅字第 0900455397 號函）。

說明：按內政部 90.7.23 台（90）內地字第 9069449 號令規

定，略以：「平均地權條例施行細則第 12 條第 2 項（條文內容已有修正）所稱『按宗』發給證明，原則上依改良土地面積比例計算，但同一開發許可或建築執照之申請案件，其土地所有權人得於工務（建設）機關核定之總改良土地費用額度內，就開發範圍內全部或部分土地，於申請書內自行載明各筆地號攤提之改良土地費用金額，向工務（建設）機關申請發給改良土地費用證明。」次查土地稅法施行細則第 51 條（條文內容已有修正）規定，土地漲價總數額之計算，自申報移轉現值中減除之改良土地費用，應由土地所有權人於土地增值稅繳納期限屆滿前檢附工務（建設）機關（現爲直轄市或縣（市）主管機關）發給之改良土地費用證明書，向主管稽徵機關提出申請，故稽徵機關於計算土地漲價總數額時，有關土地改良費用之認定，應以工務（建設）機關發給改良土地費用證明書爲準據。是以，本案改良土地費用之減除仍應依本部 70.5.13 台財稅第 33814 號函規定辦理，惟如經查明屬同一開發許可或建築執照之申請案件，且經土地所有權人依上開內政部令規定，於改良土地查驗／複勘申請書內自行載明各筆地號攤提之改良土地費用金額，向工務（建設）機關申請發給改良土地費用證明者，稽徵機關應得依證明書所列各筆土地之改良土地費用金額，自該筆土地之漲價總數額中扣除。至於因土地使用變更而無償捐贈土地作公共設施用地部分，基於其捐贈理由係爲土地變更編定使用，其效益應及於剩餘各筆土地之各點，故其捐贈土地公告現值之減除，仍應依本部 84.9.21 台財稅第 841647815 號函規定，按其餘土地面積平均分攤，再依實際移轉部分之面積比例計算。

18.新登記或其他原因依平均地權條例施行細則第 25 條規定補辦規定地價者，以第一次之申報地價爲原規定地價，其年月以其通知申報之日期爲準。土地流失後浮覆，不論原所有權人係於土地流失前或後死亡，繼承人依土地法第 12 條及行政院 86.6.10 台 86 內字第 23461 號函規定，辦理回復所有權登記，其原地價認定標準，應以回復所有權登記後第一次之申報地價爲原規定地價，其年月以其通知申報之日期爲準（財政部 90.12.4 台財稅字第 0900457426 號令）。

19.土地所有權人○君持有土地期間內，因重新規定地價應增繳之地價稅，有部分年期之稅款尚未繳納，嗣後該土地因法院拍賣而移轉，稽徵機關得准其就已繳納年期之增繳地價稅抵繳土地增值稅（財政部 93.4.2 台財稅字第 0930451954 號函）。

說明：依土地稅法第 31 條第 3 項及增繳地價稅抵繳土地增值稅辦法第 6 條規定，增繳地價稅之抵繳，係以有增繳之事實爲要件，本案○君於持有該移轉土地期間，既有因重新規定地價而增繳部分年期地價稅之事實，應准就該已增繳年期之地價稅抵繳其應納之土地增值稅。

20.原持有應稅土地之土地所有權人，利用應稅土地與免徵或不課徵土地增值稅之土地，安排形成共有關係，經分割後再移轉應稅土地者，無論再移轉時之納稅義務人是否爲原土地所有權人名義，依實質課稅原則及土地稅法第 28 條、第 31 條規定，該土地於分割後再移轉時，應以其分割前之原規定地價或前次移轉現值爲原地價，計算漲價總數額課徵土地增值稅；本解釋令發布前類此上開經共有分割且再移轉之案件，應依上述規定補徵其土地增值稅（財政部 93.8.11 台財稅字第 09304539730 號令）。

21.○君先後取得二筆土地所有權，其中一筆土地符合自用住宅用地要件，嗣合併爲一筆土地出售，倘稽徵機關依據地政機關合併分算之原規定地價或前次移轉現值核計土地增值稅後，如○君申請以合併前先後取得土地之前次移轉現值核計土地增值稅，應准予辦理（財政部 94.12.26 台財稅字第 09404588450 號函）。

22.依土地稅法第 31 條第 1 項第 2 款規定准自經核定之申報移轉現值中減除之改良土地費用，應符合下列條件：(1)係由土地所有權人所支付。(2)支付目的係爲改良該移轉之土地。(3)已完成支付程序。因土地使用變更而無償捐贈一定比率土地作爲公共設施用地，且符合上述條件者，雖辦竣捐贈登記係在其餘留土地移轉之後，如土地所有權人於捐贈土地完成後，於行政程序法第 128 條第 2 項規定期間內提出申請者，該捐贈土地之公告現值總額仍准自已移轉餘留土地之申報移轉現值中減除（財政部 95.3.22 台財稅字第 09504520060 號令）。

23.未辦繼承登記之土地參與農村社區土地重劃，其重劃土地分配結果公告確定，地政單位原以土地登記簿所載土地所有權人名義核發重劃負擔總費用證明書，嗣於繼承人辦妥繼承登記後再移轉時，該證明書之核發對象仍應更正爲辦竣繼承登記之繼承人，其重劃費用始准自土地漲價總數額中減除（財政部 96.8.1 台財稅字第 09604535750 號函）。

24.檢送內政部 96.12.12 台內地字第 0960189630 號函影本一份（財政部 96.12.17 台財稅字第 09600533400 號函）。

附件：內政部 96.12.12 台內地字第 0960189630 號函

本部 90.7.23 台（90）內地字第 9069449 號令係考量整體開發案件全區土地之利用方式，再進行土地改良，改良後之增值係因整體利用而產生，對全區土地同時產生增值利益，避免土地所有權人難以界定投資於各宗土地之改良費用，且鼓勵土地所有權人進行土地改良，規定土地所有權人於總改良土地費用額度內，就開發範圍內全部或部分土地，於申請書內自行載明各筆地號攤提之改良土地費用金額，向工務（建設）機關申請發給改良土地費用證明，另考量課稅之穩定性避免涉及已核課確定案件之退補稅問題，故有已全部或部分減除者，申請人不得重新申請核發之規定，合先敘明。惟業經土地移轉已扣減部分改良土地費用，土地所有權人要求依上開函示規定就尚未移轉扣減部分，重新分配各筆地號攤提之改良土地費用金額，如單純對未扣減部分，提出重新分配各筆地號攤提之改良土地費用金額，不涉已核課確定案件之退補稅問題，得就尚未移轉扣減部分，重新分配各筆地號攤提之改良土地費用金額。

25.納稅義務人繼承取得土地後發生地籍圖重測，面積變更，繼承人嗣後再移轉該土地時，其前次移轉現值之認定，依土地稅法第 31 條第 2 項及參酌財政部 96.9.20 台財稅字第 09604545640 號令釋規定，如經查明係因重測前界址重疊或經土地登記機關確認登記錯誤者，得以繼承開始時該土地每平方公尺單價及重測後土地面積爲準（財政部賦稅署 99.12.29 台稅三發字第 09904132330 號函）。

26.經洽據內政部 101.8.16 內授中辦地字第 1016037899 號函復，本案土地於 95 年 10 月 25 日平均地權條例施行細則第 88 條規定修正前參與市地重劃，並經地政機關依當時法令規定計算原規定地價及前次移轉現值，嗣該土地於 101 年 1 月 30 日申報移轉，以修正後平均地權條例施行細則第 88 條規定，認定該土地之原規定地價及前次移轉現值。本案請依上開意見辦理（財政部 101.10.4 台財稅字第 10100645070 號函）。

27.依土地法第 34 條之 1 出售之共有土地，共有人於該土地申報土地移轉現值後，尚未辦竣移轉登記前死亡，嗣繼承人移轉該土地准以繼承開始時之公告土地現值爲前次移轉現值重新核計土地增值稅（財政部賦稅署 104.9.21 臺稅財產字第 10404032420 號函）。

28.土地贈與及二親等以內親屬間土地買賣，經依法核課贈與稅後，贈與人或出賣人死亡，該土地依遺產及贈與稅法第 15 條規定併入其遺產總額課徵遺產稅，地政機關得依遺產稅繳（免）稅證明書釐正前次移轉現值（財政部 102.5.9 台財稅字第 10200535190 號函）。

29.原土地所有權人死亡，其繼承人怠於辦理繼承登記，致依土地法第 73 條之 1 規定經財政部國有財產署標售，該土地標售時，如經稅捐稽徵機關就其可獲致之一切資料查明原所有權人死亡日，據以認定前次移轉現值並核課土地增值稅，縱嗣後再轉繼承人申請更正前次移轉現值，並申請退還溢繳稅款，尚難謂稅捐稽徵機關有適用法令錯誤及計算錯誤之情事，爰無稅捐稽徵法第 28 條規定之適用（財政部賦稅署 105.1.30 台稅財產字第 10404647390 號函）。

第 31 條之 1（信託土地課徵土地增值稅之情形及其計算）

依第 28 條之 3 規定不課徵土地增值稅之土地，於所有權移轉、設定典權或依信託法第 35 條第 1 項規定轉為受託人自有土地時，以該土地第一次不課徵土地增值稅前之原規定地價或最近一次課徵土地增值稅時核定之申報移轉現值為原地價，計算漲價總數額，課徵土地增值稅。但屬第 39 條第 2 項但書或第 3 項但書規定情形者，其原地價之認定，依其規定。

因遺囑成立之信託，於成立時以土地為信託財產者，該土地有前項應課徵土地增值稅之情形時，其原地價指遺囑人死亡日當期之公告土地現值。

以自有土地交付信託，且信託契約明定受益人為委託人並享有全部信託利益，受益人於信託關係存續中死亡者，該土地有第 1 項應課徵土地增值稅之情形時，其原地價指受益人死亡日當期之公告土地現值，但委託人藉信託契約，不當為他人或自己規避或減少納稅義務者，不適用之。

第 1 項土地，於計課土地增值稅時，委託人或受託人於信託前或信託關係存續中，有支付第 31 條第 1 項第 2 款改良土地之改良費用或同條第 3 項增繳之地價稅者，準用該條之減除或抵繳規定；第 2 項及第 3 項土地，遺囑人或受益人死亡後，受託人有支付前開費用及地價稅者，亦準用之。

本法中華民國 104 年 7 月 1 日修正施行時，尚未核課或尚未核課確定案件，適用前二項規定。

解說

(一)本條文係本法於民國 90 年 6 月 13 日修正時所增訂，嗣於民國 104 年 7 月 1 日及 110 年 6 月 23 日修正。

(二)信託土地，依本法第 28 條之 3 規定，雖有五種情形不課徵土地增值稅，但依本法第 5 條之 2 規定有應課徵土地增值稅的情形，故其計算土地漲價總數額時，有關之「原地價」應明確規範，是為本條立法的主要意旨。

(三)原地價的認定：

1.以不課徵土地增值稅前的原規定地價或最近一次課徵土地增值稅時核定之申報移轉現值為原地價：

(1)受託人就受託土地於信託關係存續中，有償移轉所有權、設定典權或依信託法第 35 條第 1 項規定轉為受託人自有土地時（詳見第 5 條之 2），應課徵土地增值稅，其雖以受託人爲納稅義務人，但信託土地實質上爲委託人所有，故計算土地漲價總數額時，以信託移轉不課徵土地增值稅前——即委託人持有期間的原規定地價或最近一次課徵土地增值稅時核定之申報移轉現值爲原地價。

(2)本條文第 1 項「但屬第 39 條第 2 項但書規定情形者，其原地價之認定，依其規定」，係指依都市計畫法指定的公共設施保留地尚未被徵收前的移轉，免徵土地增值稅。但經變更爲非公共設施保留地後再移轉時，以該土地第一次免徵土地增值稅前的原規定地價或最近一次課徵土地增值稅時核定之申報移轉現值爲原地價。詳言之，都市計畫之公共設施保留地，可能多次移轉後變更爲非公共設施保留地，嗣再信託移轉，亦可能多次移轉後信託移轉，嗣變更爲非公共設施保留地。似此，該信託土地有本法第 5 條之 2 規定應課徵土地增值稅時，均以該土地第一次免徵土地增值稅前的原規定地價或最近一次課徵土地增值稅時核定之申報移轉現值爲原地價。

2.以遺囑人死亡日當期的公告現值爲原地價：依民國 90 年 6 月 13 日修正增訂的遺產及贈與稅法第 3 條之 2 第 1 項規定，因遺囑成立的信託，於遺囑人死亡時，其信託財產應依本法規定課徵遺產稅。故該信託土地已繳納遺產稅，而且已屬受益人所有，故於有應課徵土地增值稅的情形時，以遺囑人死亡日當期的公告土地現值爲原地價。

3.以受益人死亡日當期的公告現值爲原地價：根據前開增訂的遺產及贈與稅法第 3 條之 2 第 2 項規定，信託關係存續中受益人死亡時，應就其享有信託利益之權利未領受部分，依本法規定課徵遺產稅。因自益信託土地既已依法繳納遺產稅，故於有應課徵土地增值稅的情形時，以受益人死亡日當期之公告土地現值爲原地價。

(四)減除與抵繳：由於原地價逆推至委託人持有期間，故於委託人持有期間及受託人於信託關係存續中所支付的土地改良費用得予以從土地漲價總數額中減除，其增繳的地價稅，亦得依法予以抵繳。至於遺囑人或受益人死亡後，受託人有支付土地改良費用及增繳地價稅之情事，亦得比照前開規定辦理。

第 32 條（物價變動時之調整）

第 31 條之原規定地價及前次移轉時核計土地增值稅之現值，遇一般物價有變動時，應按政府發布之物價指數調整後，再計算其土地漲價總數額。

解說

(一)由於原規定地價或前次移轉時核計土地增值稅的現值，可能年代久遠，物價及幣值均有變動，故應以物價指數予以調整，以示公允，此爲本條的立法理由。

(二)所謂用以調整的物價指數，原係一般躉售物價指數，但爲切合實際，平均地權條例施行細則第 55 條於民國 103 年 1 月 13 日修正爲應按平均地權條例第 47 條之 1 審核申報移轉現值所屬年月已公告的最近台灣地區消費者物價總指數，調整原規定地價或前次移轉時申報的土地移轉現值。

(三)土地稅法施行細則第 49 條及第 50 條配合修正爲以台灣地區消費者物價總指數予以調整。

(四)實務解釋：

1.土地稅法施行細則第 34 條（現行細則第 49 條）規定：「依本法第 32 條規定計算土地漲價總數額時，應按土地權利人及義務人向當地地政事務所申報移轉現值收件當時最近一個月已公告之一般躉售物價指數（現行規定改爲消費者物價總指數）調整原規定地價及前次移轉時核計土地增值稅之現值」，旨在使土地漲價總數額之計算臻於公平合理，與憲法第 19 條並無牴觸（司法院大法官會議釋字第 196 號解釋）。

2.土地稅法第 32 條有關原規定地價及前次移轉時核計土地增值稅之現值，物價指數調整及其基期應依左列規定處理：惟在土地移轉現值審核 68 年 7 月改由稅捐稽徵機關受理（台灣省 68.8.1、台北市 68.7.1）前部分土地移轉案件之收件日期無法查考者，即以土地所有權狀或地政機關土地登記簿記載土地移轉原因發生日期已公布之最近月份物價指數爲基準。土地稅法第 32 條規定遇一般物價有變動時，應按政府發布之物價指數調整原規定地價及前次移轉時核計土地增值稅之現值後，再計算土地漲價總數額；其須考慮物價指數因素，目的在確切計算自然漲價之數額以免按表面上之漲價數額計課土地增值稅，如因季節性之波動發生物價指數降低時，此一降低因素不能用以作爲調整之因素，而使土地漲價數額超過其實際之漲價數額。基於上述理由遇物價指數降低時，原地價或前次移轉時核計土地增值稅之現值應不予調整（財政部 69.4.17 台財稅第 33131 號函）。

第 33 條（土地增值稅之稅率）

土地增值稅之稅率，依下列規定：

一　土地漲價總數額超過原規定地價或前次移轉時核計土地增值稅之

現值數額未達 100% 者，就其漲價總數額徵收增值稅 20%。

二　土地漲價總數額超過原規定地價或前次移轉時核計土地增值稅之現值數額在 100% 以上未達 200% 者，除按前款規定辦理外，其超過部分徵收增值稅 30%。

三　土地漲價總數額超過原規定地價或前次移轉時核計土地增值稅之現值數額在 200% 以上者，除按前二款規定分別辦理外，其超過部分徵收增值稅 40%。

因修正前項稅率造成直轄市政府及縣（市）政府稅收之實質損失，於財政收支劃分法修正擴大中央統籌分配稅款規模之規定施行前，由中央政府補足之，並不受預算法第 23 條有關公債收入不得充經常支出之用之限制。

前項實質損失之計算，由中央主管機關與直轄市政府及縣（市）政府協商之。

公告土地現值應調整至一般正常交易價格。

全國平均之公告土地現值調整達一般正常交易價格 90% 以上時，第 1 項稅率應檢討修正。

持有土地年限超過 20 年以上者，就其土地增值稅超過第 1 項最低稅率部分減徵 20%。

持有土地年限超過 30 年以上者，就其土地增值稅超過第 1 項最低稅率部分減徵 30%。

持有土地年限超過 40 年以上者，就其土地增值稅超過第 1 項最低稅率部分減徵 40%。

解說

(一)本條於民國 94 年 1 月 30 日修正，降低稅率，並增訂長期持有之減徵規定。

(二)本條規定與平均地權條例第 40 條相同，其立法理由在於土地增值稅爲實行漲價歸公的方法，土地法原規定除所有權移轉時徵收增值稅外，並得於經歷一定期間後，雖無產權移轉，亦得課繳「定期增值稅」；然而此項定期增值稅，以既無產權移轉，土地雖有自然增值，但所有權人並未獲得現款，若仍課以重稅，實無力繳納，各國已行此稅者，均感課繳困難，故平均地權條例及本法廢除「定期增值稅」，特規定土地漲價應予收歸公有的具體辦法，亦即分別明示土地增值稅的稅率，以爲日後課徵增值稅的依據，以期加強漲價歸公的效果，促進土地的合理交易及正常利用。

(三)本條規定的土地增值稅稅率，是採取所謂的「倍數累進稅率」：

1.以土地漲價總數額——即依本法第 31 條計算出來的結果，與原規定地價或前次移轉時申報的現值數額相比較，未達 100% 者，即一倍以下者，就其漲價總數額，乘以 20% 的稅率，即是土地增值稅額。

2.依本法第 31 條計算出來的土地漲價總數額，與原規定地價或前次移轉時申報的現值數額相比較，在 100% 以上而未達 200% 者，即一倍以上二倍以下者，其中未達一倍的部分，以 20% 的稅率計徵土地增值稅；一倍以上未達二倍的部分，以 30% 的稅率計徵土地增值稅。

3.依本法第 31 條計算出來的土地漲價總數額，與原規定地價或前次移轉時申報的現值數額相比較，在 200% 以上者，即二倍以上者，其中未達一倍的部分，以 20% 的稅率計徵土地增值稅；在一倍以上未達二倍的部分，以 30% 的稅率計徵土地增值稅；在二倍以上的部分，以 40% 的稅率計徵土地增值稅。

(四)土地增值稅應徵稅額之計算公式（土稅施則 53）：

稅級別	計算公式
第一級	應徵稅額＝土地漲價總數額【超過原規定地價或前次移轉時申報現值（按臺灣地區消費者物價總指數調整後）未達100%者】×稅率（20%）
第二級	應徵稅額＝土地漲價總數額【超過原規定地價或前次移轉時申報現值（按臺灣地區消費者物價總指數調整後）在100%以上未達200%者】×【稅率（30%）－[(30%－20%)×減徵率]】－累進差額（按臺灣地區消費者物價總指數調整後之原規定地價或前次移轉現值×A) 註：持有土地年限未超過20年者，無減徵，A為0.10 持有土地年限超過20年以上者，減徵率為20%，A為0.08 持有土地年限超過30年以上者，減徵率為30%，A為0.07 持有土地年限超過40年以上者，減徵率為40%，A為0.06
第三級	應徵稅額＝土地漲價總數額【超過原規定地價或前次移轉時申報現值（按臺灣地區消費者物價總指數調整後）在200％以上者】×【稅率（40%）－[(40%-20%)×減徵率]】－累進差額（按臺灣地區消費者物價總指數調整後之原規定地價或前次移轉現值×B) 註：持有土地年限未超過20年者，無減徵，B為0.30 持有土地年限超過20年以上者，減徵率為20%，B為0.24 持有土地年限超過30年以上者，減徵率為30%，B為0.21 持有土地年限超過40年以上者，減徵率為40%，B為0.18

(五)長期持有土地減徵土地增值稅之持有年限認定原則（94.3.17 財政部台財稅第 09404517050 號函）：

土地稅法第 33 條關於長期持有土地減徵土地增值稅之規定，其持有年限起、迄之認定時點，應依下列規定辦理：1.土地持有期間之起算點：(1)依民法第 758 條規定：「不動產物權，依法律行為而取得、設定、喪失及變更者，非經登記，不生效力。」，故於一般情形下，係以登記日爲取得土地所有權之時點。另同法第 759 條規定：「因繼承、強制執行、公用徵收或法院之判決，於登記前已取得不動產物權者，非經登記，不得處分其物權。」。準此，則應以該繼承等原因事實或法律行爲發生致產權實際變動時，爲取得不動產物權之時點。據上，其持有期間之起算點分別爲：A. 因一般合意移轉及形成判決以外之判決而取得者，爲完成移轉登記之日。B. 因繼承而取得者，爲繼承發生之日。C. 因執行機關拍賣而取得者，爲領得權利移轉證書之日。但稽徵機關就該日期之查證有困難者，得以權利移轉證書所載核發日期爲準。D. 因徵收而取得者，爲補償費發給完竣之日。但稽徵機關就該日期之查證有困難者，得以徵收公告期滿第 15 日爲準。E.因法院之形成判決而取得者，爲判決確定之日。(2)信託土地、配偶相互贈與之土地、農業用地等不課徵或公共設施保留地免徵土地增值稅案件，於再移轉並應課徵土地增值稅時，其持有期間以第一次不課徵或免徵土地增值稅前取得土地所有權之時點爲準。2. 關於土地持有期間年限之截止時點之認定，除下列二種情形外，應以向稽徵機關申報土地移轉現值之申報日爲準：(1)因執行機關拍賣而移轉者，以拍定日爲準。(2)因法院之形成判決而移轉者，爲判決確定日爲準。

(六)土地增值稅之計算：

1.第一公式：計算土地漲價總數額

申報移轉現值－【原地價×（臺灣地區消費者物價總指數/100）】－（土地改良費＋工程受益費＋土地重劃負擔總費用＋因土地使用變更而無償捐贈作爲公共設施用地其捐贈土地之公告現值總額）＝土地漲價總數額

上式假設爲：A－B－C＝D

2.第二公式：決定稅率並計算稅額

(1)第一級：B＞D（無持有二十年以上之減徵）；稅率 20%

公式：D×20%＝稅額

例：A100－B50－C20＝D30　　B50＞D30

故：30×20%＝稅額 6

(2)第二級：B＜（或＝）D＜2B；稅率 30%

①持有未滿二十年（持有未滿二十年無減徵）

公式：D×30%－B×0.1＝稅額

例：A100－B40－C10＝D50　　B40＜D50＜2B80

故：50×30%－40×0.1＝稅額 11

原理0→B→D

　　↓　↓

20%　30%，其中 0→B稅率 20%，全部以 30% 算，多算了 10%，爲累進差額應予減去，故 B×0.1

②持有滿二十年＜持有未滿三十年

公式：D×28%－B×0.08＝稅額

如前例：A100－B40－C10＝D50　　B40＜D50＜2B80

故：50×28%－40×0.08＝稅額10.8

公式：D×28%－B×0.08＝稅額→原理：

因稅法規定持有二十年以上就超過最低稅率部分減徵 20%

故D×【30%－(30%－20%)×20%】－B×0.08＝稅額

即D×28%－B×0.08＝稅額

0→B→D

↓　　↓

20%　28%　其中 0→B 稅率 20%，全部以 28% 算，多算了 8%，爲累進差額應予減去，故 B×0.08

③持有滿三十年＜持有未滿四十年

公式：D×27%－B×0.07＝稅額

如前例：A100－B40－C10＝D50　　B40＜D50＜2B80

故：50×27%－40×0.07＝稅額 10.7

公式：D×27%－B×0.07＝稅額→原理：

因稅法規定持有三十年以上就超過最低稅率部分減徵 30%

故D×【30%－(30%－20%)×30%】－B×0.07＝稅額

即D×27%－B×0.07＝稅額

0→B→D

↓　↓

20%　27%　其中 0→B 稅率 20%，全部以27%算，多算了7%，爲累進差額應予減去，故 B×0.07

④持有滿四十年

公式：D×26%－B×0.06＝稅額

如前例：A100－B40－C10＝D50　　B40＜D50＜2B80

故：50×26%－40×0.06＝稅額 10.6

公式：D×26%－B×0.06＝稅額→原理：

因稅法規定持有四十年以上就超過最低稅率部分減徵 40%

故D×【30%－(30%－20%)×40%】－B×0.06＝稅額

即D×26%－B×0.06＝稅額

0→B→D

20% 26%　其中 0→B 稅率 20%，全部以 26% 算，多算了6%，爲累進差額應予減去，故 B×0.06

(3)第三級：2B＜（或＝）D；稅率 40%

①持有未滿二十年

公式：D×40%－B×0.3＝稅額

例：A100－B20－C10＝D70　　2B40＜D70

故：70×40%－20×0.3＝稅額 22

原理：0→B→2B→D

　　↓　↓　↓

　　20% 30% 40%，其中 0→B 稅率 20%，全部以 40% 算，多算了 20%；B→2B 稅率 30%，全部以 40% 算，多算了 10%；全部多算了 30%，爲累進差額應予減去，故 B×0.3

②持有滿二十年＜持有未滿三十年

公式：D×36%－B×0.24＝稅額

如前例：A100－B20－C10＝D70　　2B40＜D70

故：70×36%－20×0.24＝稅額 20.4

公式：D×36%－B×0.24＝稅額→原理：

因稅法規定持有二十年以上就超過最低稅率部分減徵 20%

故D×【40%－(40%－20%)×20%】－B×0.24＝稅額

即D×36%－B×0.24＝稅額

0→B→2B→D

↓　↓　↓

20% 28%　36%，其中 0→B 稅率 20%，全部以 36% 算，多算了 16%；B→2B 稅率 28%（參見第二級之稅率），全部以 36% 算，多算了 8%；全部多算了 24%，爲累進差額應予減去，故 B×0.24

③持有滿三十年＜持有未滿四十年

公式：D×34%－B×0.21＝稅額

如前例：A100－B20－C10＝D70　　2B40＜D70

故：70×34%－20×0.21＝稅額 19.6

公式：D×34%－B×0.21＝稅額→原理：

因稅法規定持有三十年以上就超過最低稅率部分減徵 30%

故D×【40%－(40%－20%)×30%】－B×0.21＝稅額

即D×34%－B×0.21＝稅額

0→B→2B→D

20% 27% 34%，其中 0→B 稅率 20%，全部以34%算，多算了 14%；B→2B 稅率 27%（參見第二級之稅率），全部以34%算，多算了 7%；全部多算了 21%，爲累進差額應予減去，故B×0.21

④持有滿四十年

公式：D×32%－B×0.18＝稅額

如前例：A100－B20－C10＝D70　　2B40＜D70

故：70×32%－20×0.18＝稅額 18.8

公式：D×32%－B×0.18＝稅額→原理：

因稅法規定持有四十年以上就超過最低稅率部分減徵 40%

故D×【40%－(40%－20%)×40%】－B×0.18＝稅額

即D×32%－B×0.18＝稅額

0→B→2B→D

20% 26% 32%，其中 0→B 稅率 20%，全部以32% 算，多算了 12%；B→2B 稅率 26%（參見第二級之稅率），全部以32%算，多算了 6%；全部多算了 18%，爲累進差額應予減去，故B×0.18

(七)實務解釋：

1.一、第一次規定地價前取得所有權之土地，於適用土地稅法第 33 條規定減徵土地增值稅時，其持有土地期間之起算時點，依民法第 758 條及第 759 條規定認定。二、市地重劃重行分配與原土地所有權人之土地，於再移轉並應課徵土地增值稅時，其持有土地期間之起算點，以土地所有權人取得原參與重劃土地之土地所有權取得時點為準。三、祭祀公業解散，經變更為派下子孫名義公同共有或分別共有或個別所有而依規定可不課徵土地增值稅案件，於再移轉並應課徵土地增值稅時，其持有土地期間之起算點，以第一次不課徵前取得土地所有權之時點為準（財政部 99.5.6 台財稅字第 09904041650 號令）。

2.土地所有權人於內政部 95 年 2 月 17 日修正「共有土地所有權分割改算地價原則」前，因辦理共有物分割取得之土地，地政機關已按當時之地價改算原則核算前次移轉現值，於移轉時如何適用長期持有減徵土地增值稅規定乙案（財政部 99.12.15 台財稅字第 09904122870 號函）。

說明：本案經函准內政部 98.11.27 台內地字第 0980220218 號函略以，該部於 95 年 2 月 17 日修正「共有土地所有權分割改算地價原則」，除係配合長期持有減徵土地增值稅之規定外，就不同土地因合併基期之地價改算，造成相關土地稅負合併計算之不合理現象一併修正。故旨揭長期持有土地移轉案件，應參據該修正後地價改算原則核算各持分土地歷次取得權利範圍及其取得時點、前次移轉現值，分別依土地稅法第 33 條規定減徵比例計算漲價總數額核課土地增值稅。至地政機關已無保存共有分割案件資料或土地共有人數或辦理分割合併次數過多，無法依上開規定辦理者，或依上開規定核算之稅額，較其按土地謄本所載已調整至統一基期之前次移轉現值且持有期間自辦理共有物分割時點起算所核算之稅額為高者，其土地增值稅准按土地謄本所載已調整至統一基期之前次移轉現值並自辦理共有物分割時點起算持有期間核課。

第 34 條（自用住宅用地增值稅之課徵）

土地所有權人出售其自用住宅用地者，都市土地面積未超過三公畝部分或非都市土地面積未超過七公畝部分，其土地增值稅統就該部分之土地漲價總數額按 10% 徵收之；超過三公畝或七公畝者，其超過部分之土地漲價總數額，依前條規定之稅率徵收之。

前項土地於出售前一年內，曾供營業使用或出租者，不適用前項規定。

第 1 項規定於自用住宅之評定現值不及所占基地公告土地現值 10% 者，不適用之。但自用住宅建築工程完成滿一年以上者不在此限。

土地所有權人，依第 1 項規定稅率繳納土地增值稅者，以一次為限。

土地所有權人適用前項規定後，再出售其自用住宅用地，符合下列各款規定者，不受前項一次之限制：

一、出售都市土地面積未超過一‧五公畝部分或非都市土地面積未超過三‧五公畝部分。

二、出售時土地所有權人與其配偶及未成年子女，無該自用住宅以外之房屋。

三、出售前持有該土地六年以上。

四、土地所有權人或其配偶、未成年子女於土地出售前，在該地設有戶籍且持有該自用住宅連續滿六年。

五、出售前五年內，無供營業使用或出租。

因增訂前項規定造成直轄市政府及縣（市）政府稅收之實質損失，於財政收支劃分法修正擴大中央統籌分配稅款規模之規定施行前，由中央政府補足之，並不受預算法第 23 條有關公債收入不得充經常支出之用之限制。

前項實質損失之計算，由中央主管機關與直轄市政府及縣（市）政府協商之。

解說

(一)本條規定與平均地權條例第 41 條略同，其立法理由為：為配合平均地權之全面實施，特規定土地所有權人出售自用住宅用地者，都市土地面積未超過三公畝部分或非都市土地面積未超過七公畝部分（因針對非都市住宅用地面積較大之實際狀況，特從寬給予七公畝之土地從輕課徵增值稅），其土地增值稅僅按該部分之土地漲價總數額 10% 徵收之；其超過部分，因其漲價所得為數不鉅，茲為顧全其生活計，規定按其超過部分之土地漲價總數額 10% 徵收土地增值稅，免徵其土地增值稅之累進稅。但為防止土地所有權人變相取巧逃避土地增值稅，特列第 2 項規定：前項土地於出售前一年內供營業或出租者不適用之。至於第 3 項規定在於防止空地出售前以簡陋的建築當作自用住宅以逃避依一般稅率計徵的土地增值稅。另為防止地主輾轉以出售自用住宅用地方式逃避累進之增值稅，乃列第 4 項限制土地所有權人適用優惠稅率，每人以一次為限。

為落實一生一屋之受惠原則，於民國 98 年 12 月 30 日增訂第 5 項規定，對於土地所有權人於適用第 4 項規定後，再次出售自用住宅用地，符合一定條件者，可再依 10% 優惠稅率繳納土地增值稅，不受一生一次之限制。另衡量財政平衡，並同時增訂第 6 項及第 7 項規定，對於增訂第 5 項規定所造成直轄市及縣（市）政府稅收之實質損失，在財政收支劃分法修正擴大中央統籌分配稅款規模之規定實施前，由中央政府補足之。

(二)依本條規定，可分析如下：

1.稅率 10%：符合自用住宅用地要件者，按土地漲價總數額 10% 計徵土地增值稅。

2.要件：

(1)一生一次：

①須符合本法第 9 條所規定的自用住宅用地。

②須面積於都市土地三公畝以內，非都市土地七公畝以內，超額部分則依本法第 33 條規定的一般稅率計徵。

③須出售前一年內，未曾供營業使用或出租。

④須自用住宅的評定現值——即房屋稅的課稅現值在其基地公告現值 10% 以上，若是在 10% 以下，須自用住宅建築工程完成滿 1 年以上者。

⑤須未曾適用本條規定的稅率計徵土地增值稅，因爲一人一生只有一次。

⑥須是出售自用住宅用地，若是贈與或交換者，則不適用。

(2)一生一屋：

土地所有權人使用過一生一次自用住宅優惠稅率（10%）繳納土地增值稅後，若符合以下要件者，其再出售自用住宅時，仍可適用 10% 優惠稅率繳納土地增值稅。

①出售時土地所有權人與其配偶及未成年子女，無該自用住宅以外之房屋。

②出售面積於都市土地未超過一・五公畝，非都市土地面積未超過三・五公畝。

③出售前 5 年內，無供營業使用或出租。

④出售前持有該土地 6 年以上。

⑤土地所有權人或其配偶、未成年子女於土地出售前，在該

地設有戶籍且持有該自用住宅連續滿 6 年。

(三)面積超額的計算順序（土稅施則 44）：

1.土地所有權人申報出售在本法施行區域內之自用住宅用地，面積超過本法第 34 條第 1 項或第 5 項第 1 款規定時，應依土地所有權人擇定之適用順序計算至該規定之面積限制為止；土地所有權人未擇定者，應以各筆土地依本法第 33 條規定計算之土地增值稅，由高至低之適用順序計算之。

2.本細則中華民國 103 年 1 月 13 日修正施行時適用本法第 34 條第 1 項或 110 年 9 月 23 日修正施行時適用同條第 5 項規定之出售自用住宅用地尚未核課確定案件，適用前項規定。

(四)本法第 34 條第 3 項所稱自用住宅之評定現值，以不動產評價委員會所評定之房屋標準價格為準。所稱自用住宅建築工程完成，以建築主管機關核發使用執照之日為準，或其他可確切證明建築完成可供使用之文件認定之（土稅施則 54）。

(五)財政部訂頒「自用住宅用地土地增值稅書面審查作業要點」，可參閱附錄五。

(六)實務解釋：

1.查 66 年 7 月 14 日公布施行之土地稅法第 34 條有關土地所有權人出售自用住宅用地按 10% 優惠稅率繳納土地增值稅以一次為限之規定，早在 66 年 2 月 2 日修正公布施行之平均地權條例第 41 條即有上述相同規定，自以該條例公布施行後生效。依照上開規定，土地所有權人於該條例修正生效前曾按優惠稅率繳納土地增值稅者，於條例修正後仍得按優惠稅率繳納土地增值稅，但以一次為限（財政部 71.11.24 台財稅字第 38558 號函）。

2.法院拍賣之土地適用自用住宅用地稅率課徵土地增值稅，應以拍定日有無於該地辦竣戶籍登記為準（財政部 77.2.3 台財稅字第761161199號函）。

3.黃××所有土地，如查明係為騰空以待拍賣，而於拍定日前一年內遷出戶籍且無出租或供營業使用者，其土地增值稅可比照本部72.8.17台財稅字第35797號函規定，依自用住宅用地稅率課徵（財政部78.11.16台財稅字第780383054號函）。

4.土地所有權人出售土地申請按自用住宅用地稅率課土地增值稅，經會商決定：

(1)同一土地所有權人，持有多處自用住宅用地，同時出售，申請一併按自用住宅用地稅率計課土地增值稅，如其合計面積不超過土地稅法第34條規定，可視為一次出售，並准按優惠稅率課徵。如係分次出售，應以土地所有權人最先申請按自用住宅用地計課之土地適用優惠稅率繳納土地增值稅，並僅以一次為限。

(2)配偶或未成年受扶養親屬，以自己名義登記所有權之自用住宅用地，於出售時，依土地稅法第34條第2項之規定，仍可申請按優惠稅率計課土地增值稅，但均以一次為限。

(3)土地所有權人出售其自用住宅用地，於申請移轉登記之日，雖已遷離該址，惟經查明簽訂買賣契約之日確曾設籍該址者，仍准按自用住宅用地稅率計課土地增值稅。

(4)自用住宅用地出售時，雖設有他人戶籍，但如經查明確無出租或營業事實者，可依土地稅法第34條之規定，按自用住宅用地稅率計課土地增值稅（財政部66.8.30台財稅字第35773號函）。

5.同一土地所有權人持有多處自用住宅用地同時出售，如其合計面積不超過土地稅法第34條規定，可視為一次出售並按自用住宅用地稅率課徵土地增值稅，前經本部66台財稅字第

35773 號函釋有案。所稱「同時出售」，除訂定契約日應相同外，並須在同一天申報移轉現值，始可視爲一次出售（財政部 72.11.16 台財稅字第 38135 號函）。

6.×××君所有兩處房地，雖於同日被法院查封，惟既經查明非於同日被拍賣，核與本部 72 台財稅字第 38135 號函規定「同時出售」之要件不符（財政部 75.10.21 台財稅字第 7562922 號函）。

7.「贈與」移轉並非「出售」，不適用土地稅法第 34 條規定，按自用住宅用地特別稅率課徵土地增值稅。配偶及三親等親屬間之土地「贈與」，自不得適用。但配偶及三親等親屬間之土地「買賣」，因依遺產及贈與稅法第 5 條第 6 款規定，未能提出支付價款證明，經稽徵機關核定以「贈與論」課徵贈與稅者，如符合自用住宅用地要件，仍准適用特別稅率課徵土地增值稅（財政部 71.1.6 台財稅字第 30040 號函）。

8.納稅義務人出售土地，既自行申請按自用住宅用地稅率課徵，並經查明已按自用住宅用地繳納土地增值稅確定在案，事後自不得准其申請改按一般稅率重行核算稅額（財政部 68.8.15 台財稅字第 35701 號函）。

9.關於「曾供出租使用」之日期應如何認定：

(1)有租賃資料可稽者，以租賃資料所載之日期爲準。

(2)凡無租賃資料可稽者，應以查得之租賃起迄日期爲準（財政部 68.10.26 台財稅字第 37517 號函）。

10.土地稅法第 34 條第 2 項規定，出售前一年內曾供營業使用或出租者，係指土地所有權人出售土地前一年期間內所持有之該項土地未供營業使用或出租者而言；至取得土地所有權後，自始即係供自用住宅之用，而未供營業使用或出租者，則不論該土地於取得所有權前，是否供營業使用或出租，亦不論取得土地所有權是否滿一年，其所有權人出售該土地時，如符合土地稅法第9條及第34條之規定者，均得依法適用自用住宅用地稅率計徵土地增值稅（財政部69.2.12台財稅字第31316號函）。

11.有關土地稅法第34條第2項所稱「曾供營業使用」日期之認定原則如下：

(1)如營業人已依營業稅法第30條規定，於遷出或廢止之事實發生後15日內，申請變更或註銷營業登記者，准依其申請書所載遷出或歇業日期為準。至其於申請書所載遷出或歇業日期起，逾15日法定期限始申請變更或註銷登記者，一律以稽徵機關受理變更（遷出）或註銷登記之收件日期為準。

(2)已核准暫停營業，未申請復業者，以稽徵機關核准營業人依法所報暫停營業之日為準。

(3)已辦理遷出或註銷登記，或已核准暫停營業，而仍繼續營業，以及未依法辦理營業登記而擅自營業者，以稽徵機關查得營業停止日為準（財政部81.2.11台財稅字第801815758號函）。

12.出售房地，因部分房屋供其兄設籍居住，其兄因擔任里長，致將部分房屋供其所任里長職務使用，如經查明確無出租且符合土地稅法第9條及第34條規定之要件者，應准按自用住宅用地稅率，計徵土地增值稅（財政部68.11.2台財稅字第37663號函）。

13.××君出售土地，經查明該地僅為漁船設籍場所，並非供營業使用，如合於土地稅法第9條、第34條規定之要件者，應准予按自用住宅用地稅率計徵土地增值稅（財政部71.3.8台財稅字第31517號函）。

14.土地所有權人出售其持分共有多筆自用住宅用地，申請適用特別稅率課徵土地增值稅，如其建築改良物所有權狀上未將全部基地地號記載時，稽徵機關應如何認定，請依會商結論辦理。案經本部邀請內政部等有關機關開會研商，經獲致結論如下：

(1)土地所有權人出售其持分共有多筆自用住宅用地，申請適用特別稅率課徵土地增值稅，原則上以該自用住宅坐落之基地爲要件，亦即以建築改良物所有權狀上記載之基地地號爲準，倘建築改良物所有權狀上未將全部基地地號記載時，稽徵機關應憑土地所有權人檢送之左列資料予以認定：

①以土地所有權人檢送之建築管理機關所核發之房屋建築執照或使用執照資料上所記載之基地地號爲準。

②如土地所有權人無法檢送前述房屋建築資料時，以檢送之地政機關所核發之「建物勘測結果」或「建物勘測成果表」謄本上所記載之基地地號爲準。

(2)未記載於建築改良物所有權狀上之地號，其屬公共使用部分應隨主建物一同移轉者，可不必檢送前述資料即可併同主建物權狀上記載之地號按特別稅率計課。

(3)土地所有權人無法依第一點結論提供資料致無法認定其自用住宅坐落基地時，可視實際情形作個案處理（財政部71.2.12 台財稅字第 30934 號函）。

15.未列載於建物所有權狀上之 10 公尺以上巷道用地不論已否登記爲「道」地目，隨同建築基地移轉時，准予比照本部71.4.6 台財稅字第 32305 號函說明(二)規定，適用自用住宅用地稅率課徵土地增值稅（財政部 82.10.7 台財稅字第 820812352 號函）。

16.土地所有權人為騰空房地待售，在出售符合土地稅法第9條及第34條規定之自用住宅用地前，因必須遷居而遷出戶籍，致在簽訂買賣契約時，其戶籍已不在該自用住宅用地者，原不得繼續認為供自用住宅使用；惟為顧及納稅義務人之實際困難，凡在遷出戶籍期間，該自用住宅用地無出租或無營業使用，其遷出戶籍期間距其出售期間未滿1年者，仍准依自用住宅用地稅率計徵土地增值稅（財政部72.8.17台財稅字第35797號函）。

17.土地所有權人出售自用住宅用地，係為配合地上房屋拆除改建之實際需要，而於核准拆除日前一年內遷出戶籍且符合其他法定要件者，其土地增值稅可比照本部72台財稅字第35797號函規定，依自用住宅用地稅率課徵（財政部82.11.18台財稅字第820818644號函）。

18.出售自用住宅用地，其基地面積，都市土地超過三公畝或非都市土地超過七公畝者，於依土地稅法第34條第3項規定，計算自用住宅評定現值占基地公告土地現值之比率時，其基地面積都市土地以三公畝，非都市土地以七公畝計算（財政部82.5.25台財稅字第820358236號函）。

19.土地稅法第34條第3項自用住宅之評定現值不及所占基地公告土地現值10%，不適用自用住宅用地優惠稅率課徵土地增值稅之規定，其「10%」之認定，應以該基地上全部建物之房屋評定總現值與該基地公告土地現值為準（財政部80.2.11台財稅字第790408136號函）。

20.依建築技術規則建築設計施工編第59條之1但書規定「二宗以上在同一街廓或相鄰街廓之基地同時請領建照時，得經起造人之同意，將停車空間集中留設」。本案×××君所有，非坐落主建物基地之地下層停車位，若屬依法應附設之停車空間，其持分土地併同主建物基地移轉時，應准予按自用住宅用地稅率課徵土地增值稅（財政部 81.5.20 台財稅字第 810158670 號函）。

21.土地稅法第 34 條規定「三公畝或七公畝」係可適用自用住宅用地稅率課徵土地增值稅之面積上限，而非以上項面積限額作爲計算自用住宅用地面積之基礎。本案×××先生申報移轉都市土地面積 459 平方公尺，其地上建物爲三層樓房，一樓供營業使用，二、三樓供自用住宅使用，則其適用自用住宅用地稅率之面積應以申報移轉面積 459 平方公尺計算基礎，按自用住宅用地比例三分之二折算符合自用住宅用地面積爲 306 平方公尺。惟基於上述面積限額之規定，除 300 平方公尺准予適用自用住宅用地稅率課徵外，其餘 159 平方公尺應按一般用地稅率核課（財政部 81.7.17 台財稅字第 810809681 號函）。

22.×××君出售土地，逾訂定契約之日起 30 日始申報移轉現值，於申請適用自用住宅用地稅率課徵土地增值稅時，其辦竣戶籍登記之認定標準，以受理申報機關收件日爲準（財政部 82.11.24 台財稅字第 821503027 號函）。

23.適用自用住宅用地稅率課徵土地增值稅之時效（財政部 91.8.7 台財稅字第 0910454920 號函）。

土地所有權人出售自用住宅用地於土地增值稅繳納期間屆滿前，已申請依土地稅法第 35 條規定退還土地增值稅，惟於接獲否准重購退稅公文時已逾該繳納期間，致未能及時申請按自用住宅用地稅率課徵土地增值稅者，基於保障納稅義務人之權益，應准其補辦申請，但經稽徵機關通知得於 30 日內補行申請而逾期申請者，不得適用自用住宅用地稅率課徵土地增值稅。

24.○君所有土地出售，其地上建物所占土地部分符合自用住宅用地規定，空地部分出租供停車場使用，該空地出租部分，自無優惠稅率之適用；惟其餘部分，如經查明符合自用住宅用地相關要件者，仍得按自用住宅用地稅率課徵土地增值稅（財政部 88.3.1 台財稅第 881902400 號函）。

25.○君出售自用住宅用地並已辦妥移轉登記，嗣因配售機關將巷道使用之土地發還原配售人後，再由○君出售予原承買人時，該發還之土地，確與房屋坐落基地相鄰接，使用上確有不可分離，而必須同時使用，且與原出售之土地合計面積未超過土地稅法第 34 條規定者，應准併同原出售之房屋建築基地適用自用住宅用地稅率課徵土地增值稅（財政部 89.1.15 台財稅第 0890450596 號函）。

26.檢送研商「同一樓層房屋部分供自用住宅、部分供非自用住宅使用，其坐落基地如何依房屋實際使用情形之面積比例，分別按自用住宅用地、一般用地稅率課徵土地增值稅」相關事宜會議紀錄一份，請依該會商結論辦理（財政部 89.3.14 台財稅第 0890450770 號函）。

(1)同一樓層房屋部分供自用住宅使用，其供自用住宅使用與非自用住宅使用部分能明確劃分者，該房屋坐落基地得依房屋實際使用比例計算所占土地面積，分別按自用住宅用地及一般用地稅率課徵土地增值稅。

(2)依前項規定申請部分土地按自用住宅用地稅率課徵土地增值稅時，應由納稅義務人填報供自用住宅及非自用住宅使用之面積。

(3)納稅義務人申請同一樓層房屋部分土地按自用住宅用地稅率課徵土地增值稅者，其使用面積原則以房屋稅課徵資料爲準。但出售前一年內房屋使用面積有變更者，以 1 年內供非自用住宅使用最大面積認定爲非自用住宅面積；如納稅義務人主張其非自用住宅面積低於六分之一或有異議時，應依其實際使用情形參考最近 1 年申請房屋變更使用或地價稅按自用住宅用地稅率課徵情形，核實認定。

(4)重購自用住宅用地申請依土地稅法第 35 條規定退還土地增值稅者，亦準用前(1)、(2)、(3)項規定。

27.經法院拍賣取得之土地再移轉與他人，申請適用土地稅法第 34 條規定課徵土地增值稅，稽徵機關查核其出售前使用情形時，其地上建物如屬拍賣點交者，自點交之日起查核；如屬拍賣不點交者，自領得權利移轉證書之日起查核（財政部 89.4.29 台財稅第 0890453035 號函）。

28.一樓主建物部分供營業使用，部分供自用住宅使用，附屬之騎樓部分准按一樓主建物實際使用比例認定供自用住宅與非自用住宅使用之面積，並併一樓主建物計算所占土地面積，分別按自用住宅用地及一般用地稅率核課土地增值稅（財政部 90.6.21 台財稅字第 0900453097 號令）。

29.○君所有非屬其所有建物基地之土地，既經查明係由○君連同主建物一併取得，且該土地與建築基地相鄰，位處該棟建物圍牆內供出入通路等使用，與該棟建物之使用確屬不可分離者，就○君持有該筆土地全部面積，宜准併同主建物基地按自用住宅用地稅率課徵地價稅，土地增值稅之課徵，允宜比照辦理（財政部 90.6.28 台財稅字第 0900454094 號函）。

30.土地所有權人出售其自用住宅用地，於簽訂買賣契約之日遷入戶籍，但於當日又將戶籍遷出，如經查明其遷籍並無意圖多筆土地均能按自用住宅用地稅率課徵土地增值稅之取巧情形，仍應有本部 66.8.30 台財稅第 35773 號函會商決議(三)之適用（財政部 92.1.28 台財稅字第 0920451202 號令）。

31.土地所有權人先購買自用住宅用地後，自完成移轉登記之日起 1 年內，出售原有自用住宅用地者，亦符合土地稅法第 34 條第 5 項第 2 款之規定。土地稅法第 34 條第 5 項第 2 款規定所稱出售時土地所有權人與其配偶及未成年子女，無該自用住宅以外之房屋，應包括土地所有權人與其配偶及未成年子女信託移轉之房屋（財政部 99.4.6 台財稅字第 09904507190 號令）。

32.同一土地所有權人地上毗鄰分編門牌之兩屋合併或打通使用時，是否可合併認定符合土地稅法第 34 條第 5 項第 2 款規定，適用自用住宅用地稅率課徵土地增值稅一案（財政部 99.6.30 台財稅字第 09904068690 號函）。

說明：如同一土地所有權人地上毗鄰分編門牌之兩屋合併或打通使用，依照本部 67.6.30 台財稅第 34248 號函規定，認定符合上開法條規定所稱無自用住宅以外之房屋，准合併按自用住宅用地計課土地增值稅。

33.土地所有權人新購自用住宅用地並將戶籍自原自用住宅用地遷至新購自用住宅用地，嗣後出售原自用住宅用地時戶籍未在該地或已再遷回該地者，如出售前土地所有權人或其配偶、未成年子女已於該地設有戶籍且持有該自用住宅連續滿 6 年，其遷出戶籍日至原自用住宅用地出售日之期間未滿 1 年者，仍符合土地稅法第 34 條第 5 項第 4 款之規定（財政部 100.8.15 台財稅字第 10000185310 號令）。

34.納稅義務人所有土地經法院拍賣，地上建物未一併拍賣，系爭土地由該建物所有權人即納稅義務人配偶優先承買，適用土地稅法第 34 條第 5 項規定課徵土地增值稅疑義（財政部 101.7.4 台財稅字第 10100089200 號函）。

說明：為照顧民眾有多次換屋之需求，98 年 12 月 30 日修正公布土地稅法第 34 條，增訂該條第 5 項規定土地所有權人適用土地增值稅一生一次自用住宅用地優惠稅率後，再出售其自用住宅用地時，符合規定條件者，仍可依 10% 優惠稅率繳納土地增值稅，以落實一生一屋之受惠原則。故適用上開條項規定者，應以土地所有權人與其配偶及未成年子女僅有一戶自用住宅換屋者為限，即土地所有權人係出售土地與其配偶及未成年子女以外之第三人。

35.本部 99.4.6 台財稅字第 09904507190 號令規定：「土地所有權人先購買自用住宅用地後，自完成移轉登記之日起 1 年內，出售原有自用住宅用地者，亦符合土地稅法第 34 條第 5 項第 2 款之規定。」考量該條款立法意旨，係適用該條項規定按自用住宅用地稅率課徵土地增值稅者，以家庭核心成員夫妻及其未成年子女擁有一屋為限，本案○君配偶先購買自用住宅用地後，○君於配偶所購買自用住宅用地完成移轉登記之日起 1 年內，出售其原有自用住宅用地，可參照上開本部令規定辦理（財政部 101.8.24 台財稅字第 10100153680 號函）。

36.○君出售自用住宅用地申請適用土地稅法第 34 條第 5 項規定，其於出售前戶籍已遷出，是否符合該條項第 4 款規定疑義乙案（財政部 103.8.25 台財稅字第 10304025070 號函）。

說明：○君於 103 年 5 月 5 日訂約出售○地號土地，同年月 12 日申報土地移轉現值，並申請依旨揭條項規定按自用住宅用地稅率課徵土地增值稅，既經查明系爭土地出售前符合同條項第 1 款至第 3 款、第 5 款規定，○君亦持有該自用住宅連續滿 6 年且自 81 年 7 月 10 日至 103 年 4 月 23 日於該地設有戶籍，雖○君於出售前將戶籍遷至其子戶籍處，致出售時○君或其配偶、未成年子女並未在該地設有戶籍，如其遷出戶籍日至該自用住宅用地出售日之期間未滿 1 年者，參照本部 100.8.15 台財稅字第 10000185310 號令規定，應仍符合土地稅法第 34 條第 5 項第 4 款規定。

37.土地所有權人就同一地號土地及其地上建物，分年分次訂約贈與其成年子女，嗣就該土地及建物所餘持分同時出售予該子女，可否依土地稅法第 34 條第 5 項規定課徵土地增值稅案（財政部 104.12.22 台財稅字第 10400162040 號函）。

說明：土地所有權人出售土地申請適用土地稅法第 34 條第 5 項規定，按自用住宅用地稅率課徵土地增值稅，依該項第 2 款規定，須出售時土地所有權人與其配偶及未成年子女，無該自用住宅以外之房屋。是符合該規定僅有一戶自用住宅者，如非同時一次全部出售，而係分次就該自用房屋及坐落土地之部分持分併同出售，其於各次出售後如尚有剩餘持分房屋，自與上開條款規定不符。須出售後已無剩餘持分房屋，該次之出售行爲始符合該款規定。本案土地所有權人出售贈與後剩餘之部分持分房地，倘房屋及土地係同時出售，且出售後其與配偶及未成年子女已無其他房屋，該次出售之自用住宅用地符合前揭條項第 2 款規定，如經查明亦符合同條項其他各款規定，可依自用住宅用地稅率課徵土地增值稅。另其出售之房屋與其成年子女共有，其適用自用住宅用地稅率之面積，應按其房屋所有權持分比例計算。

38.土地稅法第 34 條第 2 項「出售前 1 年內」及同條第 5 項第 5 款「出售前 5 年內」，以下列基準日往前推算 1 年或 5 年之期間計算（財政部 109.4.1 台財稅字第 10900514850 號令）：

(1)出售土地於訂定契約之日起 30 日內申報移轉現值者，以訂約日之前 1 日爲準；逾 30 日始申報移轉現值者，以申報日之前 1 日爲準。

(2)法院拍賣土地，以法院拍定日之前 1 日爲準。

(3)法院判決移轉土地，以申報人向法院起訴日之前 1 日爲準。

(4)拆除改建中出售之土地，以核准拆除日之前 1 日爲準。當事人如能提示該地上房屋實際拆除日期之證明文件，經稽徵機關查明屬實者，以實際拆除日之前 1 日爲準。

(5)自益信託於辦竣塗銷信託登記回復原土地所有權人名義後，原土地所有權人於未滿 1 年或未滿 5 年移轉者，有關「出售前 1 年內」或「出售前 5 年內」期間之計算，適用前 4 款之基準日，其往前推算之期間，應包括自益信託期間。

39.未載於建物所有權狀之增建房屋，增建部分以「房屋稅籍資料」或「建物測量成果圖」之面積或層數爲準（財政部 109.5.8 台財稅字第 10800117831 號令）。

說明：一、土地所有權人地上建物部分供自用住宅使用，部分供非自用住宅使用，其出售土地申請按自用住宅用地稅率課徵土地增值稅之面積，應依建物實際使用情形所占土地面積比例計算，分別適用自用住宅用地及一般用地稅率課徵土地增值稅。二、前點有未載於建物所有權狀之增建房屋，增建部分以「房屋稅籍資料」或「建物測量成果圖」所載面積或層數爲準。其屬同一樓層房屋或平房增建部分，依該樓層或平房建物實際使用情形所占土地面積比例計算；其屬增建樓層部分，合併計入該增建房屋所有人持有之層數，依各層房屋實際使用情形所占土地面積比例計算。

第 34 條之 1（適用前條課徵之限制）

土地所有權人申請按自用住宅用地稅率課徵土地增值稅，應於土地現值申報書註明自用住宅字樣，並檢附建築改良物證明文件；其未註明者，得於繳納期間屆滿前，向當地稽徵機關補行申請，逾期不得申請依自用住宅用地稅率課徵土地增值稅。

土地所有權移轉，依規定由權利人單獨申報土地移轉現值或無須申報土地移轉現值之案件，稽徵機關應主動通知土地所有權人，其合於自用住宅用地要件者，應於收到通知之次日起 30 日內提出申請，逾期申請者，不得適用自用住宅用地稅率課徵土地增值稅。

解說

(一)適用自用住宅用地稅率計徵土地增值稅，有其特別要件，故特明定申請時的限制，此爲本條的立法理由。

(二)依本條規定，可分析如下：

1.須於土地現值申報書註明：因申請按自用住宅優惠稅率課徵土地增值稅，是故須由土地所有權人於申報書上註明。

2.須檢附建築改良物證明文件，例如所有權狀影本或使用執照影本或建物測量成果圖。

3.若未於土地現值申報書註明者，須於繳納期間屆滿前，向主管稽徵機關補行申請，逾期則不得申請。

4.對於由權利人單獨申報土地移轉現值的案件——例如判決移轉者，或無須申報土地移轉現值的案件——例如法院拍賣土地，稽徵機關應主動通知土地所有權人，其符合自用住宅用地要件者，應於收到通知之次日起 30 日內提出申請，逾期申請者不得適用。

(三)平均地權條例施行細則第 59 條有類似的規定。

(四)實務解釋：

1.共有持分土地經法院判決分割，業由權利人申報土地移轉現值及代繳土地增值稅在案，惟當時未依土地稅法第 34 條之 1 第 2 項規定，通知義務人申請按自用住宅用地稅率課徵土地增值稅，義務人死亡後，嗣後其繼承人始提出申請，應准予受理（財政部 90.7.20 台財稅字第 0900454144 號函）。

2.法院拍賣土地，稽徵機關如無法確定已合法送達通知土地所有權人提出申請者，則土地所有權人應於收到通知之次日起 30 日內提出申請之期限，無從起算，自不生逾期申請不得適用自用住宅用地稅率課徵土地增值稅之效果（財政部 91.5.20 台財稅字第 0910451690 號函）。

3.土地所有權人出售自用住宅用地於土地增值稅繳納期間屆滿前，已申請依土地稅法第 35 條規定退還土地增值稅，惟於接獲否准重購退稅公文時已逾該繳納期間，致未能及時申請按自用住宅用地稅率課徵土地增值稅者，基於保障納稅義務人之權益，應准其補辦申請，但經稽徵機關通知得於 30 日內補行申請而逾期申請者，不得適用自用住宅用地稅率課徵土地增值稅（財政部 91.8.7 台財稅字第 0910454902 號令）。

4.經法院拍賣之土地，稽徵機關依土地稅法第 34 條之 1 第 2 項及第 39 條之 3 第 2 項規定通知，而當事人於期限內申請按同法第 39 條之 2 第 1 項規定不課徵土地增值稅者，嗣後如因稽徵機關否准所請，另行提出改按自用住宅用地稅率課徵土地增值稅之申請，其有關 30 日申請期限之計算，應准予扣除不課徵案件之審核期間（財政部 92.9.2 台財稅字第 0920454797 號令）。

第 35 條（售舊地購新地之退稅）

土地所有權人於出售土地後，自完成移轉登記之日起，二年內重購土地合於下列規定之一，其新購土地地價超過原出售土地地價，扣除繳納土地增值稅後之餘額者，得向主管稽徵機關申請就其已納土地增值稅額內，退還其不足支付新購土地地價之數額：

一　自用住宅用地出售後，另行購買都市土地未超過三公畝部分或非都市土地未超過七公畝部分，仍作自用住宅用地者。

二　自營工廠用地出售後，另於其他都市計畫工業區或政府編定之工業用地內購地設廠者。

三　自耕之農業用地出售後，另行購買仍供自耕之農業用地者。

前項規定土地所有權人於先購買土地後，自完成移轉登記之日起二年內，始行出售土地者，準用之。

第 1 項第 1 款及第 2 項規定，於土地出售前一年內，曾供營業使用或出租者，不適用之。

解說

(一)本條規定與平均地權條例第 44 條略同，其立法理由在於土地所有權人出售其自用住宅用地、自營工廠用地或自耕的農業用地，若其購買使用性質相同的土地，其購買的價額超過出售價額扣除土地增值稅後的數額時，若不將其超過原出售數額就其繳納增值稅額內予以退還，則將喪失其自用的意義，爲維護自用者的利益，特明定退稅的要件。

(二)依本條規定，可分析如下：

1.須是賣出與買進均同一人。

2.須是賣出與買進均爲自用住宅用地，且都市土地未超過三公畝或非都市土地未超過七公畝；或賣出與買進均爲自營工廠用地；或賣出與買進均爲自耕的農業用地。

3.無論是先賣後買或是先買後賣，均須在兩年內。

4.須是賣少買多：其多與少的比較，請參閱本法第 36 條的解說。

5.須是就已納增值稅額度內退還賣少買多的不足部分。

(三)退稅的申請與列管（土稅施則 55）：

1.申請應備文件：土地所有權人因重購土地，申請依本法第 35 條規定退還已納土地增值稅者，應由土地所有權人檢同原出售及重購土地辦理登記時之契約文件影本，向原出售土地所在地稽徵機關辦理。

2.清查通報：重購土地與出售土地不在同一縣市者，依前項規定受理申請退稅之稽徵機關，應函請重購土地所在地稽徵機關查明有關資料後再憑辦理；其經核准退稅後，應即將有關資料通報重購土地所在地稽徵機關。

3.列管及定期清查：重購土地所在地稽徵機關對已核准退稅案件及前項受通報資料，應裝冊保管，每年定期清查，如發現重購土地 5 年內改作其他用途或再行移轉者，依本法第 37 條規定辦理。

(四)實務解釋：

1.土地稅法第 35 條係規定兩年內「另行購買」自用住宅用地、自耕農業用地及另於其他工業區域內購地建廠者，得申請就其已納土地增值稅額內，退還其不足支付新購土地地價之數額。土地所有權人於出售自用住宅用地後，復將原土地全筆購回，顯非「另行購買」新土地，與前揭規定不符，自不得適用（財政部 70.2.13 台財稅字第 31101 號函）。

2.依土地稅法第 35 條規定，土地所有權人於出售土地後，自完成移轉登記之日起，2年內重購合於同條規定之土地，得申請退還其已納之土地增值稅。現行土地稅法對上開條文之適用，並無次數之限制。是以土地所有權人因重購土地經依該條規定退還土地增值稅者，該重購之土地屆滿5年如再行移轉後又重購土地，仍得依同條規定，申請退還其已納之土地增值稅（財政部72.11.11 台財稅字第 38045 號函）。

3.○君於 71 年 9 月 9 日出售自用住宅用地，復於71 年 10 月 26 日另行購買土地，於 71 年 11 月 30 日完成土地移轉登記，雖林君延至 72 年 8 月 13 日始設籍該址；惟其重購土地倘經查明自完成移轉登記之日起並無出租或營業情事，應准依土地稅法第 35 條第 1 項第 1 款規定，退還其已納之土地增值稅（財政部73.6.7 台財稅字第 54106 號函）。

4.土地所有權人於兩年內分別出售與重購多處土地，該出售與重購之土地如經查明均符合自用住宅用地有關規定者，應准併計依土地稅法第 35 條規定，核退其已納之土地增值稅（財政部82.6.22 台財稅字第 820241894 號函）。

5.土地所有權人因先行購買新自用住宅用地，必須將戶籍由原自用住宅用地遷至新自用住宅用地，致在 2 年內出售原自用住宅用地時，其戶籍已不在原址者，仍有土地稅法第 35 條第 2 項規定退還土地增值稅之適用（財政部 79.11.10 台財稅字第790710657 號函）。

6.土地所有權人出售及新購之土地，均係部分作自用住宅用地，部分作一般用地，如新購作自用住宅用地部分之地價，超過已出售自用住宅用地地價，扣除繳納自用住宅用地部分土地增值稅後之餘額者，則依土地稅法第 35 條規定，就已納土地增值稅中自用住宅用地部分之稅額內，退還其不足支付新購土地作自用住宅用地部分地價之數額，即一般用地部分之地價不列入比較，其已繳之土地增值稅亦不准退還（財政部 75.5.5 台財稅字第 7543739 號函）。

7.土地所有權人因重購土地，申請退還已繳納之土地增值稅，如其原出售或重購土地向地政機關辦理登記時之契約文件遺失，准以原出售或重購之土地登記簿謄本，替代買賣契約文件影本申請退稅（財政部 74.11.4 台財稅字第 24794 號函）。

8.土地所有權人於出售土地後，自完成移轉登記之日起 2 年內重購土地，依土地稅法第 35 條規定申請退還已納土地增值稅，其 2 年內重購土地日期之認定，准照土地移轉現值如期申報者，以訂立買賣契約日為準，逾期申報者以申報日為準（財政部 75.5.14 台財稅字第 7539129 號函）。

9.土地所有權人於購買土地後，自完成移轉登記之日起 2 年內出售土地，依土地稅法第 35 條第 2 項規定申請退還已納土地增值稅者，其出售土地日期之認定，准依照本部 75.5.14 台財稅字第 7539129 號函規定辦理（財政部 82.10.7 台財稅字第 820435761 號函）。

10.土地所有權人出售自用住宅用地後，於 2 年內另行購買自用住宅用地並完成移轉登記後死亡，依土地稅法第 35 條規定申請退還已納土地增值稅之權利，得為繼承之標的（財政部 77.11.3 台財稅字第 770363608 號函）。

11.出售合於土地稅法第 9 條規定之自用住宅用地，出售前未按自用住宅用地稅率課徵地價稅，出售時亦未申請按自用住宅用地稅率課徵土地增值稅，仍有同法第 35 條第 1 項第 1 款申請退還已納土地增值稅之適用（財政部 77.12.1 台財稅字第 770666023 號函）。

12.土地所有權人於出售自用住宅用地後，自完成移轉登記之日起，2 年內重購預售屋及土地，如該預售屋於此兩年內建造完成，並符合土地稅法第 9 條規定者，准予適用同法第 35 條規定退還土地增值稅（財政部 79.10.9 台財稅字第 790694252 號函）。

13.土地所有權人於購買預售屋及土地後，自土地完成移轉登記之日起 2 年內出售原自用住宅用地，如該預售屋於出售之自用住宅用地完成移轉登記之日起 2 年內建造完成，並符合土地稅法第 9 條規定者，准予適用同法第 35 條規定退還土地增值稅。至於分次購買同一自用住宅用地，其土地之列管，參照土地稅法第 37 條規定，應自重購土地完成移轉登記之日起分別管制 5 年（財政部 81.9.29 台財稅字第 810329866 號函）。

14.土地所有權人購地建屋，於購買土地辦竣登記之日起 2 年內出售原自用住宅用地，如興建之房屋於出售之自用住宅用地完成移轉登記之日起 2 年內建造完成，並符合土地稅法第 9 條規定者，應准適用同法第 35 條規定退還土地增值稅（財政部 82.6.30 台財稅字第 820266005 號函）。

15.×××君購買自用住宅用地後，2 年內出售與其妹之土地，雖因未能提出支付價款證明，經核定以「贈與論」課徵贈與稅，惟既經查明符合自用住宅用地要件，應准依土地稅法第 35 條規定，退還其已納之土地增值稅（財政部 83.10.5 台財稅字第 831612762 號函）。

16.×××君先向法院拍得土地，嗣出售其原有之自用住宅用地時，因所申報移轉現值高於當期之公告土地現值，可否准依土地稅法第 35 條規定退還已納之土地增值稅乙案，請依同法第 36 條規定認定其新購及出售土地地價後，再依第 35 條規定辦理。土地所有權人因重購土地，依土地稅法第 35 條規定，申請退還原出售土地所繳納之土地增值稅者，於認定原出售土地地價及新購土地地價時，依同法第 36 條規定，前者係以出售移轉計徵土地增值稅之地價爲準，後者則以新購買移轉計徵土地增值稅之地價爲準。至於土地所有權移轉，其申報移轉現值之審核標準，土地稅法第 30 條已明訂申報人於訂定契約之日起 30 日內申報者，以訂約日當期之公告土地現值爲準，申報移轉現值經審核超過公告土地現值者，應以其自行申報之移轉現值爲準。本案×××君先向法院拍得土地，爲符合土地稅法第 9 條規定之自用住宅用地，嗣出售原有之自用住宅用地時，其依上開稅法規定所申報移轉現值高於公告土地現值，既經核課土地增值稅在案，其有土地稅法第 35 條規定情形，自得依法申請退還其已納之土地增值稅（財政部 83.12.27 台財稅字第 831627646 號函）。

17.按土地稅法第 35 條有關重購自用住宅用地退還原已繳納土地增值稅規定之立法意旨，在於考量土地所有權人因住所遷移等實際需要，必須出售原有自用住宅用地，而另於他處購買自用住宅用地，爲避免因課徵土地增值稅，降低其重購土地之能力，乃准就其已納土地增值稅額內，退還其不足支付新購土地地價之數額。故該條第 1 項第 1 款規定，係以土地所有權人於出售原有自用住宅用地後，另行購買土地仍作自用住宅用地爲要件；同條第 2 項有關先購後售，既準用第 1 項之規定，仍應以土地所有權人於購買土地時，已持有供自用住宅使用之土地爲適用範圍；如土地所有權人未持有供自用住宅使用之土地，僅係單純購買土地，嗣後再購買或自其配偶受贈他筆土地後再出售，核其情形係兩次取得土地後再出售第二次取得之土地，與上開條文規定先售後購或先購後售，應以已持有自用住宅用地之立法意旨不合，應無土地稅法第 35 條重購自用住宅用地退還已繳納土地增值稅規定之適用（財政部 88.9.7 台財稅字第 881941465 號函）。

18.○君三次出售自用住宅用地，並於 2 年內重購自用住宅用地，其於適用土地稅法第 35 條規定退還土地增值稅時，應否將出售之三筆土地移轉現值全部併計原出售土地地價，抑或可選擇性併計，核退土地增值稅乙案（財政部 90.8.14 台財稅字第 0900454179 號函）。

本部 82.6.22 台財稅字第 820241894 號函係針對申請人就其出售與重購多處土地提出申請時，應准其合併計算適用上開條文規定辦理退稅，並非規定出售與重購多筆土地者，於適用上開規定時均須將多筆土地合併計算。

19.公司先購工業用地，並於 86 年 1 月 30 日完成移轉登記之日起兩年內，出售原自營工廠用地，並取得新工廠建造執照，嗣後於 89 年 11 月 3 日取得工廠登記證乙案，應有土地稅法第 35 條第 2 項規定之適用（財政部 91.1.4 台財稅字第 0900457848 號函）。

20.先購後售自用住宅用地，重購地完成登記日，已持有供自用住宅使用土地，可適用重購退稅規定（財政部 91.8.30 台財稅字第 0910454052 號令）。

土地所有權人先購後售自用住宅用地，申請依土地稅法第 35 條第 2 項規定退還原已繳納之土地增值稅，如其於重購自用住宅用地完成移轉登記之日，已持有供自用住宅使用之土地，應有該條文退還已繳納土地增值稅規定之適用。

21.○君等人以其所有之農業區土地與農田水利會交換農業區土地，可依土地稅法第 35 條規定辦理退還土地增值稅（財政部 88.9.29 台財稅第 881945916 號函）。

說明：查當事人雙方約定互相移轉金錢以外之財產權者，準用關於買賣之規定，爲民法第 398 條所規定。又依土地稅法施行細則第 42 條規定，土地交換應分別向原土地所有權人徵收土地增值稅，是以交換土地可依土地稅法第 35 條規定辦理退稅。

22.公司依規定以先租後售方式重購土地，於申請依土地稅法第 35 條第 1 項第 2 款規定退還土地增值稅時，其重購土地日期之認定，以經濟部工業局同意核配後申請人繳交保證金之日爲準，惟仍應俟新購土地設廠完成取得工廠登記證（現爲登記證明文件）後，始准予辦理（財政部 89.2.24 台財稅第 0890450609 號函）。

23.○君因重購自用住宅用地，申請依土地稅法第 35 條規定退還已納土地增值稅一案，請依本部 79.11.10 台財稅第 790710657 號函釋規定辦理（財政部 89.9.25 台財稅第 0890456335 號函）。

說明：本案○君戶籍原設於所有之房地，其於 87 年 7 月 13 日另行購買土地，並於同年 9 月 14 日將戶籍遷至該處，致 89 年 5 月 8 日立約出售原有土地時，其戶籍已不在原址，依該函規定應有土地稅法第 35 條第 2 項規定退還土地增值稅之適用。至本部 72.8.17 日台財稅第 35797 號函有關遷出戶籍期間，該自用住宅用地無出租或供營業使用，其遷出戶籍期間距其出售期間未滿 1 年者，仍准依自用住宅用地稅率計徵土地增值稅之規定，係針對土地所有權人爲騰空房地待售，須遷居而遷出戶籍所爲之規定，與本案○君之戶籍遷往新購土地之情形仍屬有別。

24.公司重購工廠用地後遷入該地登記設廠，致 2 年內出售原自營工廠用地時，出售地之工廠登記證已被註銷，如其工廠登記係因遷廠至重購地被註銷，爲顧及事實，可依土地稅法第 35 條第 2 項規定辦理退稅（財政部 90.1.31 台財稅字第 0900450304

號函）。

25.納稅義務人因出售重購之土地違反土地稅法第 37 條規定，被追繳原退還土地增值稅款，復於 2 年內再行購回上揭重購之土地，爲防杜投機並避免逃漏土地增值稅，應不得再依同法第 35 條規定申請退稅（財政部 90.11.6 台財稅字第 0900456490 號函）。

26.○君出售地上建物建築工程未滿 1 年且評定現值不及所占基地公告現值 10% 之土地，嗣於重購土地後申請依土地稅法第 35 條規定，退還原已繳納之土地增值稅，倘該出售土地合於同法第 9 條及第 35 條規定之自用住宅用地，仍有上揭規定之適用（財政部 90.11.7 台財稅字第 0900456826 號函）。

27.土地所有權人申請依土地稅法第 35 條第 1 項第 2 款規定退還原出售土地已納之土地增值稅，其出售或重購之工廠用地上，同一樓層廠房僅部分供自營工廠使用，如該部分與非供自營工廠使用部分能明確劃分者，准按該廠房供自營工廠實際使用比例計算所占土地面積，適用上開規定辦理退稅（財政部 90.12.28 台財稅字第 0900457457 號令）。

28.土地稅法第 35 條重購退稅之規定，在避免因課徵土地增值稅，降低所有權人重購自用住宅用地之能力，其適用自應以有「重購自用住宅用地」之事實爲前提，準此，新購自用住宅用地時，若擁有之土地非屬自用住宅用地，難謂其爲「重購自用住宅用地」，至於原有土地出售時是否按自用住宅用地稅率課徵土地增值稅，與重購自用住宅用地之申請退稅尚無必然關係（財政部 91.10.3 台財稅字第 0910452232 號函）。

29.公司先購買自營工廠用地，另於 2 年內出售部分廠地，核無土地稅法第 35 條規定退還已納土地增值稅之適用（財政部

93.2.16 台財稅字第 0930450099 號函）。

說明：土地稅法第 35 條第 1 項第 2 款所稱「自營工廠用地出售」，其適用應以工廠遷移爲要件。如原廠仍繼續營運並未遷廠，而僅出售原工廠用地之一部分者，尙非屬上揭條文所稱「自營工廠用地出售」，應無該條重購退稅規定之適用。

30.○君先購買房地並於 90 年 5 月 20 日完成移轉登記，復於 91 年 6 月 3 日出售原有自用住宅用地，其重購地自完成移轉登記之日起逾 2 年後（92 年 9 月 9 日），始由第三地將戶籍遷入，核與土地稅法第 9 條及第 35 條規定不合，不得退還已納之土地增值稅（財政部 93.7.14 台財稅字第 09304535100 號函）。

31.土地所有權人重購自用住宅用地後辦理自益信託，如該地上房屋仍供委託人本人、配偶、或其直系親屬做住宅使用，與該土地信託目的不相違背且其他要件符合土地稅法第 9 條、第 35 條相關規定者，其申請依土地稅法第 35 條第 1 項第 1 款規定退還土地增值稅時，參照本部 93.1.27 台財稅字第 0920454818 號令規定，准予辦理退稅；重購土地已退還土地增值稅者，自完成移轉登記之日起，5 年內辦理自益信託且符合前述規定者，核與同法第 37 條所稱再行移轉或改作其他用途之情形有別，免依該條規定追繳原退還稅款（財政部 93.7.28 台財稅字第 0930451957 號令）。

32.○君先購自用住宅用地，復於 2 年內「同時出售」二處自用住宅用地，並准按自用住宅用地稅率課徵土地增值稅，可依其選擇就其中一處計算原出售土地地價，依土地稅法第 35 條規定退還已納土地增值稅（財政部 94.5.3 台財稅字第 09404530320 號函）。

33.○君出售土地，於 2 年內重購土地，其設籍出售地之直系親屬於出售土地前一年內死亡，如出售地於設籍人死亡後係騰空待售，准依土地稅法第 35 條規定退還已納之土地增值稅（財政部 94.7.21 台財稅字第 09404553850 號函）。

34.○君分次持分出售同一處自用住宅用地予同一承買人，並於 2 年內重購自用住宅用地，依土地稅法第 35 條辦理重購退稅時，其原出售土地地價之計算應以該出售同一處之自用住宅用地總地價爲準（財政部 96.2.26 台財稅字第 09604513640 號函）。

35.土地所有權人出售自用住宅用地後另行購買自用住宅用地（包括先買後賣之情形），依土地稅法第 35 條第 1 項規定申請退還已納土地增值稅數額之計算，於原出售自用住宅用地面積部分，不受都市土地未超過三公畝或非都市土地未超過七公畝之限制（財政部 96.4.18 台財稅字第 09604521610 號令）。

36.土地所有權人出售重劃區內之公共設施保留地，非屬土地稅法第 10 條第 1 項（平均地權條例第 3 條第 3 款）規定之農業用地，其於 2 年內另行購買供自耕之農業用地，應無土地稅法第 35 條（平均地權條例第 44 條）規定之適用（財政部 101.8.31 台財稅字第 10100634490 號函）。

第 36 條（原出售及新購土地地價之計徵標準）

前條第 1 項所稱原出售土地地價，以該次移轉計徵土地增值稅之地價為準。所稱新購土地地價，以該次移轉計徵土地增值稅之地價為準；該次移轉課徵契稅之土地，以該次移轉計徵契稅之地價為準。

解說

(一)本條立法理由在於明定所稱出售土地地價及新購土地地價爲課徵土地增值稅的地價，以資配合本法第 35 條的規定。

(二)依本條規定，可分析如下：

1.原出售土地地價：即是出售時申報移轉計徵土地增值稅的地價。

2.新購土地地價：即是買進時申報移轉計徵土地增值稅的地價。

3.若是移轉時課徵契稅者，則以課徵契稅的地價爲準，作爲原出售土地的地價或新購土地的地價。

實例

張德成出售四層樓公寓住宅一户，售價爲800萬元，另於隔鄰新購大廈住宅一户，買價爲1,500萬元，其公告現值均爲每平方公尺2萬元，但由於四層樓公寓的持分面積較大，故出售的市價雖然較少，可是以公告現值計算總價，卻比買進的大樓還多，因此，不得申請退稅。

第 37 條（追繳）

土地所有權人因重購土地退還土地增值稅者，其重購之土地，自完成移轉登記之日起，5 年內再行移轉時，除就該次移轉之漲價總數額課徵土地增值稅外，並應追繳原退還稅款；重購之土地，改作其他用途者亦同。

解說

(一)爲避免當事人於退稅後，馬上將新購的土地出售，或轉作其他用途，以逃漏增値稅，並從事土地投機，故明定限制條文，此爲本條的立法理由。

(二)依本條規定，可分析如下：

1. 5 年內再行移轉者：依本法第 35 條規定重購退稅者，於 5 年內將新購土地再移轉給他人者，則不僅再移轉時應計徵土地增値稅，原退還的土地增値稅亦應追繳。其 5 年期間以新購的土地自完成移轉登記之日起算。

2. 5 年內改作其他用途者：例如賣出及買進自用住宅用地而退還賣出時所繳納的土地增値稅，於買進後 5 年內，改作非自用住宅用地使用時，則追繳該退還的土地增値稅。又如賣出自營工廠用地，另於其他都市計畫工業區或政府編定的工業用地內購地設廠而退還賣出時所繳納的土地增値稅，於買進後五年內，改作非自營工廠使用時，則追繳該退還的土地增値稅。

(三)實務解釋：

1.土地稅法第 37 條對於追繳原退還稅款，既未規定加計利息，自不得另加計利息追繳。上項追繳稅款，准按補徵稅款方式辦理。此項補徵稅款可在稅單上註明其係補徵已退還之土地增値稅，俾使納稅義務人有所了解。其稅款應列爲補徵年度之稅收，稅款之分配依財政收支劃分法令有關規定辦理；如納稅義務人拒不繳納時，應移送法院就其財產爲強制執行。如重購土地業已出售，當可就納稅義務人之其他財產爲執行（財政部 69.5.16 台財稅字第 33912 號函）。

2.已於土地稅法第 35 條規定兩年內重購土地退還土地增値稅後，因該新購之土地於 5 年內被政府依法徵收者，免依同法第 37 條規定追繳原退還之稅款（財政部 77.12.6 台財稅字第 770441102 號）。

3.土地所有權人因重購自用住宅用地退還土地增值稅者，其重購之土地，自完成移轉登記之日起，5 年內因繼承而移轉時，可免依土地稅法第 37 條規定追繳原退還稅款；但繼承人繼承土地後，於上述期間內再行移轉或改作其他用途時，仍應向繼承人追繳（財政部 80.12.18 台財稅字第 800460190 號函）。

4.土地稅法第 37 條規定之立法意旨，係爲避免當事人於退稅後即將另購之土地出售，或轉作其他用途，以逃漏土地增值稅。土地所有權人重購自用住宅用地，經核准依同法第 35 條規定退還土地增值稅後，如有因子女就學需要、因公務派駐國外、土地所有權人死亡等原因，致戶籍遷出或未設於該地，尚難謂已改作其他用途，倘經查明實際上仍作自用住宅使用，確無出租或供營業情事者，可免依同法第 37 條規定追繳原退還稅款（財政部 83.6.9 台財稅字第 831596661 號函）。

5.土地所有權人因重購自用住宅用地，經核准依土地稅法第 35 條規定退還土地增值稅者，其重購之土地，自完成移轉登記之日起，5 年內因重購之建築物受輻射污染，依「輻射污染建築物事件防範及處理辦法」規定由主管機關收購者，可免依同法第 37 條規定，追繳原退還稅款（財政部 84.1.11 台財稅字第 830671821 號函）。

6.土地所有權人重購自用住宅用地經核准退稅後，清查發現該重購土地地上建物部分已變更使用，倘未變更仍作自用住宅使用之持分土地地價，仍超過原出售土地地價扣除繳納土地增值稅後之餘額，且其超過之金額大於原退稅款者，准免依土地稅法第 37 條規定追繳其原退還之稅款（財政部 84.1.11 台財稅字第

841601025 號函）。

7.土地稅法第 37 條有關追繳原退還稅款規定之立法意旨，係爲避免當事人於退稅後即將另購之土地再行移轉或轉作其他用途，以逃漏土地增值稅，並從事土地投機；土地所有權人因重購自用住宅用地，經核准依土地稅法第 35 條規定退還土地增值稅後，其重購之土地自完成移轉登記之日起，5 年內贈與移轉登記予其配偶，如不依同法第 37 條規定追繳原退還稅款，則夫售地而妻購地或妻售地而夫購地此種原不適用退還土地增值稅之情形，即可利用此一方式申請退還稅款後再行登記到夫或妻之名下。是類情形，仍有取巧逃漏土地增值稅之虞，且依現行民法規定，其產權已由受贈配偶取得，係屬實質移轉，依土地稅法第 37 條規定，仍應追繳原退還稅款（財政部 90.6.18 台財稅字第 0900453106 號令）。

8.土地稅法第 37 條所稱「再行移轉」，指土地所有權人與他人成立「債權契約」移轉重購之土地且向稅捐稽徵機關申報土地移轉現值而言。至於該再移轉之重購土地，依同法第 51 條規定辦理查欠時，其對象應僅限於該項土地之欠稅，不包括原出售土地所應追繳之土地增值稅款（財政部 94.9.15 台財稅字第 09404561510 號令）。

9.土地所有權人重購自耕農業用地核准退還土地增值稅後，經發現新購自耕農業用地部分改作其他用途，應如何認定新購土地地價及核算應追繳原退還稅款疑義（財政部 106.4.21 台財稅字第 10500165730 號函）。

說明：二、依本部 71 年 3 月 25 日台財稅第 32035 號函規定，自耕之農業用地部分土地出租他人供停車場使用，於出售後另行購買自耕之農業用地，申請就已繳納土地增值稅額內，退還其不足支付新購土地地價之數額，應僅以未出租純供自耕之農業用地部分出售時所繳納之土地增值稅爲限。是以，自耕農業用地同一宗地有部分面積作其他用途者，依土地稅法第 35 條規定計算應退還土地增值稅時，係以使用情形符合規定之面積爲地價計算基礎（即作其他用途之地價不列入比較）。旨案土地依同法第37條規定辦理追繳所涉如何認定新購土地地價及核算應追繳原退還稅款，允宜參酌上開規定，查明實情本諸職權辦理。

第 38 條（刪除）

第 39 條（被徵收或重劃土地增值稅之減免）

被徵收之土地，免徵其土地增值稅；依法得徵收之私有土地，土地所有權人自願售與需用土地人者，準用之。

依都市計畫法指定之公告設施保留地尚未被徵收前之移轉，準用前項規定，免徵土地增值稅。但經變更為非公共設施保留地後再移轉時，以該土地第一次免徵土地增值稅前之原規定地價或最近一次課徵土地增值稅時核定之申報移轉現值為原地價，計算漲價總數額，課徵土地增值稅。

非都市土地經需用土地人開闢完成或依計畫核定供公共設施使用，並依法完成使用地編定，其尚未被徵收前之移轉，經需用土地人證明者，準用第 1 項前段規定，免徵土地增值稅。但經變更為非公共設施使用後再移轉時，以該土地第一次免徵土地增值稅前之原規定地價或最近一次課徵土地增值稅時核定之申報移轉現值為原地價，計算漲價總數額，課徵土地增值稅。

前項證明之核發程序及其他應遵行事項之辦法，由財政部會同有關機關定之。

本法中華民國 110 年 5 月 21 日修正之條文施行時，尚未核課或尚未核課確定案件，適用第 3 項規定。

解說

(一)本條於民國 83 年 1 月 7 日修正，於民國 86 年 5 月 21 日及民國 110 年 6 月23 日再修正。

(二)本條於民國 83 年修正前，規定土地被徵收，仍應計徵土地增值稅，但予以減徵，其立法理由爲：

1.政府徵收土地，雖已參照毗鄰非公共設施保留地地段之公告現值補償，惟究屬強制性之移轉，爲減少政府與人民間土地徵購之紛爭，爰訂定減徵土地增值稅之優惠辦法。

2.明定私有土地按公告現值價格售與需地機關者，亦可與徵收土地享受同等減稅之待遇，以利政府機關因公共事業之需要而迅速取得土地。

(三)本條修正後，對於土地被徵收、或依法得徵收之私有土地，土地所有權人自願售與需用土地人，免徵土地增值稅，其修正的立法理由，係爲符合公用徵收免課土地增值稅之原則，俾保障土地所有權人之權益，並促進公共建設之推展。

(四)本條第 1 項後段規定「依法得徵收之私有土地，土地所有權人自願售與需用土地人」之情形，係指依土地徵收條例第 11 條第 1 項所規定之「徵收前之協議價購」，即需用土地人申請徵收土地或土地改良物前，除國防、交通或水利事業，因公共安全急需使用土地未及與所有權人協議者外，應先與所有權人協議價購。

(五)本條第 2 項規定，依都市計畫法指定之公共設施保留地尚未被徵收前之移轉，免徵土地增值稅。但經變更爲非公共設施保留地後再移轉時，應課徵土地增值稅，係以該土地第一次免徵土地增值稅前之原規定地價或最近一次課徵土地增值稅時核定之申報移轉現值爲原地價，計算漲價總數額。

(六)本條第 3 項之規定係於民國 110 年 6 月 23 日修正時所新增，係依民國 108 年 7 月 5 日公布司法院釋字第 779 號解釋，增訂非都市土地供公共設施使用，尚未被徵收前移轉，免徵土地增值稅之條件。並參照第 2 項都市土地之公共設施保留地經變更爲非公共設施保留地時，應課徵土地增值稅及計算漲價總數額之標準，於第3項後段定明。

(七)本條第 4 項之規定亦於民國 110 年 6 月 23 日修正時所新增，有關第 3 項非都市土地供公共設施使用證明之核發程序及其他應遵行事項，財政部訂頒「非都市土地供公共設施使用認定及核發證明辦法」，可參閱附錄十一。

(八)本條第 5 項之規定亦於民國 110 年 6 月 23 日修正時所新增，明定於民國 110 年 5 月 21 日修正之條文施行時，供公共設施使用之非都市土地尚未核課或尚未核課確定案件，適用第3項規定。

(九)檢附公設保留地證明文件（土稅施則 55 之 1）：

1.依本法第 39 條第 2 項本文規定申請免徵土地增值稅時，應檢附都市計畫公共設施保留地證明文件；依同條第 3 項本文規定申請免徵土地增值稅時，應檢附非都市土地供公共設施使用證明書。

2.依本法第 39 條第 2 項本文及第 3 項本文規定核定免徵土地增值稅之土地，主管稽徵機關應將核准文號建檔，並將有關資料送地政機關登載前次移轉現值。

(十)實務解釋：

1.都市計畫編定為非公共設施用地，因政府急需使用該土地興辦公共設施，在未完成都市計畫變更之前，土地所有權人願意按徵收補償標準讓售者，可否適用土地稅法第 39 條第 2 項（現行法第 3 項）規定免徵土地增值稅疑義案，請依內政部 86.2.24 台（86）內地字第 8674205 號函之會商結論辦理（財政部 86.3.19 台財稅第 861888371 號函）。

附件：內政部 86.2.24 台（86）內地字第 8674205 號函

案經本部邀集法務部、財政部、交通部、臺灣省政府地政處等機關會商獲致結論如次：查都市計畫法第 48 條及第 52 條分別規定：「依本法指定之公共設施保留地供公用事業設施之用者，由各該事業機構依法予以徵收或購買；其餘由該管政府或鄉、鎮、縣轄市公所依左列方式取得之：一、徵收。二、區段徵收。三、市地重劃。」「都市計畫範圍內，各級政府徵收私有土地或撥用公有土地，不得妨礙當地都市計畫。……」故都市計畫內之非公共設施用地，在未完成都市計畫變更為公共設施用地程序前，不得辦理徵收。本案政府亟需使用非公共設施用地興辦公共設施，所有權人並願意按徵收補償標準讓售者，依上開規定，該土地既尚未完成都市計畫變更程序，尚非屬平均地權條例第 42 條第 2 項（現行條例第 3 項）所稱「依法得徵收之私有土地」。

2.本案經函准內政部 86.10.21 台（86）內地字第 8609829 號函略以：「依都市計畫法指定之公共設施保留地在未徵收前之移轉，準用被徵收土地免徵土地增值稅，為土地稅法第 39 條第 2 項所明訂，本件法院拍賣土地，其使用分區為部分住宅區、部分道路用地；其屬道路用地部分既屬都市計畫公共設施保留地，其拍賣移轉時自得依上開規定，免徵土地增值稅；至本案土地因未辦分割登記，致屬道路用地部分之面積、地價均不甚明確之問題，宜請稅捐稽徵機關依平均地權條例施行細則第 3 條及地籍、地價與都市計畫訂樁（內政部原函文字為「釘樁」）作業聯繫要點有關規定，儘速協調當地主管機關辦理訂樁及地籍分割登記等事宜」，本部同意內政部上開意見。又基於稽徵業務考量，本案於道路用地部分未辦分割登記前，可先按一般用地稅率核課土地增值稅，俟分割完畢後，再就其屬公共設施保留地部分辦理退稅（財政部 86.11.8 台財稅第 861924671 號函）。

3.本案准內政部 87.12.18 台（87）內地字第 8790962 號函略以：「平均地權條例第 42 條（土地稅法第 39 條）第 1 項規定『被徵收之土地，免徵其土地增值稅。』，查其立法意旨係為符合公用徵收免課土地增值稅之原則，俾保障土地所有權人之權益，並促進公共建設之推展。又查建築法第 44 條及 45 條規定『……建築基地面積畸零狹小不合規定者，非與鄰接土地協議調整地形或合併使用，達到規定最小面積之寬度及深度，不得建築。前條基地所有權人與鄰接土地所有權人於不能達成協議時，得申請調處，……調處不成時，基地所有權人或鄰接土地所有權人得就規定最小面積之寬度及深度範圍內之土地按徵收補償金額預繳買賣價款申請該管地方政府徵收後辦理出售。……如有異議，公開標售之。……』，地方政府依上開規定辦理畸零地徵收、出售及標售，係基於促進土地利用效益、增進市容觀瞻及健全都市發展之目的，此與上揭平均地權條例第 42 條規定為保障被徵收土地所有權人之權益，並促進公共建設推展之目的不同。故本案似不宜免徵土地增值稅……。」本部同意該部意見（財政部 88.1.4 台財稅第 871210187 號函）。

4.都市計畫法指定公共設施用地，都市計畫書載明取得方式爲「徵購」或「獎勵投資」取得，其移轉時有無土地稅法第 39 條第 2 項規定免徵土地增值稅之適用疑義乙案（財政部 88.2.11 台財稅第 880079263 號函）。

說明：本案准內政部 88.2.1 台（88）內營字第 8872226 號函略以：「查經依都市計畫法第 30 條規定所訂辦法核准由私人或團體投資興辦之公共設施用地，應非都市計畫法第 50 條所稱「公共設施保留地」前經本部 87.6.30 台內營字第 8772176 號函釋在案，準此，都市計畫書規定以「獎勵投資」方式興闢之公共設施用地，在未核准私人或團體投資辦理以前，自仍屬公共設施保留地。至於都市計畫書規定以「徵購」方式取得之「道路」及「體育場」等公共設施保留地，其移轉時有無土地稅法第 39 條第 2 項規定免徵土地增值稅之適用乙節，查都市計畫法第 48 條規定：『依本法指定之公共設施保留地供公用事業設施之用者，由各該事業機構依法予以徵收或購買；其餘由該管政府或鄉、鎮、縣轄市公所依徵收、區段徵收、市地重劃 3 種方式取得』，上述道路及體育場非屬公用事業設施，且鑑於該等公共設施用地過去極少以購買方式取得，爲維護土地所有權人權益，並參酌貴部 87.8.15 台財稅第 871959943 號函決議之意旨，似宜比照以『徵收』方式取得之公共設施保留地處理。」本部同意該部意見。

5.檢送內政部關於協議以價購或其他方式取得之土地，有非都市土地使用管制規則第 11 條應辦理使用分區變更或同規則第 30 條第 3 項規定之情形，該等土地在未經區域計畫擬定機關核發許可前，尚難謂爲「依法得徵收之私有土地」而依平均地權條例第 42 條第 3 項規定免徵土地增值稅之釋函一份（財政部 91.1.3 台財稅字第 0900458051 號函）。

附件：內政部 90.12.21 台（90）內地字第 9062392 號函

爲配合非都市土地使用管制規則修正及各區域計畫通盤檢討公告實施，並避免公共工程奉准徵收後，其開發計畫（土地使用計畫）未獲區域計畫委員會審議同意，而有未能依徵收計畫使用之虞，非都市土地有上開規則第 11 條應辦理使用分區變更或同規則第 30 條第 3 項規定之情形，應先依該規則土地使用分區變更章規定，經區域計畫委員會審議同意，並經區域計畫擬定機關核發開發許可後，再報請徵收。是該等土地在未經區域計畫擬定機關核發開發許可前，尚難謂爲「依法得徵收之私有土地」而依平均地權條例第 42 條第 3 項規定免徵土地增值稅。本部 90.8.29 台（90）內地字第 9012403 號函說明二「(一)……稅捐機關於核發免稅證明時，如對『依法得徵收之私有土地』認定尚有疑義，應先洽該管直轄市或縣（市）政府地政主管機關協助認定之。」乙節，所稱地政主管機關係指直轄市或縣（市）政府。

6.公司出售交通用地，既經都市發展局認定該等土地於尚未完成都市計畫通盤檢討變更前，仍應列爲公共設施保留地，其移轉時應有土地稅法第 39 條第 2 項免徵土地增值稅規定之適用（財政部 92.12.1 台財稅字第 0920480771 號函）。

說明：依內政部營建署 91.11.19 營署都字第 0912917884 號函略以：「公共設施用地雖經奉准撤銷徵收，惟尚未依法完成都市計畫變更程序，其土地使用仍按公共設施保留地管制，爲保障土地所有權人權益，仍應認屬公共設施保留地。」本案土地於 80 年 4 月 13 日經都市計畫公告爲交通用地，都市計畫內載明土地取得方式爲徵購，雖於移轉前已確定無需使用該交通用地，不再辦理徵收，惟因移轉時土地並未完成都市計畫變更爲非公共設施保留地，參照上開內政部營建署函及本部 88.2.11 台財稅第

880079263 號函規定，應有土地稅法第 39 條第 2 項免徵土地增值稅規定之適用。

7.依都市計畫法指定之公共設施保留地，尚未被徵收前移轉，依土地稅法第 39 條第 2 項規定免徵土地增值稅，嗣經變更爲非公共設施保留地後再移轉課徵土地增值稅時，該土地自第一次免徵土地增值稅前最近一次取得土地所有權之時起，至再移轉應課土地增值稅期間內之各土地所有權人，其有就該土地支付同法第 31 條第 1 項第 2 款改良土地之改良費用者，得依該條規定減除；其有經重劃之土地，得依同法第 39 條第 4 項規定減徵（財政部 96.3.7 台財稅字第 09604518010 號令）。

8.依都市計畫法指定之公共設施保留地，其土地使用分區證明書載明整體開發方式爲「其他」，另依都市計畫書規定，原則依促進民間參與公共建設法規定由民間辦理聯合開發，其用地之取得須依該法及大眾捷運法相關規定辦理，如有必要得依一般徵收方式辦理，應有土地稅法第 39 條第 2 項免徵土地增值稅規定之適用（財政部 97.7.25 台財稅字第 09704740660 號函）。

9.檢送本部 100.1.12 研商「地方政府依建築法第 45 條規定徵收之畸零地，於徵收、徵收後出售或公開標售時，土地增值稅課徵疑義」會議紀錄乙份（財政部 100.1.21 台財稅字第 10004504680 號函）。

附件：研商「地方政府依建築法第 45 條規定徵收之畸零地，於徵收、徵收後出售或公開標售時，土地增值稅課徵疑義」會議紀錄

決議：(1)依建築法第 45 條規定徵收之畸零地，其申報移轉現值以該畸零地公告徵收當期之公告土地現值爲準。(2)上開畸零地於徵收後出售，其申報移轉現值以地方政府核發土地移轉證

明函日當期之公告土地現值爲準。(3)爲避免於土地所有權移轉完竣後補徵土地增值稅，衍生爭議，相關行政機關應配合事項如下：地方政府依建築法第 45 條規定徵收畸零地，請於土地清冊加註「本土地係依建築法第 45 條規定辦理徵收」。地方政府依建築法第 45 條規定出售畸零地，請於核發之權利移轉證明函載明係依建築法第 45 條規定辦理。

10.檢送內政部發布土地徵收條例第 11 條規定解釋令（內政部 101.9.19 台內地字第 1010303131 號令）乙份（財政部 101.9.20 台財稅字第 10100665840 號函）。

附件：內政部 101.9.19 台內地字第 1010303131 號令

依土地徵收條例第 11 條規定以市價達成協議價購者，應屬平均地權條例第 42 條第 3 項規定自願按徵收補償地價售與需地機關，準用同條第 1 項免徵土地增值稅規定。

11.一併價購土地視爲依法得徵收之土地，有免徵土地增值稅規定之適用，檢送內政部 105.8.30 台內地字第 1051307414 號函影本（財政部賦稅署 105.9.2 臺稅財產字第 10504636370 號函）。

附件：內政部 105.8.30 台內地字第 1051307414 號函

按本部 93.4.8 台內地字第 0930005543 號函，如協議價購取得土地之殘餘部分符合土地徵收條例第 8 條所稱面積過小或形勢不整，致不能爲相當之使用者，所有權人請求一併價購時，建議需用土地人於財政預算許可下，宜同意就其殘餘部分予以一併價購。又一併價購土地視爲依法得徵收之土地，依平均地權條例第 42 條第 3 項規定：「依法得徵收之土地，土地所有權人自願按徵收補償地價售與需地機關，準用同條第 1 項之規定。」並按本部 101.9.19 台內地字第 1010303131 號令：「依土地徵收條例第

11 條規定以市價達成協議價購者，應屬平均地權條例第 42 條第 3 項規定自願按徵收補償地價售與需地機關，準用同條第 1 項免徵土地增值稅規定。」意旨，當有免徵土地增值稅規定之適用。

第 39 條之 1（區段徵收土地增值稅之減免與課徵）

經重劃之土地，於重劃後第一次移轉時，其土地增值稅減徵 40%。

區段徵收之土地，以現金補償其地價者，依前條第 1 項規定，免徵其土地增值稅。但依平均地權條例第 54 條第 3 項規定因領回抵價地不足最小建築單位面積而領取現金補償者亦免徵土地增值稅。

區段徵收之土地依平均地權條例第 54 條第 1 項、第 2 項規定以抵價地補償其地價者，免徵土地增值稅。但領回抵價地後第一次移轉時，應以原土地所有權人實際領回抵價地之地價為原地價，計算漲價總數額，課徵土地增值稅，準用第 1 項規定。

解說

(一)本條於民國 83 年 1 月 7 日及民國 110 年 6 月 23 日修正。

(二)本條第 1 項規定土地重劃後土地增值稅之減徵，係於民國 110 年 6 月 23 日修正時，由修正前之 39 條第 4 項移至本條第 1 項。因政府進行重劃時間均相當長，明定經重劃之土地，於重劃後第一次移轉時，其土地值稅予以減徵 40%，以保障土地所有權人之權益。

(三)減徵的重劃土地（土稅施則 56）：依本法第 39 條之 1 第 1 項減徵土地增值稅之重劃土地，以下列土地，於平均地權條例中華民國 66 年 2 月 2 日公布施行後移轉者爲限：

1.在中華民國 53 年舉辦規定地價或重新規定地價之地區，於該次規定地價或重新規定地價以後辦理重劃之土地。

2.在中華民國 53 年以前已依土地法規定辦理規定地價及在中華民國 53 年以後始舉辦規定地價之地區，於其第一次規定地價以後辦理重劃之土地。

(四)本條民國 83 年 1 月 7 日修正前，規定區段徵收，仍應計徵土地增值稅，但比照土地徵收予以減徵，其立法理由為：

1.區段徵收為徵收方式之一種，其以現金補償地價時，土地所有權人所受權益與一般徵收無異，有關減徵土地增值稅之規定自應依本法第 39 條第 1 項規定辦理。其以抵價地抵付，而抵價地面積畸零狹小無法建築改領現金補償時，應免徵土地增值稅，以照顧小地主之權益。

2.區段徵收如依平均地權條例第 54 條第 1 項、第 2 項規定改按抵價地抵付補償地價者，因原土地所有權人所領取者為土地而非現金，如仍須籌款繳納土地增值稅，勢必增加原土地所有權人之困難，且區段徵收後原土地所有權人實際已提出 50% 之土地，供公共設施及建設之用，若仍課徵土地增值稅，亦有欠公允，爰設免徵之規定，但於第一次移轉時，仍應按其漲價總數額課徵土地增值稅，以維漲價歸公之原則。

(五)本條民國 83 年 1 月 7 日修正後，對於區段徵收均免予計徵土地增值稅，其立法理由為：第 2 項前段因區段徵收之土地，以現金補償其地價者，與一般徵收無異，故在公用徵收不課土地增值稅原則下，區段徵收亦應免徵土地增值稅。

(六)依本條第 2 項及第 3 項規定，可分析如下：

1.區段徵收的土地，以現金補償其地價者，免徵其土地增值稅。

2.區段徵收的土地，因領回抵價地不足最小建築單位面積而領取現金補償者，亦免徵土地增值稅。

3.區段徵收的土地，以抵價地補償其地價者，免徵土地增值稅。

4.領回抵價地後第一次移轉，以實際領回抵價地的地價為原地價計徵土地增值稅，並予以減徵40%。

(七)區段徵收：

1.所謂「區段徵收」，依土地法第212條第2項規定，是指於一定區域內的土地，應重新分宗整理，而為全區土地的徵收。

2.依平均地權條例第54條規定，區段徵收時應補償其地價，如經土地所有權人申請，得以徵收後可供建築的土地折算抵付，該抵付的土地，即是所謂的「抵價地」。

(八)實務解釋：

1.區段徵收之土地，土地所有權人領回抵價地，該土地經配偶相互贈與或信託登記後，於再移轉計徵土地增值稅時，應有土地稅法第39條之1第2項但書（平均地權條例第42條之1第2項但書）規定，減徵土地增值稅40%之適用（財政部93.8.12台財稅字第0930474853號函）。

2.經重劃之土地，依重劃後第一次移轉，申請減徵土地增值稅20%（現行法修正為40%）者，依平均地權條例施行細則第57條第1項（現行細則第60條）規定，應以舉辦第一次規定地價後辦理重劃之土地，且在平均地權條例施行後移轉者為限。本案陳××君等出售土地，既經查明係重劃後始行舉辦規定地價，應無上揭規定之適用（財政部72.3.24台財稅字第31948號函）。

3.土地稅法第39條第3項（現行法為第4項）及平均地權條例第42條第3項（現行法為第4項）修正公布施行前已重劃完成，而於上揭條項修正公布施行後第一次移轉之土地，得依前開法條規定其土地增值稅應有減徵 40% 之適用（財政部 83.6.22 台財稅字第 831598581 號函）。

4.○君所有重劃增配並嗣經辦理共有物分割之土地，於辦理共有土地分割時，其所取得之土地價值與其分割前應有價值相等部分，性質上爲原物之分配，且既未享受土地增值稅之減徵，其再次移轉時，應准視爲重劃後第一次移轉，依土地稅法第 39 條第 4 項規定減徵其土地增值稅。至於共有土地分割時，已依規定申報移轉現值之差額地價部分之土地，縱因原規定地價或前次移轉現值按物價指數調整，致無漲價總數額，其於分割時仍屬重劃後第一次移轉，故於分割後再移轉時，應無上開減徵規定之適用（財政部 88.2.4 台財稅第 881898659 號函）。

5.經重劃之土地，於重劃後因成立信託而移轉與受託人，受託人於信託關係存續中，移轉該受託土地課徵土地增值稅時，應有土地稅法第 39 條第 4 項規定減徵土地增值稅 40% 之適用（財政部 93.9.9 台財稅字第 0930453623 號函）。

6.重劃後之土地經辦理共有物分割後再移轉，依本部 93.8.11 台財稅字第 09304539730 號令規定，依實質課稅原則以分割前之原規定地價或前次移轉現值爲原地價，計算漲價總數額之土地，如經查明係重劃後始辦理共有土地分割者，其於分割後移轉依上揭令釋規定核稅時，應准依土地稅法第 39 條第 4 項規定減徵土地增值稅，其實際支付之重劃費用及增繳地價稅，並得依同法第 31 條第 1 項第 2 款及第 3 項規定扣減漲價總數額及抵繳土地增值稅（財政部 94.2.21 台財稅字第 09404502260 號令）。

7.經重劃之土地，於重劃後第一次移轉未申請依土地稅法第 39 條第 4 項規定減徵土地增值稅，而係申請並經核准依同法第 39 條之 2 第 1 項規定不課徵土地增值稅者，嗣後再移轉依法應課徵土地增值稅時，已非屬重劃後第一次移轉，應無上開減徵規定之適用（財政部 100.11.1 台財稅字第 10004735380 號函）。

第 39 條之 2（農業用地之增值稅）

作農業使用之農業用地，移轉與自然人時，得申請不課徵土地增值稅。

前項不課徵土地增值稅之土地承受人於其具有土地所有權之期間內，曾經有關機關查獲該土地未作農業使用且未在有關機關所令期限內恢復作農業使用，或雖在有關機關所令期限內已恢復作農業使用而再有未作農業使用情事時，於再移轉時應課徵土地增值稅。

前項所定土地承受人有未作農業使用之情事，於配偶間相互贈與之情形，應合併計算。

作農業使用之農業用地，於本法中華民國 89 年 1 月 6 日修正施行後第一次移轉，或依第 1 項規定取得不課徵土地增值稅之土地後再移轉，依法應課徵土地增值稅時，以該修正施行日當期之公告土地現值為原地價，計算漲價總數額，課徵土地增值稅。

本法中華民國 89 年 1 月 6 日修正施行後，曾經課徵土地增值稅之農業用地再移轉，依法應課徵土地增值稅時，以該土地最近一次課徵土地增值稅時核定之申報移轉現值為原地價，計算漲價總數額，課徵土地增值稅，不適用前項規定。

解說

(一)本條文於民國 89 年 1 月 26 日配合農業發展條例的修正而修正。

(二)農業發展條例第 37 條及平均地權條例第 45 條等規定，與本條文相同。

(三)農地農有轉變爲農地農用：由於農業勞動力與資金的外移，造成農業欲振乏力，故政策上「農地農有」轉變爲「農地農用」，期能吸引大量的財力、人力，甚至於智力於農業經營，以促進農業的發展。故於民國 89 年 1 月 26 日，本條及農業發展條例第 37 條及平均地權條例第 45 條同步修正。第 1 項規定作農業使用的農業用地，移轉與自然人時，得申請不課徵土地增值稅，顯然該農業用地即作農業使用，其承受的自然人應爲農民，故賦予得申請不課徵土地增值稅的權利，實有照顧農民的意味在其中。如該承受農業用地的自然人不是農民，則依本條第 2 項規定，只要「農地農用」，亦得申請不課徵土地增值稅，實有獎勵的意味在其中。

(四)應課土地增值稅：第 1 項規定得申請不課徵土地增值稅，即具有照顧或獎勵的意味，若承受人承受後未作農業使用，則於承受人承受後的再移轉，已不符第 1 項「作農業使用」的要件，故第 2 項規定，自應課徵土地增值稅。

(五)配偶間的贈與：依本法第 28 條之 2 規定，配偶相互贈與土地，不課徵土地增值稅。但如果是農地的贈與，該農地有未作農業使用的情形，仍應課徵土地增值稅。

(六)原地價：

1.本法條於民國 89 年 1 月 26 日公布施行，其生效日爲第三天，即民國 89 年 1 月 28 日：

(1)於民國 89 年 1 月 28 日以後第一次移轉的農業用地。

(2)依第 1 項規定取得不課徵土地增值稅的土地後再移轉。

(3)前兩種情形，如依法應課徵土地增值稅時，以民國 89 年 1 月 28 日當期——即民國 88 年公告土地現值爲原地價，計算漲價總數額，課徵土地增值稅。

2.至於民國 89 年 1 月 28 日以後移轉的農地，曾經課徵土地增值稅後再移轉時，自應以最近一次課徵土地增值稅核定的移轉現值爲原地價，應無疑義。

(七)農業用地（土稅施則 57）：

本法第 39 條之 2 第 1 項所稱農業用地，其法律依據及範圍如下：

1.農業發展條例第 3 條第 11 款所稱之耕地。

2.依區域計畫法劃定爲各種使用分區內所編定之林業用地、養殖用地、水利用地、生態保護用地、國土保安用地及供農路使用之土地，或上開分區內暫未依法編定用地別之土地。

3.依區域計畫法劃定爲特定農業區、一般農業區、山坡地保育區、森林區以外之分區內所編定之農牧用地。

4.依都市計畫法劃定爲農業區、保護區內之土地。

5.依國家公園法劃定爲國家公園區內按各分區別及使用性質，經國家公園管理機關會同有關機關認定合於前三款規定之土地。

(八)申請不課稅應備的文件（土稅施則 58）：

1.依本法第 39 條之 2 第 1 項申請不課徵土地增值稅者，應檢附直轄市、縣（市）農業主管機關核發之農業用地作農業使用證明文件，送主管稽徵機關辦理。

2.直轄市、縣（市）農業主管機關辦理前項所定作農業使用證明文件之核發事項，得委任或委辦區、鄉（鎮、市、區）公所辦理。

(九)列管（土稅施則 59）：依本法第 39 條之 2 第 1 項核准不課徵土地增值稅之農業用地，主管稽徵機關應將核准文號註記列管，並於核准後 1 個月內，將有關資料送直轄市、縣（市）農業主管機關。

(十)實務解釋：

1.土地稅法第 39 條之 2（平均地權條例第 45 條）第 4 項有關以該修正施行日當期之公告土地現值爲原地價，計算漲價總數額，課徵土地增值稅規定之適用，應以土地稅法（平均地權條例）89.1.28 修正公布生效時，該土地符合同法施行細則第 57 條第 1 項所定之農業用地爲適用範圍；倘土地稅法89.1.28 修正公布生效時，該土地業經依法律變更編定爲非農業用地，縱其尚未完成細部計畫或已完成細部計畫而尚未開發完成，均無土地稅法第 39 條之 2 第 4 項原地價認定規定之適用（財政部 90.5.4 台財稅字第 0900452810 號函）。

2.依本部 89.10.30 台財稅字第 0890457780 號函規定，對初次查獲未作農業使用之農地，限期令當事人恢復作農業使用。所稱「限期」，參照行政院農業委員會 90.5.28 農企字第 900118388 號函，宜由主管稽徵機關視案件繁簡裁定期限（財政部 90.6.12 台財稅字第 0900453118 號函）。

3.農業用地移轉，雙方當事人原申請依土地稅法第 39 條之 2 第 1 項規定不課徵土地增值稅，經核發不課徵證明書在案，如於辦竣移轉登記前，復又共同提出申請依法課徵土地增值稅，應准予受理（財政部 90.7.19 台財稅字第 0900038524 號函）。

4.○君申報移轉農業用地，原依土地稅法第 39 條之 2 第 4 項規定，以該修正施行日當期之公告土地現值爲原地價核課土地增值稅，嗣依規定查核補徵土地增值稅，如經查明該筆土地於移轉時，確符合土地稅法第 39 條之 2 第 1 項規定要件，且於補徵稅款繳納期間內，已補行申請適用不課徵土地增值稅規定者，應准受理（財政部 90.8.9 台財稅字第 0900455008 號函）。

5.法院拍賣農業用地，債權人可否類推適用民法第 242 條規定代位債務人（原土地所有權人），申請依土地稅法第 39 條之 2 第 1 項規定不課徵土地增值稅乙案（財政部 90.8.13 台財稅字第 0900455007 號函）。

(1)土地稅法第 39 條之 3 第 1 項規定立法理由略以：「依中央法規標準法第 5 條規定，關於人民之權利、義務者，應以法律定之。又由於農業用地移轉，買賣雙方之權益互相衝突。課徵土地增值稅，增加本次出售土地人之稅負；不課徵土地增值稅，承受人再移轉時之土地增值稅負擔增加，爰參照本法第 34 條之 1，明定申請不課徵土地增值稅之程序，以杜紛爭。」依此規定，得申請不課徵土地增值稅之當事人應爲移轉土地之權利人或義務人，並不包括債權人。故法院拍賣之農業用地，依土地稅法第 39 條之 3 第 2 項規定，應由權利人或義務人提出申請，債權人向不得代位申請不課徵土地增值稅。又依土地稅法第 39 條之 2 第 1 項規定，農業用地移轉符合不課徵土地增值稅要件者，尙應由移轉土地之權利人或義務人提出申請，與修法前同條項所定當然適用免徵土地增值稅規定有別，併予敘明。

(2)次查上述移轉土地之權利人或義務人申請不課徵土地增值稅之權利，乃公法上之權利，可否類推適用民法之規定，宜以相關法律未有規定者爲前提。又基於稅法自治原則，民法之規定縱可類推適用，亦須該項民法之規定與稅法之性質不相抵觸，始得爲法律共通之原理而爲適用。民法第 242 條所規定之代位權，雖屬於債權人之權利，但亦有不適於代位行使者，包括取得權利之權能及依權利之性質不得讓與之權利等。有關土地稅法第 39 條之 2 第 1 項「不課徵土地增值稅」規定之實質效果，僅係延緩課徵，並非就該次移轉階段已產生之土地漲價利益予以免除，故經申請不課徵土地增值稅後，將加重取得土地所有權人再次移轉時土地增值稅之負擔；換言之，如准債權人代位債務人申請適用不課徵土地增值稅，將因而有不利於取得土地所有權人的法律效果，此與民法代位權之行使，單純爲保障債權人之權益，應有不同。是以，上述稅法所定申請不課徵土地增值稅之權利性質及其行使之法律效果與民法所定債權之行使，尚有不同。由於是否主張不課徵土地增值稅，涉及買賣雙方權益，故土地稅法第 39 條之 3 明定申請不課徵土地增值稅之當事人爲移轉土地之權利人或義務人，在稅法僅規定得由買賣任一方申請不課稅之情況下，不宜由債權人類推適用民法規定代位行使該權利。

6.有關原爲農業用地經都市計畫變更爲行水區、河川區或洪水平原一級管制區之土地，在未依水利法徵收前，如經查明仍作農業使用且未違反水利法規及都市計畫書管制規定者，准予適用農業發展條例第 37 條及第 38 條規定，得申請不課徵土地增值稅或免徵遺產稅、贈與稅（財政部 90.10.18 台財稅字第 0900456823 號函）。

(1)有關原爲農業用地經都市計畫變更爲行水區、河川區之土地，在未依水利法徵收前，於移轉或繼承時，如經查明仍作農業使用且未違反水利法規及都市計畫書管制規定者，准予適用農業發展條例第 37 條及第 38 條規定，得申請不課徵土地增值稅或免徵遺產稅、贈與稅；至於變更爲洪水平原管制區之土地，其管制使用，依水利法第 65 條及第 82 條及洪水平原管制辦法第 8 條，即訂有「本辦法公告後，管制區內已核定或未核定之建設計畫，應即參照本辦法之規定予以修正或訂定」相關規定；另就洪水平原管制區內土地管制使用之程度而言，洪水平原二級管制區土地，於報經核定後尚可爲建築物之改建、修繕、變更原有地形、建造工廠、房屋或其他設施，與一級管制區內應嚴格限制建築，除不得建造永久性建造物或種植多年生植物或設置足以妨礙水流之建造物外，並禁止變更地形或地目，兩者之管制程度尚有差別。故是類土地，以劃定為洪水平原一級管制區之土地，准照前述行水區、河川區土地，適用上述相關賦稅優惠規定。

(2)旨揭土地為申請不課徵土地增值稅或免徵遺產稅、贈與稅，仍應依「農業用地作農業使用認定及核發證明辦法」之規定，申請核發農業用地作農業使用證明書。

7.農業用地移轉，申請依土地稅法第 39 條之 2 第 1 項規定不課徵土地增值稅案件，因農地承購對象已放寬為自然人，致生應否免予追查購地者資金來源之議；鑑於非自然人利用自然人名義購置農地，仍無上開規定之適用，為防杜此類農地投機行為，稽徵機關仍應本於職權進行查核。惟有關查核之時點，應於核准不課徵土地增值稅後再追查，以免影響正常土地交易之進行（財政部 90.10.24 台財稅字第 0900455790 號函）。

8.共有農業用地分割後，差額價值在 1 平方公尺以上，共有人依土地稅法第 39 條第 1 項規定，申請不課徵土地增值稅時，應就分割後共有人取得價值減少之該筆耕地申請核發農業用地作農業使用證明書，憑以審核（財政部 91.1.31 台財稅字第 0910450809 號函）。

9.作農業使用之農業用地於土地稅法（平均地權條例）89 年 1 月 28 日修正公布生效後移轉經核准不課徵土地增值稅之土地，如經認定符合土地稅法第 39 條之 2（平均地權條例第 45 條）第 4 項所定，於該修正公布生效日作農業使用之農業用地要件者，其原地價得依上述條項規定調整（財政部 91.2.5 台財稅字第 0910450669 號函）。

10.法院拍賣之農業用地，申請人於土地稅法第 39 條之 3 第 2 項規定之期限內先向稅捐稽徵機關申請不課徵土地增值稅，逾申請期限後，始向主管機關申請核發農業用地作農業使用證明書，因該證明書係在申請期限後始核發之證明文件，應無土地稅法第 39 條之 2 第 1 項規定不課徵土地增值稅之適用（財政部 90.3.13 台財稅字第 0900451289 號函）。

11.經法院拍賣之農業用地，申請不課徵土地增值稅之期限，依本部 89.8.1 台財稅第 0890454858 號函釋，應扣除主管機關核發證明書之期間，有關該期間末日應如何認定一案（財政部 90.3.29 台財稅字第 0900451834 號函）。

說明：經函准行政院農業委員會 90.3.14（90）農企字第 0900111495 號函略以：「宜以農業用地作農業使用證明書上之發文日期爲準。」故原則上於計算主管機關核發農業用地作農業使用證明書期間之末日，應以該證明書之發文日期爲準；惟爲顧及當事人之權益，若能提出確切領受日期之證明者，以該領受日期爲準。

12.農業用地設定典權，非屬土地所有權之移轉，應無土地稅法第 39 條之 2 第 4 項規定之適用；惟嗣後出典人無力回贖，而由典權人取得土地所有權時，如經查明符合上開條項規定要件，應可追溯適用該條項規定，則本案土地設典時與典權人取得土地所有權時，其分別以前次移轉現值及 89 年 1 月 28 日之公告土地現值爲原地價核計土地增值稅之差額稅款，應准予退還（財政部 90.12.24 台財稅字第 0900457414 號函）。

13.土地於拍定當時上有違章建物，該違章建物雖於拍定後補辦建照手續及申請使用執照，不宜追溯認定該建物自始爲合法。系爭土地於拍定當時顯不符合土地稅法第 39 條之 2 第 1 項所定作農業使用之要件，縱當事人於拍定後補辦相關手續，並憑以申請核發農業用地作農業使用證明書，仍無上述條項不課徵土地增值稅規定之適用。至可否適用上述法條第 4 項規定一節，應視其於 89 年 1 月 28 日土地稅法修正公布生效時是否符合「作農業使用之農業用地」之要件而定（財政部 91.3.4 台財稅字第 0910450801 號函）。

14.依土地稅法第 39 條之 2 第 1 項規定申請不課徵土地增值稅，應以移轉時，該農業用地確作農業使用為要件。倘於移轉時，未符上述要件，自無該規定之適用；縱於嗣後補辦容許而作農業使用，亦僅得就其於補辦容許作農業使用後之移轉時，申請適用不課徵土地增值稅。農業用地經法院拍賣，於拍定當時之土地使用現況，既經審查不符合農業使用規定，未獲准核發農業用地作農業使用證明書，縱於嗣後補辦容許使用，其於拍定移轉時仍與土地稅法第 39 條之 2 第 1 項規定，移轉時作農業使用之要件不符（財政部 91.8.21 台財稅字第 0910455239 號函）。

15.土地稅法第 39 條之 2 修正施行後，依第 28 條之 2 配偶相互贈與及依信託取得不課徵土地增值稅之農業用地，復經法院拍賣依法應課徵土地增值稅時，可否適用土地稅法第 39 條之 2 第 4 項規定以該修正施行日當期之公告土地現值為原地價，計算漲價總數額一案（財政部 92.8.22 台財稅字第 0920477206 號函）。

說明：土地稅法第 39 條之 2 第 4 項有關以土地稅法修正施行日當期之公告土地現值為原地價，計算漲價總數額，課徵土地增值稅規定之適用，應以土地稅法 89 年 1 月 28 日修正公布生效時，該農業用地仍作農業使用為要件，符合上開規定要件者即應准依據上揭條項規定，認定其原地價，據以核課土地增值稅。本案○君於 89 年 2 月 14 日依土地稅法第 28 條之 2 配偶相互贈與不課徵土地增值稅規定取得土地，嗣於 92 年 5 月 1 日經法院拍賣；另△君等二人於 89 年 3 月 12 日因信託取得土地後，於 92 年 5 月 28 日經法院拍賣，如經查明該二案土地於土地稅法 89 年 1 月 28 日修正公布生效時為作農業使用之農業用地，其依法應課徵土地增值稅，應有上開條項規定之適用。

16.法院拍賣農業用地，其情形不同於一般買賣，依法申請不課徵土地增值稅相關之程序亦有不同，故本部於 89.8.1 以台財稅第 0890454858 號函釋，對於當事人檢附有效之農業用地作農業使用證明書，在主管稽徵機關依法通知之次日起 30 日內，仍在有效期間者，仍可適用土地稅法第 39 條之 2 第 1 項規定不課徵土地增值稅在案，上述所稱「當事人」，並未排除新所有權人（拍定人），又如拍定人於拍賣並辦竣所有權移轉登記後，始向農業單位申請核發農業用地作農業使用證明書，所核發之證明書上之土地所有權人自應記載為新所有權人（拍定人），其與上函規定並不相違（財政部 92.9.30 台財稅字第 0920454809 號函）。

17.○君申報移轉土地，申請不課徵土地增值稅案，如其申請係由權利人與義務人共同提出，且經查明符合土地稅法第 39 條之 2 第 1 項規定，應准予不課徵土地增值稅（財政部 92.12.29 台財稅字第 0920479375 號函）。

說明：本案○君申請（92.7.4）農業用地作農業使用證明書未經核發前即申報移轉（92.7.23）土地，經按一般稅率核課土地增值稅，嗣當事人於土地增值稅繳納期間屆滿前，補附核發日期（92.7.28）在申報日後之農業用地作農業使用證明書，申請不課徵土地增值稅，應有土地稅法第 39 條之 2 第 1 項不課徵土地增值稅之適用。

18.農業用地於土地稅法 89 年 1 月 28 日修正生效時，部分未作農業使用，嗣經依法分割，其可否准依土地稅法第 39 條之 2 第 4 項規定以該修正施行日當期之公告現值爲原地價，及如何確認當時之土地使用情形一案（財政部 93.4.21 台財稅字第 0930450128 號函）。

說明：查土地稅法第 39 條之 2 第 4 項有關原地價調整規定之適用，應以土地稅法 89 年 1 月 28 日修正生效時，該土地仍「作農業使用之農業用地」爲適用範圍，前經本部 89.11.8 台財稅第 0890457297 號函釋有案。另依行政院農業委員會 90.4.11（90）農企字第 900114527 號函說明二：「查農業發展條例第 31 條（現行條文文字已有修正）明定『耕地之使用，應符合區域計畫法或都市計畫法土地使用分區管制之相關法令規定，始得辦理所有權移轉登記。』準此，應以耕地整筆土地均符合土地使用分區管制規定，始得辦理所有權移轉登記，方符法制。」同函說明四：「……依農業發展條例第 16 條第 1 款所爲之分割移轉，應以分割前整筆土地無違規使用情事，始得爲之。」又農政單位受理申請核發農業用地作農業使用證明書，亦係以該宗整筆土地符合「作農業使用之農業用地」爲要件。參據上述規定，土地稅法第 39 條之 2 第 4 項有關「作農業使用之農業用地」之認定，應以該農業用地於 89 年 1 月 28 日土地稅法修正生效時，整筆土地均作農業使用爲要件。惟於 89 年 1 月 28 日土地稅法修正生效時，整筆土地中若有部分未作農業使用，嗣後經分割之情形，如經查明分割後之整筆土地，符合前揭土地稅法 89.1.28 修正生效時「作農業使用之農業用地」要件者，得依分割後之整筆土地之使用情形，予以審認適用土地稅法第 39 條之 2 第 4 項之規定。另依土地稅法第 39 條之 2 第 1 項規定，不課徵土地增值稅之土地承受人，於其具有土地所有權之期間內，曾經查獲該土地未作農業使用，依同條第 2 項規定，於再移轉時應課徵土地增值稅之案件，如該筆土地僅部分未作農業使用，且於再移轉前已依法分割，應僅就未作農業使用之各該筆土地，課徵土地增值稅。

19.國家公園區域內之農業用地移轉申請不課徵土地增值稅案件，如已檢附農業主管機關核發於有效期限內之農業用地作農業使用證明書者，無須另行檢附國家公園管理處核發之國家公園區域內農業用地（含耕地）證明書（財政部 95.3.1 台財稅字第 09504711320 號函）。

20.法院拍賣農業用地，部分面積未作農業使用，嗣於拍定後，經拍定人申准辦理分割，農業主管機關始核發農業用地作農業使用證明書，尚無土地稅法第 39 條之 2 第 1 項暨第 4 項規定之適用（財政部 96.8.24 台財稅字第 09604742440 號函）。

21.經法院拍賣之土地，於依土地稅法第 39 條之 2 第 4 項規定認定原地價時，應由權利人、義務人或債權人檢附農業用地之相關證明文件供核（財政部 99.6.28 台財稅字第 09904052800 號令）。

22.土地所有權人申報移轉重劃後農業用地，申請依土地稅法第 39 條之 2 第 4 項規定課徵土地增值稅，重劃前之多筆土地，有部分於 89 年 1 月 28 日土地稅法修正生效時非屬農業用地，其餘如經分別審認符合「作農業使用之農業用地」要件者，准依土地稅法第 39 條之 2 第 4 項規定計算原地價，課徵土地增值稅（財政部 100.8.11 台財稅字第 10004726710 號函）。

23.共有農業用地移轉，可以共有土地全體所有權人訂立之分管契約，按其分管位置使用情形，適用土地稅法第 39 條之

2 第 4 項之規定（財政部 100.9.15 台財稅字第 10004729680 號函）。

說明：分管契約應以 89 年 1 月 28 日共有土地之全體所有權人已就分別占有共有物之特定部分而爲管理使用等事項有所約定，始足資認定。

24.經法院判決共有物分割之持分共有農地，權利人檢附申報日後始向農業主管機關申請核發之農業用地作農業使用證明書，得否適用土地稅法第 39 條之 2 第 1 項規定案（財政部 101.3.19 台財稅字第 10104503830 號函）。

說明：民法第 759 條規定：「因繼承、強制執行、徵收、法院之判決或其他非因法律行爲，於登記前已取得不動產物權者，應經登記，始得處分其物權。」最高法院 51 年台上字第 2641 號判例要旨：「共有物之分割，經分割形成判決確定者，即生共有關係終止及各自取得分得部分所有權之效力。」即經法院判決分割之共有農地，於判決「確定日」認屬土地所有權移轉時，該土地有無土地稅法第 39 條之 2 第 1 項規定之適用，依本部 91.8.21 台財稅字第 0910455239 號函規定，宜以判決「確定日」是否作農業使用爲審查標準。土地稅法第 39 條之 3 第 1 項後段賦予申請人於申報後得補行申請規定，係爲維護當事人權益，惟仍以移轉時符合農業用地作農業使用爲要件，始有其適用。

25.農業用地部分面積供作道路或其他公共設施使用，經認定整筆土地作農業使用者，移轉時准依土地稅法第 39 條之 2 第 4 項規定課徵土地增值稅（財政部 107.1.18 台財稅字第 10600685270 號令）。

說明：農業用地部分面積供作道路或其他公共設施使用，經農業主管機關依農業用地作農業使用認定及核發證明辦法第 6 條第 3 款規定核發整筆土地作農業使用證明書，並經稽徵機關查明其餘面積於 89 年 1 月 28 日土地稅法第 39 條之 2 修正生效時均作農業使用，移轉時准依同條第 4 項規定課徵土地增值稅。

26.原為農業用地，61 年經都市計畫變更為河川區，91 年再變更為住宅區，移轉時可否依農業發展條例第 38 條之 1 規定不課徵土地增值稅（財政部 105.5.2 台財稅字第 10500024390 號函）。

說明：二、本案土地原為農業用地，於 61 年經都市計畫變更為河川區，91 年再變更為住宅區，104 年取得農業發展條例第 38 條之 1 土地作農業使用證明書，爰針對其屬農業用地經依法律變更為非農業用地且現況仍作農業使用之審認，應無疑義；又為河川區時，倘已考量其係被限制建築並禁止變更使用，不論其都市計畫實施情形，仍給予賦稅減免優惠，則今變更為住宅區，其受限使用之情事既未變更，似有一致性認定餘地。三、參酌本部 90 年 10 月 18 日台財稅字第 0900456823 號函及 100 年 9 月 2 日台財稅字第 10004735370 號函規定，本案土地於移轉時應有農業發展條例第 38 條之 1 規定之適用。

第 39 條之 3（申請不課徵土地增值稅的申請）

依前條第 1 項規定申請不課徵土地增值稅者，應由權利人及義務人於申報土地移轉現值時，於土地現值申報書註明農業用地字樣提出申請；其未註明者，得於土地增值稅繳納期間屆滿前補行申請，逾期不得申請不課徵土地增值稅。但依規定得由權利人單獨申報土地移轉現值者，該權利人得單獨提出申請。

農業用地移轉，其屬無須申報土地移轉現值者，主管稽徵機關應通知權利人及義務人，其屬權利人單獨申報土地移轉現值者，應通知義務人，如合於前條第 1 項規定不課徵土地增值稅之要件者，權利人或義務人應於收到通知之次日起 30 日內提出申請，逾期不得申請不課徵土地增值稅。

解說

(一)本條文係於民國 89 年 1 月 26 日修正本法時所增訂。

(二)應申報現值的申請：

1.應由權利人（即承受人）及義務人（即移出人）於土地現值申報書註明農業用地字樣提出申請。

2.未註明者，得於土地增值稅繳納期間屆滿前補行申請，逾期不得申請。

3.依規定得由權利人單獨申報土地移轉現值者，該權利人得單獨提出申請。例如判決確定移轉。

(三)無須申報現值者：

1.農業用地移轉，如屬於無須申報土地移轉現值者，例如配偶相互贈與，主管稽徵機關應通知權利人及義務人，其屬權利人單獨申報者，應通知義務人。

2.如合於第 39 條之 2 第 1 項規定不課徵土地增值稅之要件，權利人或義務人應於收到通知之次日起 30 日內提出申請，逾期不得申請。

(四)解釋令：

1.土地稅法第 39 條之 3 第 2 項所稱無須申報土地移轉現值之案件（如法院拍賣土地），權利人或義務人應於收到通知之次日起 30 日內提出申請，係指權利人或義務人其中之一於期限內提出申請即可（財政部 89.5.2 台財稅第 0890452905 號函）。

2.○君贈與△君等二人土地，原依土地稅法第 39 條之 2 第 4 項規定核課土地增值稅，嗣後查與上揭規定不合，經更正原地價並補徵土地增值稅，因義務人（贈與人）已死亡，可否由權利人單獨申請不課徵土地增值稅案，如經查明上開土地於移轉時，確符合土地稅法施行細則第 57 條第 2 項（現爲農業發展條例第 38 條之 1）規定要件，且於補徵稅款繳納期間內補行申請，應准予受理（財政部 92.8.28 台財稅字第 0920477698 號函）。

第五章 稽徵程序

第 40 條（地價稅之開徵程序）

地價稅以每年 8 月 31 日為納稅義務基準日，由直轄市或縣（市）主管稽徵機關按照地政機關編送之地價歸戶冊及地籍異動通知資料核定，於 11 月 1 日起 1 個月內一次徵收當年地價稅。

解說

(一)地價稅爲向地主在持有土地期間所課徵的經常性財產稅，故必須明定開徵日期，此爲本條的立法理由。

(二)依本條規定，可分析如下：

1.地價稅是由直轄市或縣（市）主管稽徵機關負責徵收。有關主管稽徵機關，請參閱本法第 2 條的解說。

2.地價稅是按照地政機關編送的地價歸戶冊及地籍異動通知資料核定徵收，如本法第 15 條的解說。依平均地權條例第 15 條規定，辦理規定地價或重新規定地價的最後程序是編造地價冊及總歸戶冊。依本條規定，該地價歸戶冊應由地政機關移送主管稽徵機關。另依土地登記規則第 53 條規定，辦理土地登記的程序，於繕發書狀後，應異動整理，包括統計及異動通知，該異動通知即爲本條所規定的異動通知。

3.現行地價稅是每年徵收一次，所謂「每年」的年期是 1 月 1 日至 12 月 31 日。

4.地價稅的開徵日期，依本條規定爲 11 月 1 日至11 月 30 日。

(三)納稅義務基準日：

1.由於地政機關於登記完畢，應將異動通知主管稽徵機關，因此特別明定納稅義務基準日，於基準日前接獲異動通知，則以異動通知的新資料核定課徵地價稅，於基準日未接獲異動通知，則以原有資料課徵地價稅。

2.地價稅依本條之規定，以 8 月 31 日為納稅義務基準日。各年地價稅以納稅義務基準日土地登記簿所載之所有權人或典權人為納稅義務人（土稅施則 20）。

(四)實務解釋：

1.地價稅納稅義務基準日以後，開徵日以前之土地所有權移轉案件，須符合稅捐稽徵法第 25 條第 1 項規定之要件，其地價稅始得提前開徵（財政部 80.10.24 台財稅字第 800383978 號函）。

2.在地價稅納稅義務基準日以後，開徵日以前之土地所有權移轉案件，如納稅義務人申請提前繳納地價稅，依稅捐稽徵法第 25 條第 1 項第 3 款規定，得予提前開徵。得提前開徵地價稅之案件，得暫以開徵時所適用之稅率計徵地價稅，並俟當年地價稅應納稅額確定後，再據以補徵或退還應補或溢繳之稅款。其可能補、退稅款之情形，應於提前發單時一併提示納稅義務人，以免事後發生爭議（財政部 81.4.13 台財稅字第 810779349 號函）。

第 41 條（優惠稅率之申請）

依第 17 條及第 18 條規定，得適用特別稅率之用地，土地所有權人應於每年地價稅開徵 40 日前提出申請，逾期申請者，自申請之次年開始適用。前已核定而用途未變更者，以後免再申請。

適用特別稅率之原因、事實消滅時，應即向主管稽徵機關申報。

解說

(一)自用住宅用地、工業用地及礦業用地等，既可適用優惠稅率，為納稅義務人的權利，自宜由納稅義務人提出主張，故明定其在原因事實發生或消滅時，應行申請或申報，此為本條的立法理由。

(二)依本條規定，可分析如下：

1.依本法第 17 條及第 18 條（請參閱各該條文的解說）規定，得適用特別稅率（即 2‰ 及 10‰）的用地，應由土地所有權人提出申請。

2.土地所有權人應於每年地價稅開徵 40 日前提出申請。目前地價稅的開徵日為 11 月 1 日，故所謂開徵 40 日前，即 9 月 22 日以前提出申請者，則該年的地價稅均以優惠稅率計徵。

3.若於 9 月 22 日以後才提出申請者，則自申請的次年開始適用優惠稅率，當年的地價稅則仍照原來的一般稅率計徵。

4.原來已核定按優惠稅率計徵地價稅而用途未變更者，以後免再申請。

5.適用特別稅率的原因、事實消滅時，應即向主管稽徵機關申報回復為一般稅率課稅。依土地稅法施行細則第 15 條規定，適用特別稅率之原因、事實消滅時，土地所有權人應於 30 日內向主管稽徵機關申報，未於限期內申報者，依本法第 54 條第 1 項第 1 款的規定辦理——即除追補應納部分外，處短匿稅額或賦額三倍以下的罰鍰。

(三)實務解釋：

1.依土地稅法第 17 條及第 18 條規定，得適用特別稅率之用地，於適用特別稅率之原因、事實消滅時，應如何恢復一般稅率課徵地價稅乙案（財政部 80.5.25 台財稅字第 801247350 號函）：

(1)依土地稅法第 17 條及第 18 條規定，得適用特別稅率之用地，於適用特別稅率之原因、事實消滅時，應自其原因、事實消滅之次期起恢復按一般用地稅率課徵地價稅。

(2)土地所有權人與配偶及未成年之受扶養親屬申報之自用住宅用地，因第(1)項原因致超過一處時，應依土地稅法施行細則第 8 條規定之順序，認定一處適用自用住宅用地稅率。

2.得適用特別稅率之用地及各種減免稅地之申請期限，依土地稅法第 41 條及土地稅減免規則第 24 條規定，應於地價稅開徵 40 日前提出申請，至於其用地是否符合特別稅率及減免之要件，亦應以上開申請期限截止日（現爲 9 月 22 日）爲審核之基準日（財政部 81.3.20 台財稅字第 810763418 號函）。

3.申請適用特別稅率及各種稅地減免之土地，其用地是否符合規定要件之審核，應以申請日爲準，至申請日未符合規定要件者，始依照本部 81 台財稅字第 810763418 號函規定，以申請期限截止日（現爲 9 月 22 日）爲最後審核基準日（財政部 82.4.21 台財稅字第 821483816 號函）。

4.原適用自用住宅用地稅率課徵地價稅之土地，地上建物經變更供營業或出租使用，其用途顯已變更，自無按自用住宅用地稅率課徵地價稅之適用，其後註銷營業或出租終止，再供自用住宅使用者，仍應依規定重新提出申請（財政部 93.6.14 台財稅字第 0930452593 號函）。

5.原按自用住宅用地稅率課徵地價稅之土地，委託人基於地上房屋拆除改建之目的，而將其土地所有權信託移轉與受託人之自益信託，准依本部93.1.27台財稅字第0920454818號令按自用住宅用地稅率課徵地價稅之案件，仍應依土地稅法第41條規定提出申請（財政部97.4.16台財稅字第09704013330號函）。

6.納稅義務人於適用地價稅特別稅率之原因、事實消滅時，未於規定期限內向主管稽徵機關申報之案件，在未經檢舉、未經稽徵機關或財政部指定之調查人員進行調查前，自行申請並經核定改按一般用地稅率課稅，其依法加計利息之截止日期，計至自行申請改課之日止（財政部98.6.19台財稅字第09800148590號函）。

第42條（優惠稅率地價稅課徵之公告）

主管稽徵機關應於每年地價稅開徵60日前，將第17條及第18條適用特別稅率課徵地價稅之有關規定及其申請手續公告週知。

解說

(一)由於本法第41條規定，適用特別稅率課徵地價稅的土地，應由土地所有權人於規定的期日以前提出申請，爲維護土地所有權人的權益，故明定主管稽徵機關應予公告週知，使土地所有權人知所申請，此爲本條的立法理由。

(二)依本條規定，可分析如下：

1.對於適用特別稅率課徵地價稅的有關規定及其申請手續，由主管稽徵機關公告週知。

2.主管稽徵機關應於每年地價稅開徵60日前公告，但公告多少天則無規定，依本法第41條規定的意旨來看，至少應公告至開徵前40日，即至少公告20天。

3.公告的內容，爲適用本法第 17 條及第 18 條所規定的特別稅率課徵地價稅的有關規定及其申請手續。

(三)本條並未明文規定公告的方法，但實務上大多是登報公告，於主管稽徵機關公告欄公告、印發文宣品，以及在大街小巷明顯的地方張掛布條。

(四)關於適用第 17 條及第 18 條規定的特別稅率課徵地價稅，請參閱各該法條的解說。

第 43 條（地價稅開徵之公告）

主管稽徵機關於查定納稅義務人每年應納地價稅額後，應填發地價稅稅單，分送納稅義務人或代繳義務人，並將繳納期限、罰則、繳納方式、稅額計算方法等公告週知。

解說

(一)明定稽徵機關徵收地價稅應填發稅單，並將計算方法及限繳日期一併通知，以利繳納，此爲本條的立法理由。

(二)依本條規定，可分析如下：

1.主管稽徵機關應查定納稅義務人每年應納地價稅的稅額。

2.主管稽徵機關於查定地價稅的稅額後，應填發地價稅稅單。

3.主管稽徵機關於填發地價稅的稅單後，應分送納稅義務人或代繳義務人。

4.主管稽徵機關應將繳納期限、罰則、繳納方式、稅額計算方法等公告週知。

(三)稅單的內容：

1.依稅捐稽徵法第 16 條規定，繳納通知文書，應載明繳納義務人的姓名或名稱、地址、稅別、稅額、稅率、繳納期限等項，由稅捐稽徵機關填發。

2.納稅義務人如發現繳納通知文書有記載、計算錯誤或重複時，依稅捐稽徵法第 17 條規定，於規定繳納期間內，得要求稅捐稽徵機關查對更正。

(四)稅單的送達：

1.應於開始繳納稅捐日期前送達（稽徵 18）：

繳納稅捐之文書，稅捐稽徵機關應於該文書所載開始繳納稅捐日期前送達。

2.向納稅義務人以外的人送達（稽徵 19）：

(1)爲稽徵稅捐所發之各種文書，得向納稅義務人之代理人、代表人、經理人或管理人以爲送達；應受送達人在服役中者，得向其父母或配偶以爲送達；無父母或配偶者，得委託服役單位代爲送達。

(2)爲稽徵土地稅或房屋稅所發之各種文書，得以使用人爲應受送達人。

(3)納稅義務人爲全體公同共有人者，繳款書得僅向其中一人送達；稅捐稽徵機關應另繕發核定稅額通知書並載明繳款書受送達者及繳納期間，於開始繳納稅捐日期前送達全體公同共有人。但公同共有人有無不明者，得以公告代之，並自黏貼公告欄之翌日起發生效力。

(4)稅捐稽徵機關對於按納稅義務人申報資料核定之案件，得以公告方式，載明申報業經核定，代替核定稅額通知書之填具及送達。但各稅法另有規定者，從其規定。

(5)前項案件之範圍、公告之實施方式及其他應遵行事項之辦法，由財政部定之。

(五)實務解釋：

1.公同共有土地核准分單繳納地價稅之個別繳納部分，及依土地稅法第 4 條規定指定土地使用人代繳地價稅之土地，其個別代繳部分與分單後該戶剩餘部分，應納稅額在新台幣 100 元以下者，該年（期）地價稅均免予課徵（財政部 92.1.2 台財稅字第 0910457617 號令）。

2.○君之地價稅經申請行政救濟確定後，始發現原核定適用之稅率級距錯誤或土地面積計算錯誤致短漏繳地價稅者，可否再補徵該短漏繳地價稅乙案（財政部 97.10.9 台財稅字第 09700343260 號函）。

說明：本案於核課期間內，另發現應徵之地價稅，如與原行政處分爲同一事實關係，且爲納稅義務人行政救濟爭執之範圍，不得再予補徵；倘非同一事實關係或非納稅義務人行政救濟爭執之範圍，不在前揭拘束力及確定力之範圍，自得依稅捐稽徵法第 21 條第 2 項規定補徵。

3. 修正免補徵及免予移送強制執行之稅捐限額並刪除免退（財政部 102.4.1 台財稅字第 10200551680 號令）。

說明：修正依稅捐稽徵法或稅法規定應補、應退或應移送強制執行之稅捐，免徵、免退及免予移送強制執行之限額如下，並自中華民國 102 年 4 月 1 日生效：一、綜合所得稅、營利事業所得稅、遺產稅、贈與稅、營業稅、貨物稅、菸酒稅、證券交易稅、期貨交易稅、地價稅、土地增值稅、房屋稅、使用牌照稅、契稅、特種貨物及勞務稅之本稅及各該稅目之滯納金、利息、滯報金、怠報金及罰鍰，每次應補徵金額於新臺幣（下同）300 元以下者，免徵。二、娛樂稅之本稅、滯納金、利息及罰鍰，每次應補徵金額於 200 元以下者，免徵。三、印花稅之滯納金及利息，每次應補徵金額於 200 元以下者，免徵。四、綜合所得稅、營利事業所得稅、遺產稅、贈與稅、營業稅、貨物稅、菸酒稅、證券交易稅、期貨交易稅、地價稅、土地增值稅、房屋稅、使用牌照稅、印花稅、契稅、娛樂稅、特種貨物及勞務稅之本稅及各該稅目之滯納金、利息、滯報金、怠報金及罰鍰，每案免移送強制執行限額爲 300 元以下。五、中華民國 102 年 3 月 31 日以前依稅捐稽徵法或稅法規定應補、應退或應移送強制執行之稅捐，免徵、免退及免予移送強制執行之限額，應適用修正前規定（即本部 99 年 9 月 24 日台財稅字第 09900387560 號令）。（本令所屬法源，稅捐稽徵法第 25 條之 1 條文業於 102 年 5 月 29 日修正公布刪除「應退」、「免退」等文字。）

第 44 條（刪除）

第 45 條（田賦之核定與徵收）

田賦由直轄市及縣（市）主管稽徵機關依每一土地所有權人所有土地按段歸戶後之賦額核定，每年以分上下二期徵收為原則，於農作物收穫後 1 個月内開徵，每期應徵成數，得按每期實物收穫量之比例，就賦額劃分計徵之。

解說

(一)本條的立法理由在於明定田賦開徵日期、徵收期限及徵收比例。

(二)依本條規定，可分析如下：

1.田賦由直轄市或縣（市）主管稽徵機關徵收，依本法第 2 條第 2 項規定，田賦實物經收機關爲直轄市、縣（市）糧政主管機關。

2.田賦是依每一土地所有權人所有土地按段歸戶後的賦額核定。所謂「段」，即是地政機關登記的「段」，同一所有權人同一地段的土地「歸戶」後的賦額爲準徵收田賦，不像地價稅是依本法第 15 條規定以同一土地所有權人同一直轄市或縣（市）轄區內地價總歸戶後的總額爲準計徵。

3.田賦是每年以分上下兩期徵收爲原則。

4.田賦於農作物收穫後 1 個月內開徵。

5.每期應徵成數，得按每期實物收穫量的比例，就賦額劃分計徵。

(三)開徵日期：本條雖明定於農作物收穫後 1 個月內開徵田賦，但只是原則性的規定，其詳細的開徵日期，依土地稅法施行細則第 41 條規定，是由省（市）政府訂定。

(四)本條規定的「賦額」，依本法第 13 條第 4 款規定，是指依每種地目等則的土地面積，乘各該地目等則單位面積釐定的賦元所得每筆土地全年賦元的總額。因此，每年應繳賦額的總額，其分期繳納時，每期應徵的成數，得按每期實物收穫量的比例，就賦額予以劃分計徵。

第 46 條（田賦開徵之公告）

主管稽徵機關應於每期田賦開徵前 10 日，將開徵日期、繳納處所及繳納須知等事項公告週知，並填發繳納通知單，分送納稅義務人或代繳義務人，持憑繳納。

解說

(一)本條的立法理由在於明定稅單送達及繳納期限、地點等，以利納稅義務人繳納田賦。

(二)依本法第 3 條規定，田賦的納稅義務人爲土地所有權人、典權人、承領人或耕作權人，土地爲共有者以共有人所推舉的代表人爲納稅義務人，未推舉代表人者，以共有人各按其應有部分爲納稅義務人。若納稅義務人行蹤不明者，或權屬不明者，或無人管理者，或土地所有權人申請由占有人代繳者，主管稽徵機關得指定土地使用人負責代繳其使用部分的田賦。因此，依本條規定，主管稽徵機關應填發繳納通知單，分送納稅義務人或代繳義務人。

(三)依土地稅法施行細則第 40 條規定，田賦的徵收，以直轄市、縣（市）各期田賦開徵前第 30 日爲納稅義務基準日。各期田賦以納稅義務基準日土地登記簿所載的土地所有權人或典權人、承領人、耕作權人爲納稅義務人。

(四)依本條規定，可分析如下：

1.公告：主管稽徵機關應於每期田賦開徵前 10 日公告。

2.公告內容：公告內容爲開徵日期、繳納處所及繳納須知等事項，將各該事項公告周知。

3.填發稅單：主管稽徵機關除將有關事項公告週知外，並應填發繳納通知單，分送納稅義務人或代繳義務人，持憑繳納。

(五)稅單及徵收底冊的分送（土稅施則 37）：

1.主管稽徵機關應於每期田賦開徵前，將田賦實物（代金）繳納通知單，送由納稅義務人或代繳義務人依本法第 47 條規定，持向指定經收公糧倉庫或經收（代收）稅款公庫繳納，並應將田賦實物徵收底冊各一份分別送交當地糧政主管機關及指定經收公糧食庫。但納稅義務人或代繳義務人如居住在土地所在地之鄉、鎮、市（區）轄區以外者，或住址不在指定經收公糧倉庫轄內，或因災害等特殊情形無法在原指定經收公糧倉庫繳納田賦實物及隨賦徵購稻穀者，依左列規定辦理之：

(1)納稅義務人或代繳義務人如居住在土地所在地之鄉、鎮、市（區）轄區以外者，主管稽徵機關得將田賦繳納通知單移送其居住所在地之鄉、鎮、市（區）公所代爲送達並代爲徵收。其爲繳納田賦實物者，並得依照糧政主管機關之規定辦理易地繳納。

(2)納稅義務人或代繳義務人住址不在指定經收公糧倉庫轄內，或因災害等特殊情形無法在原指定經收公糧倉庫繳納田賦實物及隨賦徵購稻穀者，應將田賦實物繳納通知單送交其住所所在地之鄉、鎮、市（區）公所彙送當地糧政主管機關辦理易地繳納。

2.指定經收公糧倉庫經收田賦實物稻穀及隨賦徵購稻穀，應核對徵收底冊與繳納通知單記載相符，驗收稻穀加蓋經收稻穀日期及經收人章戳，憑付款憑證聯發給隨賦徵購稻穀價款後收回，附同當旬徵購價款旬報表送當地糧政主管機關，並將通知及收據聯交納稅人收執；報核聯由經收公糧倉庫連同當旬旬報表送主管稽徵機關以憑辦理稅款劃解及銷號；銷號聯限於繳納當日送鄉、鎮、市（區）公所以憑登記銷號。

3.經收（代收）稅款公庫於收訖田賦代金稅款，加蓋經收（代收）公庫及經收人員章戳後將通知及收據聯交納稅人收執；報核聯連同稅收日報表送主管稽徵機關，以憑辦理劃解及銷號；銷號聯限於收款當日送鄉、鎮、市（區）公所，以憑登記銷號；存查聯留存公庫備查。

4.田賦實物及田賦代金之徵收底冊及繳納通知單之編造、分發程序及其格式，由直轄市、縣（市）政府定之。

第 47 條（田賦之繳納期限）

田賦納稅義務人或代繳義務人於收到田賦繳納通知單後，徵收實物者，應於 30 日內向指定地點繳納；折徵代金者，應於 30 日內向公庫繳納。

解說

(一)本條的立法理由在於明定田賦實物或代金繳納處所、期限，以利繳納田賦。

(二)依本條規定，可分析如下：

1.納稅義務人或代繳義務人應於接到田賦繳納通知單後 30 日內繳納。該 30 日的限繳期限，載明於繳納通知單上。

2.其為徵收實物者，應依本法第 23 條及第 25 條規定，以實物憑稅單向指定地點繳納，繳納後取具繳納收據。

3.其為折徵代金者，應以現金憑稅單向公庫繳納，繳納後取具繳納收據。

(三)重複或錯誤繳納的退還或抵繳次期稅額（土稅施則 38）：

1.納稅義務人或代繳義務人如有重複或錯誤繳納田賦及隨賦徵購稻穀時，得依稅捐稽徵法第 28 條之規定申請主管稽徵機關會同當地糧政主管機關辦理退還或抵繳次期應繳田賦及隨賦徵購稻穀。但納稅義務人或代繳人得僅申請退還田賦實物；其申請退還或抵繳田賦代金者，免由當地糧政主管機關會辦。

2.依前項規定退還之田賦實物及隨賦徵購稻穀，應以退還當期之新穀，並以原繳納之同一種類稻穀退還之。其退還隨賦徵購稻穀，應先行按退還時當期政府核定隨賦徵購單價格計算其徵購稻穀價款，繳付於指定退還實物經收公糧倉庫後予以退還。

(四)因災害無稻穀實物繳納時的處理（土稅施則39）：

1.納稅義務人或代繳義務人，如因災害或其他特殊情形，當期無稻穀或其稻穀不合本法第25條第1項規定驗收標準，致無法繳納田賦實物者，各指定經收公糧倉庫應按稻穀市價供納稅人購買繳納。但其價格不得高於該倉庫購穀成本103%。

2.指定經收公糧倉庫，如無稻穀供納稅人購買繳納時，納稅人得申請糧政主管機關指定公糧倉庫洽購稻穀繳納。

3.糧政主管機關為便於法院執行收納舊欠田賦實物，應在各縣市指定交通較方便地區之經收公糧倉庫辦理代購稻穀事項，指定經收公糧倉庫不得拒絕。

第48條（折徵代金之申報期限）

田賦徵收實物之土地，因受環境或自然限制變更使用，申請改徵實物代金者，納稅義務人應於當地徵收實物之農作物普遍播種後30日內，向鄉（鎮）、（市）、（區）公所申報。

申報折徵代金案件，鄉（鎮）、（市）、（區）公所應派員實地調查屬實後，列冊送由主管稽徵機關會同當地糧食機關派員勘查核定。

解說

(一)本條的立法理由在於明定田賦徵收實物代金的申請手續。

(二)依本法第 23 條第 1 項規定，田賦徵收實物，是就各地方生產稻穀或小麥徵收，於不產稻穀或小麥的土地及有特殊情形地方，得按應徵實物折徵當地生產雜糧或折徵代金。該條所規定的「特殊情形」，即是本條所規定的「受環境或自然限制變更使用」。

(三)依本條規定，可分析如下：

1.須是田賦徵收實物的土地，才須申請改徵實物代金。

2.須是因受環境或自然限制變更使用，才可申請改徵實物代金。

3.須由納稅義務人提出申請。

4.須於當地徵收實物的農作物普遍播種後 30 日內提出申報。

5.須向鄉（鎮）（市）（區）公所申報。

6.須先由鄉（鎮）（市）（區）公所派員實地調查屬實。

7.須鄉（鎮）（市）（區）公所列冊送由主管稽徵機關會同當地糧政機關派員勘查核定。

(四)有關折徵代金的情形，請參閱本法第 23 條的解說。

第 49 條（土地增值稅額之申報與核定）

土地所有權移轉或設定典權時，權利人及義務人應於訂定契約之日起 30 日內，檢附契約影本及有關文件，共同向主管稽徵機關申報其土地移轉現值。但依規定得由權利人單獨申請登記者，權利人得單獨申報其移轉現值。

主管稽徵機關應於申報土地移轉現值收件之日起 7 日內，核定應納土地增值稅額，並填發稅單，送達納稅義務人。但申請按自用住宅用地稅率課徵土地增值稅之案件，其期間得延長為 20 日。
權利人及義務人應於繳納土地增值稅後，共同向主管地政機關申請土地所有權移轉或設定典權登記。主管地政機關於登記時，發現該土地公告現值、原規定地價或前次移轉現值有錯誤者，立即移送主管稽徵機關更正重核土地增值稅。

解說

(一)本條立法理由，在於明定申報土地移轉現值的期限、應備文件、主管機關核稅及填發稅單的期限、納稅後申請登記及登記時發現地價有錯誤的更正，以利實務上的執行。

(二)依本條規定，可分析如下：

1.申報：

(1)於土地所有權移轉或設定典權時，應申報其土地移轉現值。

(2)應由權利人及義務人共同申報，但依規定得由權利人單獨申請登記者，權利人得單獨申報。

(3)應於訂定契約之日起 30 日內申報。

(4)應檢附契約影本及有關文件申報。

(5)應向土地所在地的稅捐分處申報。

2.核稅：

(1)一般案件 7 天：對於一般稅率計徵土地增值稅的案件，應於收件之日起 7 日內核定土地增值稅，並填發稅單，送達納稅義務人。

(2)自用住宅用地案件 20 天：因自用住宅用地適用特別稅率計徵土地增值稅，須查證諸多事項，故其核稅及填發稅單的期間延長爲 20 天。

3.納稅後申請登記：土地增值稅繳納後，才可申請所有權移轉登記或設定典權登記。於登記申請案中應檢附土地增值稅繳納收據或免稅證明。

4.錯誤的更正：地政機關於登記時應予審查，如發現公告現值、原規定地價或前次移轉現值有錯誤者，應立即移送主管稽徵機關更正重新核計土地增值稅。

(三)稅捐機關在受理所有權移轉或設定典權申報現值時，如遇當事人填寫申報書有錯誤或所附附件不全或缺漏時，須退案補正者，應自通知之日起 15 日內補正，逾期未補正者，予以註銷原申報案件。

(四)實務解釋：

1.依土地稅法第 34 條之 1 第 1 項或第 6 項規定，由部分共有人或同意調解之共有人申報土地現值，稽徵機關應予受理。惟申報人應負責繳清全部共有土地增值稅，始得據以辦理土地權利變更登記（財政部 71.4.9 台財稅字第 32419 號函）。

2.稅捐機關在受理所有權移轉或設定典權申報現值時，如遇當事人填寫申報書有錯誤或所附附件不全或缺漏時須退案補正者，當事人之補正期限，可比照內政部 62.7.21 台內地字第 528182 號函規定，應在 15 日內補正，逾期即予註銷原申報收件號碼（財政部 68.6.8 台財稅字第 33776 號函）。

3.土地所有權人出售自用住宅用地，於申報移轉現值時，雖註明選用自用住宅用地課稅，但未依土地稅法施行細則第 38 條（現行土地稅法第 34 條之 1 ）規定，檢附戶口名簿及身分證影本暨有關證明文件，以憑認定者，經稽徵機關通知申報人在 15 日內補正，如逾期未補正者，應按一般稅率課徵土地增值稅，不得逕予註銷原申報案件（財政部 74.5.20 台財稅字第 16244 號函）。

4.不動產登記係屬地政機關業務，稅捐稽徵機關既非不動產登記機關，自無權受理禁止不動產移轉登記案件，倘納稅人所申報之土地現值，係符合土地稅法之規定，稽徵機關自不得拒絕受理（財政部 68.9.26 台財稅字第 36794 號函）。

5.土地經法院判決應由原所有權人依次登記移轉予最後承買人確定，可依移轉行爲時間先後之順序，一次予以收件，無須俟前次移轉行爲之所有權移轉登記完畢，再提下次移轉行爲之現值申報（財政部 69.10.28 台財稅字第 38887 號函）。

6.一地兩賣，稽徵機關對於當事人所提出之申報移轉現值案件，均應予以受理，並無先行確認何者爲有效案件後再予受理之必要。查稽徵機關受理土地移轉現值申報，其目的在核課移轉土地之土地增值稅。由於不動產物權之移轉，非經向地政機關辦妥登記不生効力，稽徵機關雖非登記機關，惟於受理移轉現值申報時，如發現土地所有權人有一地兩賣情事，能及時通知當事人固可防杜日後可能發生爭訟事件，惟以受理移轉現值申報案件爲數甚多時，殊難及時發現其有重複申報情事，自無從逐案通知。其有一地兩賣，應以何者爲有效之問題發生時，應以地政機關之登記爲準，稽徵機關自無事先確定何者爲有效再予以受理之必要（財政部 70.4.21 台財稅字第 33143 號函）。

7.納稅義務人陳君誤將其所有不在買賣範圍內之土地所有權狀等文件，一併交由買受人高君辦理產權移轉申報。事後發覺，遂請求將該項錯誤買賣撤銷，經法院予以認證後，並已通知對方高君，表示撤銷該項買賣之意思。惟查陳君所持之法院認證書，雖能證明其已依民法第 88 條規定，向買受人撤銷其原所爲出賣系爭土地之意思表示；但既據其函稱，買受人拒絕撤銷原與其所共同所爲之移轉現值申報，可知買受人對於出賣人是否得依照民法第 88 條規定撤銷原所爲之意思表示，尚有爭執，且其申請撤銷原申報現值，與「土地所有權移轉或設定典權申報現值作業要點」第 10 點規定不符。從而對於出賣人陳君單獨持憑法院認證書，要求稽徵機關註銷其原與買受人共同申報之現值申報，以及土地增值稅繳納通知書，自不得准其所請（財政部 70.10.8 台財稅字第 38518 號函）。

8.土地移轉於申報現值後，未完成移轉登記，經雙方當事人合意減少部分土地買賣者，應准其辦理撤銷該部分土地之現值申報。並另由當事人重行塡寫現值申報書，將新舊申報書併存於稽徵機關，以資查核。其現值申報，仍應准按原申報日期核實認定，以免影響納稅人權益（財政部 71.8.11 台財稅字第 35997 號函）。

9.土地移轉申報現值後，納稅義務人不服核定之應納土地增值稅，提起行政救濟被駁回，經買賣雙方申請撤銷土地現值申報，該土地既尚未辦妥所有權移轉登記，應准其撤銷申報（財政部 74.2.8 台財稅字第 11700 號函）。

10.土地所有權移轉或設定典權，經向稅捐機關申報現值後，如申報撤銷，依「土地所有權移轉或設定典權申報現值作業要點」第 10 點規定，應由雙方當事人以書面向稅捐機關提出；惟如當事人一方已向他方解除契約後，單獨申請撤銷申報者，可由稅捐機關依職權以書面徵詢他方意見，除他方書面表示同意撤銷者外，依上開第 10 點規定，應不予撤銷申報（財政部 75.5.14 台財稅字第 7548818 號函）。

11.土地買賣經雙方當事人解除買賣契約並申請撤銷土地移轉現值申報後，應不准再註銷先前之撤銷土地移轉現值申報案。

經向稅捐稽徵機關申報現值後，當事人如解除買賣契約，依本部 75.5.14 台財稅字第 7548818 號函及「土地所有權移轉或設定典權申報現值作業要點」第 10 點規定，固得申請撤銷該土地移轉現值申報；惟該土地移轉現值申報案一經撤銷即失其效力，應回復其未申報前之狀況。是以當事人如再成立買賣契約，仍應依土地稅法第 49 條規定重行申報土地移轉現值，尚不得於申請撤銷土地移轉現值申報後，再申請註銷該撤銷案，以維持行政秩序之穩定（財政部 83.6.3 台財稅字第 831596570 號函）。

12.土地增值稅逾期未繳納之滯欠案件，稽徵機關通知土地移轉雙方當事人限期繳納或撤銷原申報案之文書，如未經合法送達當事人，不得逕行註銷其申報案及查定稅額（財政部 77.4.13 台財稅字第 770097045 號函）。

13.土地增值稅納稅義務人於繳清稅款後，如因收據遺失或因故不將收據提供權利人辦理土地移轉登記，稽徵機關得因義務人或權利人一方，或其所委託代理人之申請，予以書面證明。完稅證明之核發，乃稽徵機關對納稅義務人已履行某項納稅義務之事實，給予書面之證明，其核發與否，僅以該項稅款是否已繳納而定。至於權利人與義務人間是否有糾紛，抑或移轉土地是否經法院判決，乃屬當事人間之私權行爲，並不能否定稅款完納之事實。稽徵機關對權利人或義務人一方，或其委託之代理人申請就完稅事實予以證明，並無得以拒絕之理由（財政部 67.12.30 台財稅字第 38621 號函）。

14.本部 72.11.15 台財稅第 38128 號函釋所謂之「查封」，應限於依確定之終局判決或與確定之終局判決有相同效力之其他執行名義所爲之「查封」；房屋在假扣押期間，債務人雖亦不得予以處分，惟假扣押性質僅爲短暫性及附屬性，並無最後確定權利存在之性質，且隨時有可能因民事訴訟法第 529 條至第 531 條規定之原因而被撤銷，應不准由承買之權利人單獨申請撤銷其申報（財政部 89.9.14 台財稅第 0890456262 號函）。

15.農業發展條例第 16 條第 5 款（現行條例第 16 條第 1 項第 5 款）所定租佃雙方協議以分割方式終止租約，得分割爲租佃雙方單獨所有，因涉出租人與佃農間土地所有權之移轉，故仍應依法課徵土地增值稅。是以，其於租佃雙方協議以分割方式終止租約，分割爲租佃雙方單獨所有時，就佃農取得土地所有權部分，仍應依平均地權條例第 47 條（土地稅法第 49 條）規定辦理申報移轉現值（財政部 90.1.17 台財稅第 0900450770 號函）。

16.查「關於買賣雙方協議撤銷契稅申報案件，稽徵機關請當事人提供原公定格式契約書，應係爲據以核對協議撤銷移轉協議書所載雙方當事人印章是否相符，經核對無誤後，該契約書得應當事人之請求發還。惟爲避免當事人再使用原訂契約書辦理申報，而未依印花稅法第 15 條或第 16 條規定貼用印花稅票，造成違章受罰情事，允宜將上開規定一併提示予當事人。」前經本部 89.12.15 台財稅第 0890458279 號函釋有案。○君於辦理土地增值稅現值申報後，因故申請撤銷，如當事人間之買賣契約未經解除並要求發還者，應准於審核後，將該契約書正本發還當事人，並依規定將印花稅法第 15 條或第 16 條規定一併提示與當事人。至如當事人持憑該原公定格式契約書再次辦理現值申報時，如未涉及本部 89.1.14 台財稅第 0890450541 號函所述「再修改原……契約……」情事者，應無該函所定應另行貼用印花稅票規定之適用（財政部 90.3.12 台財稅字第 0900451277 號函）。

17.農業用地移轉，雙方當事人原申請依土地稅法第 39 條之 2 第 1 項規定不課徵土地增值稅，經核發不課徵證明書在案，如於辦竣移轉登記前，復又共同提出申請依法課徵土地增值稅，應准予受理（財政部 90.7.19 台財稅字第 0900038524 號令）。

18.○君出售土地，已申報土地移轉現值並繳納土地增值稅，在辦竣移轉登記前死亡，其繼承人分割遺產後，可否由辦竣遺產分割登記取得該土地所有權之繼承人△君會同承買人申請撤銷原移轉現值申報，又其應退土地增值稅款可否由△君一人受領一案（財政部 90.11.8 台財稅字第 0900456857 號函）。

說明：查民法第 1151 條規定，繼承人有數人時，在分割遺產前，各繼承人對於遺產全部爲公同共有。本案土地於申請撤銷申報時既已辦竣遺產分割登記，其公同共有之關係已消滅，應可由取得該土地所有權之繼承人△君會同承買人申請撤銷申報；至其應退土地增值稅款可否由△君一人受領一節，按已繳納之稅款如擬退還，本應退還予原納稅人，若納稅人死亡，該未退稅捐即成遺產債權，當被繼承人同時遺有土地及應退之土地增值稅時，由於土地及債權並非必然需由同一人繼承，故如遺產分割協議書就債權之歸屬並未明定，則該項債權如何分割尚有協調空間，是不宜逕以繼承人之一爲退還稅款對象，以免滋生爭議。

19.土地經法院拍賣，並辦竣所有權移轉登記後，又發生同一土地之權利人持法院判決確定證明書，申報移轉現值疑義乙案（財政部 93.7.6 台財稅字第 09300342280 號函）。

說明：案經准內政部 93.6.25 內授中辦地字第 0930008714 號函，略以：「按『拍賣之不動產，買受人自領得執行法院所發給權利移轉證書之日起，取得該不動產所有權，債權人承受債務人之不動產者亦同。』、『依本法所爲之登記，有絕對效力。』及『依本規則登記之土地權利，除本規則另有規定外，非經法院判決塗銷確定，登記機關不得爲塗銷登記。』分爲強制執行法第 98 條第 1 項、土地法第 43 條及土地登記規則第 7 條所明定，另參依司法院秘書長 73.1.19（73）秘台廳(一)字第 00042 號函：『土地法第 43 條所謂登記有絕對之效力，係爲保護第三人起見，將登記事項賦與絕對眞實之公信力。故眞正權利人，只許在未有第三人取得權利前，以登記有無效或得撤銷之原因爲塗銷登記之請求，如已有第三人本於現存之登記而爲取得權利之新登記後，則除得依土地法第 68 條之規定請求損害賠償外，即不得更爲塗銷登記之請求，因此眞正權利人對於第三人依此取得之不動產，訴請返還，自無法律上之依據（最高法院 41 年台上字第 323 號判例參照）。是法院確定判決，係命債務人塗銷其所有權登記，如訴訟繫屬後債務人已將不動產移轉登記與第三人，自無從依原確定判決而塗銷該第三人之移轉登記。』本案○君及△君持法院所發給權利移轉證明書辦理登記完竣，依法即具有絕對效力，登記機關自無法受理後續之法院判決移轉登記。」準此，土地經法院民事執行處拍賣並辦竣移轉登記與拍定人，該移轉登記未經塗銷，權利人復持憑法院判決確定書單獨申報土地移轉現值，應不予受理。

20.土地移轉現值申報案及其查定稅額經依土地稅法施行細則第 60 條規定註銷後，納稅義務人持原核發增值稅單完稅並辦竣移轉登記，致電腦徵銷檔產生異常，可否恢復原申報案或應重新申報移轉現值一案（財政部 93.7.21 台財稅字第 09304534910 號函）。

說明：本案經准內政部 93.6.10 台內地字第 0930008646 號函復略以：「按『土地法第 43 條規定：『依本法所爲之登記，有絕對效力』。又依法登記之土地權利人，眞正權利人在未有第三人取得權利前，仍得以登記原因之無效或得撤銷爲塗銷登記之請求……。該項登記，倘有無效或得撤銷之原因，依照首開說明，應由權利關係人循司法程序訴請爲塗銷登記。俟獲有勝訴判決，再持憑該項判決辦理塗銷登記，並爲新登記』爲本部 62.7.23 台（62）內地字第 529795 號函釋有案，本案登記機關如依規定辦竣登記，該登記自有絕對效力，倘有撤銷其登記並回復其所有權之事宜，仍請依上該函釋辦理。」另查土地稅法施行細則第 60 條之立法理由，係考量於土地所有權未辦理移轉登記前將欠繳增值稅移送法院（現爲法務部行政執行署各分署）強制執行拍賣欠稅土地並無實益，又爲避免雙方當事人延宕繳稅而逾徵收期間，爰規定主管稽徵機關應逕行註銷申報案及其查定稅額。本案土地既經地政機關依當事人檢附之土地增值稅完納證明暨其他證件辦竣移轉登記，該登記自有其效力，除有應撤銷其登記並回復所有權之事宜，應依上揭內政部函規定辦理之情事外，考量政府機關行政一體及並不違反上述細則規定之立法意旨等，准依其原土地移轉現值申報案及查定稅額查處。

21.稽徵機關受理土地現值申報時，除申報書申報現值欄內「□按每平方公尺　元計課」一項，有錯誤、缺漏且未勾選按申報當期公告現值計課、塗改、挖補情事者不能收件外，其餘各欄項如有上列情事，經當事人更正並註記刪改文字字數，加蓋與原申報書同一之印章後，准予受理收件（財政部 96.1.18 台財稅字第 09604702660 號函）。

22.兩宗以上所有權人不相同之土地合併後，各共有人合併前後應有部分價值相差均在 1 平方公尺單價以下者，免予申報移轉現值，有關 1 平方公尺單價之計算，係以參與合併土地合併前公告現值單價最低者爲準（財政部 97.8.18 台財稅字第 09700314600 號函）。

23.土地所有權人（出賣人）及承買人於申報土地移轉現值並繳清稅款後，在未辦理土地移轉登記前，雙方協議解除買賣契約，共同申請撤銷原土地移轉現值申報並退還已繳稅款，其退稅請求權之時效期間爲 5 年（行政程序法第 131 條第 1 項規定已於 102 年 5 月 22 日修正，請求權爲人民時，請求權時效爲 10 年，其適用原則請參閱法務部 102.8.2 法律字第 10200134250 號函），並自該土地買賣契約解除之日起算（財政部 98.3.6 台財稅字第 09700581290 號函）。

24.以權利變換方式辦理都市更新之土地增值稅及契稅申報作業，得由實施者檢具經更新主管機關釐正之權利變換分配結果清冊及相關資料，代替「土地增值稅（土地現值）申報書」及「契稅申報書」，向主管稅捐稽徵機關申報（財政部 98.7.30 台財稅字第 09800230020 號函）。

25.被繼承人生前繼續扶養之人依民法第 1149 條規定申請酌給遺產中之不動產，於辦理移轉登記時，應參照遺贈之相關規定，報繳土地增值稅（財政部 99.10.26 台財稅字第 09904120880 號函）。

26.農業用地經核准依土地稅法第 39 條之 2 第 1 項規定不課徵土地增值稅辦竣移轉登記後，稅捐稽徵機關既需俟農業主管機關撤銷原核發系爭土地之農業用地作農業使用證明書，始得據以更正原核定不課徵土地增值稅之處分，其補徵土地增值稅之核課期間自農業主管機關通知稅捐稽徵機關更正之收件日起算（財政部 101.5.15 台財稅字第 10104003150 號函）。

27.共有土地分割得免申報移轉現值案件，應以分割後各所有權人所取得之土地價值與其分割前應有部分價值相差均在公告土地現值 1 平方公尺單價以下者爲限；有關公告土地現值 1 平方公尺單價之認定，以參與分割之土地，其公告土地現值單價最低者為準（財政部 102.3.15 台財稅字第 10200500210 號函）。

28.分割共有物之訴成立訴訟上和解，未辦理共有土地分割登記前，部分共有人之持分土地已移轉與第三人，嗣共有人之繼承人持和解筆錄申報上開共有土地移轉現值，可否受理該申報案等疑義（財政部賦稅署 102.7.23 臺稅財產字第 10200572980 號函）。

說明：查財政部 80.3.28 台財稅第 800110319 號函係針對所有權移轉糾紛經法院民事調解成立案件（訴訟標的為債權債務關係），經函准司法院秘書長表示無民事訴訟法第 401 條第 1 項規定之適用（即該訴訟上之和解對於訴訟當事人之繼受人並無效力）所為之解釋，該函系爭民事調解案件，與本案分割共有物之訴（係以對物的關係為訴訟標的，對於訴訟當事人之繼受人有拘束力）成立訴訟上和解不同，不宜援引適用。有關權利人依規定得單獨辦理共有土地分割登記者，依土地稅法第 49 條第 1 項但書規定，稽徵機關應予受理。按共有土地分割，依土地稅法第 5 條及同法施行細則第 42 條規定，如分割後取得之土地，與原持分比例所算得之價值不等，其屬有補償者，應向取得土地價值減少者，就其減少價值部分課徵土地增值稅；如屬無補償者，應向取得土地價值增加者，就其增加部分課徵土地增值稅。本案倘受理共有土地分割申報，請查明實情，依上開規定徵免土地增值稅，並以系爭土地申報時之土地所有權人為準，據以認定納稅義務人。另本案部分共有人之持分土地因買賣或共有人死亡，已移轉登記與第三人，於辦理共有物分割而屬渠等應課徵土地增值稅者，其申報移轉現值之審核，請參照財政部 102.6.17 台財稅字第 10204567880 號令規定之原則，以買賣移轉時核計土地增值稅之移轉現值或被繼承人死亡日當期之公告土地現值爲準。

29.自益信託土地得連件受理塗銷信託登記及買賣登記准予同時查欠及申報現值（財政部 108.5.27 台財稅字第 10700728680 號令）。

說明：一、以自有土地交付信託，信託契約明定受益人爲委託人（原土地所有權人）並享有全部信託利益，嗣委託人與受託人雙方同意終止信託，該土地歸屬於委託人，該委託人於辦竣塗銷信託登記前訂約出售該地與第三人，爲其連件向地政機關申辦塗銷信託登記及買賣登記（下稱連件登記）所需，稽徵機關得依申請人檢附下列文件，同時受理塗銷信託登記之查欠及申報土地移轉現值：(一)連件登記預先核發土地增值稅繳款書、免稅或不課徵證明書之申請書。(二)原信託契約書。(三)塗銷信託同意書。(四)土地所有權買賣移轉契約書。(五)其他有關文件。二、連件登記申報土地移轉現值，稽徵機關預先核發之土地增值稅繳款書、免稅或不課徵證明書，依土地稅法第 5 條第 1 項第 1 款規定，以原土地所有權人爲納稅義務人，並記明「適用於自益信託連件向地政機關申辦塗銷信託登記及買賣登記案件」。倘連件登記經地政機關駁回，或因故未向地政機關申辦連件登記，致未辦竣所有權移轉登記，原申報土地移轉現值應由權利人（承買之第三人）及義務人（原土地所有權人）共同向稽徵機關申請撤回，並檢還繳款書或證明書，已繳納之土地增值稅退還原土地所有權人；連件登記完成後，倘發生退補稅情形，稽徵機關應以原土地所有權人爲對象，依規定辦理。

第 50 條（土地增值稅之繳納期限）

土地增值稅納稅義務人於收到土地增值稅繳納通知書後，應於30 日內向公庫繳納。

解說

(一)本條的立法理由在於明定土地增值稅的繳納期限及繳納地點。

(二)依本條規定，可分析如下：

1.繳納期限：

(1)納稅義務人應於收到土地增值稅繳納通知書後 30 日內繳納，可知其繳納期限爲 30 天。該繳納期限的起訖年月日，依稅捐稽徵法第 16 條規定，均載明於稅單上，納稅義務人應如期繳納，以免逾期依本法第 53 條規定受罰。

(2)依稅捐稽徵法第 9 條但書規定，繳納稅捐，應於代收稅款機構的營業時間內爲之。

(3)由於本法第 49 條第 3 項規定，權利人及義務人應於繳納土地增值稅後，才可申請土地所有權移轉登記或設定典權登記，且民法第 758 條規定，不動產物權，依法律行爲而取得、設定、喪失及變更者，非經登記，不生效力。是故於買賣時，宜保留部分買賣價款，於賣方繳納土地增值稅時給付，且實務上大多約定於土地增值稅單開出日起 3～5 天內繳納，而不容賣方遲至限繳日期的最後一天才繳納，否則買方的所有權遲遲未能完成登記，對買方而言是不利的。

2.應向公庫繳納：因土地增值稅爲地方稅，故應持稅單向土地所在地的直轄市或縣（市）轄區內代收公庫稅款的金融機關繳納，繳納完畢後有兩聯的收據，其第一聯浮貼於公定契約書正本上，第二聯浮貼於公定契約書副本上，連同其他文件，提向地政機關申請登記。登記完畢，地政機關抽取第二聯及契約書副本保存 15 年，第一聯及契約書正本則加蓋登記完畢章後發還給登記申請人。

(三)限期繳清或逕行註銷申報案：土地增值稅於繳納期限屆滿逾 30 日仍未繳清的滯欠案件，主管稽徵機關應通知當事人限期繳清或撤回原申報案，逾期仍未繳清稅款或撤回原申報案者，主管稽徵機關應逕行註銷申報案及其查定稅額（土稅施則 60）。

第 51 條（稅未繳清之受限）

欠繳土地稅之土地，在欠稅未繳清前，不得辦理移轉登記或設定典權。經法院或行政執行分署拍賣之土地，依第 30 條第 1 項第 5 款但書規定審定之移轉現值核定其土地增值稅者，如拍定價額不足扣繳土地增值稅時，拍賣法院或行政執行分署應俟拍定人代為繳清差額後，再行發給權利移轉證書。

第 1 項所欠稅款，土地承受人得申請代繳或在買賣、典價內照數扣留完納；其屬代繳者，得向納稅義務人求償。

解說

(一)本條的立法理由在於明定欠繳土地稅，不得移轉登記或設定典權登記，及拍賣土地的價額不足扣繳土地增值稅時的處理方法，並明定由土地承受人代繳欠稅款的求償。

(二)依本條規定，可分析如下：

1.欠稅不得登記：

(1)由於本法第 49 條第 3 項規定，權利人及義務人應於繳納土地增值稅後，共同向主管地政機關申請土地所有權移轉登記或設定典權登記。是故欠繳土地增值稅是不可能辦理移轉登記或設定典權登記。

(2)除了土地增值稅外，若欠繳地價稅或田賦，於欠稅未繳清前，也是不得辦理移轉登記或設定典權。

(3)財政部訂頒的「土地所有權移轉或設定典權申報現值作業要點」第 4 點第 2 款、第 3 款及第 5 點等規定如下：

①申報現值經審核不低於公告土地現值，或雖低於公告土地現值，但經核定不照價收買者，應於收件之日起或收到地政機關通知不照價收買之日起依土地稅法第 49 條第 2 項規定之期限，查明有無欠稅費（包括地價稅、田賦及工程受益費），並核發土地增值稅繳款書、免稅或不課徵證明書，送達納稅義務人或代理人。

②經查無欠稅費者，應於土地增值稅繳款書、免稅或不課徵證明書上加蓋「截至○年○月○日無欠繳地價稅、田賦及工程受益費」戳記或註明「地價稅無欠稅、工程受益費無欠費」及「主辦人職名章」；其有欠稅費者，應加蓋「另有欠稅費」戳記或註明「地價稅有（無）欠稅、工程受益費有（無）欠費」，連同所有欠稅費繳款書一併送達納稅義務人或代理人。

③移轉或設定典權之土地如有欠稅費者，納稅義務人於繳清欠稅費後，應將繳稅收據送稅捐稽徵機關，經稅捐稽徵機關核對無誤後，在土地增值稅繳款書、免稅或不課徵證明書上加蓋「截至○年○月○日欠繳地價稅、田賦及工程受益費已完納」戳記及「承辦人員職名章」。

2.拍定價額不足扣繳土地增值稅的處理：

(1)經法院或行政執行分署拍賣的土地，以拍定日當期之公告土地現值爲準計徵土地增值稅。但拍定價額低於公告土地現值者，以拍定價額爲準；拍定價額如已先將設定抵押金額及其他債務予以扣除者，應以併同計算的金額爲準計徵土地增值稅，是故有可能如同本條第 2 項所規定者，其拍定價額不足扣繳土地增值稅。似此，則應由拍定人代爲繳清差額後，法院或行政執行分署才發給權利移轉證明書，拍定人憑權利移轉證明書才可辦理移轉登記（土稅 30 I ⑤）。

(2)土地增值稅的徵收，就土地的自然漲價部分，優先於一切債權及抵押權。經法院、行政執行分署執行拍賣或交債權人承受的土地，其拍定或承受價額爲該土地的移轉現值，執行法院或行政執行分署應於拍定或承受 5 日內，將拍定或承受價額通知當地主管稅捐稽徵機關核課土地增值稅，並由執行法院或行政執行分署代爲扣繳。是故本條第 2 項有所謂「扣繳」字樣（稽徵 6II、III）。

(3)主管稽徵機關接到法院或行政執行分署通知的有關土地拍定或承受價額等事項後，除應於 7 日內查定應納土地增值稅函請法院或行政執行分署代爲扣繳外，並應查明該土地的欠繳土地稅額參加分配（土稅施則 61）。

3.承受人的代繳與求償：

(1)欠繳土地稅的土地，承受人得申請代繳。

(2)欠繳土地稅的土地，承受人除得申請代繳外，如果是買賣或設定典權，承受人亦得在買價或典價內照數扣留並予以繳納。

(3)欠繳土地稅的土地，由承受人代繳者，得向納稅義務人求償。

(三)工程受益費的處理（依工程受益費徵收條例規定）：

1.依該條例第 6 條第 3 項規定，工程受益範圍內的土地及其改良物，於公告後的移轉，除因繼承外，應由買受人出具承諾書，願依照規定繳納未到期的工程受益費，或先將工程受益費全部繳清，始得辦理移轉登記，經查封拍賣者亦同。

2.依該條例施行細則第 65 條規定：

(1)稅捐稽徵機關於本條例第 6 條第 1 項規定，公告之日起填發受益範圍內土地或改良物移轉或設定典權之土地增值稅稅單或契稅稅單或免稅證明書時，應根據第 56 條之查徵底冊查明有無應（欠）繳工程受益費，如有應（欠）繳者，應即通知義務人繳清，或由買受人、典權人依本條例第 6 條第 3 項規定出具承諾書後，於土地增值稅稅單或契稅稅單或免稅證明書上加蓋「工程受益費已繳清」或「工程受益費已由買受人或典權人承諾繳納」戳記，交由義務人持向地政機關憑辦權利變更登記。但地政機關對於公告之日前已申報課徵土地增值稅或契稅之申請登記案件，應通知買受人或典權人先向稅捐稽徵機關查明有無應（欠）繳工程受益費，如有應（欠）繳者，應一次繳清或出具承諾書，並由稅捐稽徵機關加蓋上開已繳清或已出具承諾繳納之戳記後，再予辦理。

(2)前項土地或改良物之移轉或設定典權，由鄉鎮市公所經徵契稅者，應將契稅稅單或免稅證明書送主管稽徵機關依前項規定辦理。

(3)公地放領前之工程受益費，由原公地管理機關繳納。

(四)核課期間：

1.逾核課期間不再補稅處罰（稽徵 21）：

(1)稅捐之核課期間，依左列規定：

①依法應由納稅義務人申報繳納之稅捐，已在規定期間內申

報，且無故意以詐欺或其他不正當方法逃漏稅捐者，其核課期間為5年。

②依法應由納稅義務人實貼之印花稅，及應由稅捐稽徵機關依稅籍底冊或查得資料核定課徵之稅捐，其核課期間為5年。

③未於規定期間內申報，或故意以詐欺或其他不正當方法逃漏稅捐者，其核課期間為7年。

(2)在前項核課期間內，經另發現應徵之稅捐者，仍應依法補徵或並予處罰；在核課期間內未經發現者，以後不得再補稅處罰。

2.核課期間的起算（稽徵22）：

(1)依法應由納稅義務人申報繳納之稅捐，已在規定期間內申報者，自申報日起算。

(2)依法應由納稅義務人申報繳納之稅捐，未在規定期間內申報繳納者，自規定申報期間屆滿之翌日起算。

(3)印花稅自依法應貼用印花稅票日起算。

(4)由稅捐稽徵機關按稅籍底冊或查得資料核定徵收之稅捐，自該稅捐所屬徵期屆滿之翌日起算。

(五)徵收期間：稅捐之徵收期間為五年，自繳納期間屆滿之翌日起算；應徵之稅捐未於徵收期間徵起者，不得再行徵收。但於徵收期間屆滿前，已移送執行，或已依強制執行法規定聲明參與分配，或已依破產法規定申報債權尚未結案者，不在此限（稽徵23Ⅰ）。

(六)基於前述稅捐稽徵法核課期間及徵收期間的規定，對於欠繳的地價稅或田賦或工程受益費，只有追稅5年，5年以上的欠稅，則不再追收。

(七)欠繳地價稅於移轉時的分單納稅（土稅施則19）：

1.欠繳地價稅之土地於移轉時，得由移轉土地之義務人或權利人申請分單繳納，分單繳納稅額之計算公式如下：

$$\text{核准分單繳納當年稅額} = \frac{\text{分單土地之當年課稅地價}}{\text{當年課稅地價總額}} \times \text{當年應繳地價稅稅額}$$

2.前項欠繳地價稅稅單，已合法送達者，其分單繳納稅款之限繳日期，以原核定限繳日期爲準；未合法送達者，其分單繳納稅款及其餘應納稅款應另訂繳納期間，並予送達。如欠繳地價稅案件已移送法務部行政執行署所屬行政執行分署（以下簡稱行政執行分署）執行，主管稽徵機關於分單稅款繳清時，應即向行政執行分署更正欠稅金額。

(八)實務解釋：

1.○公司所有土地，經法院判決確定移轉部分持分予○君，該土地所欠之地價稅應准就移轉持分部分予以分單，並就該分單部分查欠（財政部 88.8.26 台財稅第 881938758 號函）。

2.土地稅法第 51 條第 1 項及房屋稅條例第 22 條規定所稱「欠稅」應包括已開徵未繳納，但尚未逾繳納期間之情形在內。從而「土地所有權移轉或設定典權申報現值作業要點」第 9 點：「地政機關受理登記案件時，如有新一期田賦或地價稅或工程受益費業已開徵者，應通知當事人補送繳納稅費收據。」之規定，並未逾越土地稅法第 51 條第 1 項之規定（財政部 90.10.18 台財稅字第 0900456464 號令）。

3.共有土地分割，或兩宗以上所有權人不相同之土地合併，各共有人分割、合併前後應有部分價值相差在公告土地現值 1 平方公尺單價以下，依規定得免申報移轉現值之案件，准免依土地稅法第 51 條第 1 項規定辦理查欠，得逕向地政機關辦理登記

（財政部 92.1.14 台財稅字第 0910456670 號令）。

4.欠繳土地稅之土地，在欠稅未繳清前，不得辦理移轉登記或設定典權，爲土地稅法第 51 條第 1 項所明定。另依內政部 92.1.17 內授中辦地字第 0920000598 號函說明二：「查塗銷信託登記，係指土地權利因信託關係消滅，信託財產回復至委託人所有時向該管登記機關申請權利變更所爲之登記。」其既屬土地權利變更範疇，依上開規定，土地塗銷信託登記，仍應辦理查欠作業（財政部 92.2.20 台財稅字第 0920451443 號令）。

5.○君所有土地被法院拍賣，其拍定價額清償執行費後不足扣繳土地增值稅，究應向原所有權人抑或拍定人追繳一案（財政部 92.3.6 台財稅字第 0920451518 號函）。

說明：按土地增值稅之納稅義務人，土地稅法第 5 條已有明文。另同法第 51 條第 2 項所定拍定人僅係代爲繳清差額，尙不能據此認定其爲納稅義務人。是本案如屬上開條文所定不足扣繳土地增值稅之情形，其既經拍賣法院發給權利移轉證書，就拍定價額不足扣繳土地增值稅部分，仍應向土地稅法第 5 條規定之納稅義務人即原所有權人追繳。

6.○公司欠繳地價稅之土地，於其欠稅行政救濟程序中申辦共有土地分割查欠作業，如該公司已就其欠繳之地價稅提供相當擔保，准予參照本部 85.8.7 台財稅第 851913548 號函（參閱稅捐稽徵法令彙編）規定核發同意移轉證明書。惟其提供擔保品是否符合稅捐稽徵法第 11 條之 1 規定，應依法辦理（財政部 92.5.12 台財稅字第 0920405183 號函）。

7.公司自辦市地重劃，其所有參加重劃土地於重劃前已積欠之歷年地價稅，於重劃完成後，該公司以其重劃土地折價抵付市地重劃負擔總費用，經逕行登記爲縣有等，嗣後前開折價抵付之土地標售移轉時，應如何查欠乙案（財政部 94.9.9 台財稅字第 09404561430 號函）。

說明：依土地稅法第 51 條第 1 項規定：「欠繳土地稅之土地，在欠稅未繳清前，不得辦理移轉登記或設定典權。」平均地權條例第 60 條規定：「依本條例規定實施市地重劃時，重劃區內供公共使用之道路……等十項用地，除以原公有道路、溝渠，河川及未登記地等 4 項土地抵充外，其不足土地及工程費用、重劃費用與貸款利息，由參加重劃土地所有權人按其土地受益比例共同負擔，並以重劃區內未建築土地折價抵付。」上述市地重劃負擔總費用，如係由參加重劃土地所有權人以其所有之重劃土地折價抵付，於依同條例施行細則第 87 條第 1 項規定辦理移轉登記（包括依相關法令規定而於抵付登記時，於土地登記簿所有權人欄中之「姓名」欄蓋「空白」戳章，「管理者」欄蓋「○○縣（市）政府」之登記）時，亦屬土地稅法第 51 條第 1 項所稱「移轉登記」，爰仍有該條項規定之適用。至於公司重劃前所積欠之歷年地價稅部分，應以其折價抵付共同負擔之土地及重劃後取得之土地，分別計算應分攤欠稅之金額作爲查欠之範圍。即重劃後取得之土地再移轉時，僅就其應分攤之欠稅金額依土地稅法第 51 條第 1 項規定辦理查欠；而折價抵付共同負擔之土地既經移轉登記爲縣有等，其應分攤之欠稅部分，應循清理欠稅作業相關程序辦理。

8.信託土地，經法院判決將該土地以信託爲登記原因之移轉登記塗銷，於辦理回復原所有權人名義登記時，應否依土地稅法第 51 條第 1 項規定辦理查欠一案（財政部 96.10.8 台財稅字第 09600325180 號函）。

說明：本部 92.2.20 台財稅字第 0920451443 號令規定係指

信託所定事由及信託目的完成，受託人與委託人間因信託關係消滅，向地政機關申請塗銷信託登記時，仍宜查欠始得辦理登記，與本案經法院判決撤銷原信託行爲，並將系爭土地以信託爲登記原因之移轉登記塗銷，申請判決回復所有權登記有別。信託土地因法院判決撤銷原信託行爲，並將系爭土地以信託爲登記原因之移轉登記塗銷，經向地政機關申請依據上開確定判決辦理，並回復爲原所有權人○君名義，且該回復所有權係溯自○君原取得日者，應將該土地之納稅義務人名義回復爲○君，其信託期間之地價稅，並應向○君補徵；該土地於辦理回復○君名義登記時，免依規定辦理查欠作業。

9.法務部行政執行署所屬各行政執行處（現爲所屬各分署）因公法國稅租稅債權執行被繼承人之不動產，移送機關代辦繼承登記時，如該不動產有欠繳地價稅者，稽徵機關應視該等稅捐發生之時間，依下列方式辦理：(1)96 年 1 月 12 日稅捐稽徵法第 6 條第 2 項規定修正公布生效後發生者：稽徵機關得以記帳方式處理並核發同意移轉證明書，俟拍定後，由行政執行處依稅捐稽徵法第 6 條第 3 項規定代爲扣繳。(2)91 年 12 月 13 日地方稅法通則公布生效後至 96 年 1 月 11 日間發生且依稅捐稽徵法第 39 條規定應移送強制執行者：稽徵機關得核發同意移轉證明書，並依法移送強制執行或聲明參與分配，且依地方稅法通則第 7 條規定主張優先受分配，其未受分配部分，另行向納稅義務人追索。(3)91 年 12 月 12 日以前發生且依稅捐稽徵法第 39 條規定應移送強制執行者：稽徵機關得核發同意移轉證明，並依法移送強制執行或聲明參與分配，其未受分配部分，另行向納稅義務人追索（財政部 97.6.2 台財稅字第 09700091800 號令）。

10.依地籍清理條例規定由直轄市或縣（市）主管機關代爲

標售、代爲讓售，或囑託登記國有之案件，所涉賦稅相關疑義一案（財政部 101.6.1 台財稅字第 10100527640 號函）。

說明：(1)直轄市或縣（市）主管機關依地籍清理條例第 11 條、第 37 條規定代爲標售或代爲讓售，或依同條例第 15 條第 1 項規定囑託登記爲國有之不動產，於辦理移轉登記時，免依土地稅法第 51 條第 1 項、房屋稅條例第 22 條第 1 項規定辦理，且不受稅捐稽徵法第 24 條第 1 項規定之限制。(2)不動產囑託登記爲國有時，免徵土地增值稅及契稅。但權利人依地籍清理條例第 15 條第 2 項規定申請發給土地價金時，仍應依法課徵土地增值稅。(3)直轄市或縣（市）主管機關依旨揭條例代爲標售或讓售不動產，或囑託登記國有後，由權利人依法申領價金時，應儘速查復應納土地增值稅、地價稅及房屋稅等稅額。

第 52 條（代扣稅款）

經徵收或收買之土地，該管直轄市、縣（市）地政機關或收買機關，應檢附土地清冊及補償清冊，通知主管稽徵機關，核算土地增值稅及應納未納之地價稅或田賦，稽徵機關應於收到通知後 15 日內，造具代扣稅款證明冊，送由徵收或收買機關，於發放價款或補償費時代為扣繳。

解說

(一)本條的立法理由在於明定徵收或照價收買所應繳納的土地增值稅及應納未納的地價稅或田賦，如何由徵收或收買機關代爲扣繳。

(二)民國 83 年 1 月 7 日本法第 39 條已經修正，被徵收的土地免徵土地增值稅，本條並未配合修正，是故實務上目前徵收已無土地增值稅了。

(三)依本條規定，可分析如下：

1.通知：經徵收或照價收買的土地，該管直轄市、縣（市）地政機關或收買機關應檢附土地清冊及補償清冊，通知主管稽徵機關。

2.核稅造冊：主管稽徵機關應於收到通知後 15 日內，核算土地增值稅及應納未納的地價稅或田賦，並造具代扣稅款證明冊，送交徵收或收買機關。

3.扣繳：徵收或收買機關應依主管稽徵機關送交的代扣稅款證明冊，於發放價款或補償費時，代為扣繳。

(四)平均地權條例第 79 條規定類似本條。依該條例規定，被徵收或照價收買的土地，應納未納的土地稅捐及滯納金，由該管直轄市或縣（市）政府於發放補償金時，代為扣繳，並以其餘款，交付被徵收或收買的土地所有權人。

(五)前述該代為扣繳的應納未納地價稅及滯納金，原屬被徵收土地所有權人（即納稅義務人），因土地被徵收所得受領補償金的一部分，徵收機關於發放補償金時代為扣繳，僅係代替納稅義務人履行繳納的義務，實質上仍為納稅義務人所繳納。嗣後縱撤銷徵收，該已扣繳的地價稅及滯納金亦不得退還（財政部 88.5.5 台財稅字第 881913682 號函）。

(六)實務解釋：

1.法院拍賣之土地，拍賣價款不足支付執行費用，其執行費用依照強制執行法第 29 條第 2 項規定，得就強制執行之財產，優先於土地增值稅受清償。按取得執行名義之費用及執行費用，係債權人在聲請強制執行前或執行程序進行中，為使強制執行可能而墊支之必要費用，依強制執行法第 29 條第 2 項，得就強制執行之財產先受清償；而土地增值稅乃執行拍賣所發生，其受償順序，似在取得執行名義之費用及執行費用之後，前經司法行政部函釋有案（財政部 71.8.7 台財稅字第 35903 號函）。

2.稅捐稽徵法第 6 條第 1 項明定：「土地增值稅之徵收，就土地之自然漲價部分，優先於一切債權及抵押權。」而勞動基準法第 28 條第 1 項之規定爲：「雇主因歇業、清算或宣告破產，本於勞動契約所積欠之工資，未滿六個月部分，有最優先受清償之權。」僅優先於一切債權，並未包括抵押權在內。因此，兩者在適用上，仍應以稅捐稽徵法規定之土地增值稅最爲優先（財政部 73.10.11 台財稅字第 61150 號函）。

3.土地買賣未辦竣權利移轉登記，再行出售，依土地稅法第 54 條第 2 項所處之罰鍰，並不包括在同法第 51 條規定之「所欠稅款」範圍內（財政部 78.11.21 台財稅字第 780373709 號函）。

4.欠繳土地稅之土地，申報移轉登記時，因稽徵機關承辦人員失查欠稅而准予辦妥移轉登記，嗣後該土地再行移轉時，無須繳清前業主所欠繳之土地稅（財政部 79.4.25 台財稅字第 790081102 號函）。

5.〇綠地工程原徵收土地，奉准撤銷徵收，原所有權人持分部分辦理回復所有權登記，其未具領徵收土地之補償金，而由徵收機關依規定代爲扣繳應納未納地價稅及滯納金後予以提存。該項扣繳稅款，徵收機關僅爲扣繳人，納稅義務人仍爲原土地所有權人，該稅款既經繳納，其納稅義務已完成，嗣後該土地雖撤銷徵收，如無前揭規定（係稅捐稽徵法第 28 條）應退稅之情事，其納稅原因並未消失，則無法辦理退還，再行向同一納稅義務人徵收（財政部 88.5.5 台財稅第 881913682 號函）。

第六章　罰　則

第 53 條（稅捐滯納之處罰）

納稅義務人或代繳義務人未於稅單所載限繳日期內繳清應納稅款者，應加徵滯納金。經核准以票據繳納稅款者，以票據兌現日為繳納日。

欠繳之田賦代金及應發或應追收欠繳之隨賦徵購實物價款，均應按照繳付或徵購當時政府核定之標準計算。

解說

(一)本條立法理由在於明定逾期納稅的罰則。

(二)稅捐稽徵法爲各種稅法的根本大法（除關稅與礦稅外），依該法第 20 條規定，依稅法規定逾期繳納稅捐應加徵滯納金者，每逾 3 日按滯納數額加徵 1% 滯納金，逾 30 日仍未繳納者，移送強制執行。

(三)本條文於民國 110 年 6 月 23 日修正，將稅款逾期未繳如何加徵滯納金及強制執行的部分刪除，如有相關情事則以前述稅捐稽徵法第 20 條之規定辦理。就本條文修正後之內容，分析如下：

1.納稅義務人或代繳義務人應於稅單所載限繳日期內繳清應納稅款。

2.經核准以票據繳納稅款者，以票據兌現日爲繳納日，若票據未兌現者，則視爲未繳納。

3.欠繳的田賦代金、應發或應追收欠繳的隨賦徵購實物價款，均按照繳付或徵購當時政府核定的標準計算。

(四)依強制執行法規定，強制執行應依執行名義為之。依該法第 4 條第 1 項第 6 款規定，其他依法律的規定，得為強制執行名義者，即是如稅捐稽徵法第 20 條規定逾 30 日仍未繳納者，移送法務部行政執行署所屬行政執行分署強制執行。

(五)依強制執行法第 45 條規定，動產的強制執行，以查封、拍賣或變賣的方法行之。同法第 75 條第 1 項規定，不動產的強制執行，以查封、拍賣、強制管理的方法行之。但行政執行法於民國 87 年 11 月 11 日修正公布後，有關欠稅案件，均移送法務部行政執行署所屬行政執行分署執行。

(六)稅捐保全（稽徵 24）：

1.稅捐稽徵機關得依下列規定實施稅捐保全措施。但已提供相當擔保者，不適用之：

(1)納稅義務人欠繳應納稅捐者，稅捐稽徵機關得就納稅義務人相當於應繳稅捐數額之財產，通知有關機關，不得為移轉或設定他項權利；其為營利事業者，並得通知主管機關限制其減資之登記。

(2)納稅義務人有隱匿或移轉財產、逃避稅捐執行之跡象者，稅捐稽徵機關得於繳納通知文書送達後，聲請法院就其財產實施假扣押，並免提供擔保；其屬納稅義務人已依法申報而未繳納稅捐者，稅捐稽徵機關得於法定繳納期間屆滿後聲請假扣押。

2.納稅義務人之財產經依前項規定實施稅捐保全措施後，有下列各款情形之一者，稅捐稽徵機關應於其範圍內辦理該保全措施之解除：

(1)納稅義務人已自行或由第三人提供相當擔保。

(2)納稅義務人對核定稅捐處分依法提起行政救濟，經訴願或行政訴訟撤銷確定。但撤銷後須另為處分，且納稅義務人有隱匿或移轉財產、逃避稅捐執行之跡象，不辦理解除。

3.在中華民國境內居住之個人或在中華民國境內之營利事業，其已確定之應納稅捐逾法定繳納期限尚未繳納完畢，所欠繳稅款及已確定之罰鍰單計或合計，個人在新臺幣 100 萬元以上，營利事業在新臺幣 200 萬元以上者；其在行政救濟程序終結前，個人在新臺幣 150 萬元以上，營利事業在新臺幣 300 萬元以上，得由財政部函請內政部移民署限制其出境；其為營利事業者，得限制其負責人出境，並應依下列規定辦理。但已提供相當擔保者，或稅捐稽徵機關未實施第 1 項第 1 款前段或第 2 款規定之稅捐保全措施者，不適用之：

(1)財政部函請內政部移民署限制出境時，應同時以書面敘明理由並附記救濟程序通知當事人，依法送達。

(2)限制出境之期間，自內政部移民署限制出境之日起，不得逾 5 年。

4.納稅義務人或其負責人經限制出境後，有下列各款情形之一者，財政部應函請內政部移民署解除其出境限制：

(1)限制出境已逾前項第 2 款所定期間。

(2)已繳清全部欠稅及罰鍰，或向稅捐稽徵機關提供欠稅及罰鍰之相當擔保。

(3)納稅義務人對核定稅捐處分依法提起行政救濟，經訴願或行政訴訟撤銷須另為處分確定。但一部撤銷且其餘未撤銷之欠稅金額達前項所定標準，或納稅義務人有隱匿或移轉財產、逃避稅捐執行之跡象，其出境限制不予解除。

(4)經行政救濟及處罰程序終結，確定之欠稅及罰鍰合計金額未達前項所定標準。

(5)欠稅之公司或有限合夥組織已依法解散清算，且無賸餘財產可資抵繳欠稅及罰鍰。

(6)欠稅人就其所欠稅款已依破產法規定之和解或破產程序分配完結。

5.關於稅捐之徵收，準用民法第 242 條至第 245 條、信託法第 6 條及第 7 條規定。

(七)實務解釋：

1.繼承人未辦理繼承登記前，其地價稅繳款書向使用人合法送達並移送強制執行，於執行前因繼承人申報遺產稅辦理查欠作業而徵起地價稅及滯納金、執行費，可否因繼承人主張使用人未轉交稅單而退還滯納金、執行費一案（財政部 91.12.9 台財稅字第 0910457437 號函）。

說明：土地經稽徵機關依土地稅法第 4 條規定指定土地使用人代繳地價稅者，使用人未依限繳納致應加徵滯納金者，嗣後土地所有權人於代使用人繳納該欠繳之地價稅時，應連同使用人欠繳之滯納金一併繳納。惟土地所有權人如係本於納稅義務人身分，申請繳納地價稅者，因其既無滯納之行爲，應無須繳納使用人欠繳之滯納金。

2.納稅義務人欠繳因信託財產所生應納之地價稅，稅捐稽徵機關得否就該信託財產移送強制執行乙節，經本部洽據法務部（信託法主管機關）95.1.26 法律字第 0950002187 號函復略以：「……按信託法第 12 條第 1 項規定：『對信託財產不得強制執行。但……因處理信託事務所生之權利或其他法律另有規定者，不在此限。』所稱『因處理信託事務所生之權利』包括因修繕信託財產之房屋所負擔之修繕費或因信託財產所生之地價稅。故信託關係存續中信託財產所生之地價稅，受託人不繳納者稅捐稽徵

機關得對欠稅之信託財產強制執行。」（財政部 95.2.17 台財稅字第 09504509730 號函）

第 54 條（罰鍰之事由）

納稅義務人藉變更、隱匿地目等則或於適用特別稅率、減免地價稅或田賦之原因、事實消滅時，未向主管稽徵機關申報者，依下列規定辦理：

一　逃稅或減輕稅賦者，除追補應納部分外，處短匿稅額或賦額三倍以下之罰鍰。

二　規避繳納實物者，除追補應納部分外，處應繳田賦實物額一倍之罰鍰。

土地買賣未辦竣權利移轉登記，再行出售者，處再行出售移轉現值 2% 之罰鍰。

第 1 項應追補之稅額或賦額、隨賦徵購實物及罰鍰，納稅義務人應於通知繳納之日起 1 個月內繳納之；屆期不繳納者，移送強制執行。

解說

(一)本條的立法理由在於明定違法行爲的罰鍰，以利執行。

(二)依本條規定，可分析如下：

1.違法行爲：

(1)納稅義務人藉變更、隱匿地目等則或於適用特別稅率、減免地價稅或田賦的原因、事實消滅時，未向主管稽徵機關申報者。

(2)土地買賣未辦竣權利移轉登記，再行出售者。

(3)依土地稅法施行細則第 35 條第 1 項規定，對於永久性單季田及輪作田，於原已核定非種植稻穀之年（期），因水利改良改種稻穀使用者，納稅義務人或代繳義務人應自行申報改繳實物，否則被查獲或經檢舉而調查屬實者，應依本條第 1 項第 2 款規定辦理。

2.罰鍰標準：

(1)逃稅或減輕稅賦者，除追補應納部分外，處短匿稅額或賦額三倍以下的罰鍰。

(2)規避繳納實物者，除追補應納部分外，處應繳田賦實物額一倍的罰鍰。

(3)買賣未辦竣權利移轉登記，再行出售者，處再行出售移轉現值 2% 的罰鍰。

3.罰鍰的繳納：應追補的稅額或賦額、隨賦徵購實物及罰鍰，納稅義務人應於通知繳納日起 1 個月內繳納，否則移送強制執行。

(三)對於土地買賣未辦竣權利移轉登記，承買人再行出售該土地者，依平均地權條例第 81 條規定，處應納登記費二十倍以下的罰鍰。

(四)稅捐稽徵法亦有相關罰則：

1. 對納稅義務人的罰則：納稅義務人以詐術或其他不正當方法逃漏稅捐者，處 5 年以下有期徒刑，併科新台幣 1,000 萬元以下罰金。犯前項之罪，個人逃漏稅額在新台幣 1,000 萬元以上，營利事業逃漏稅額在新台幣 5,000 萬元以上者，處 1 年以上 7 年以下有期徒刑，併科新台幣 1,000 萬元以上 1 億元以下罰金（第 41 條）。

2. 教唆或幫助逃稅的罰則（第 43 條Ⅰ、Ⅱ）：

(1)教唆或幫助犯第 41 條或第 42 條之罪者，處 3 年以下有期徒刑，併科新台幣 100 萬元以下罰金。

(2)稅務人員、執行業務的律師、會計師或其他合法代理人犯前項之罪者，加重其刑至二分之一。

(五)實務解釋：

1.土地贈與、繼承及共有物分割未涉有地價補償之情形，在未辦竣權利移轉登記前，再行出售或贈與者，均無土地稅法第 54 條第 2 項處罰規定之適用。按土地稅法第 54 條第 2 項僅規定土地「買賣」未辦竣權利移轉登記，再行出售者，處再行出售移轉現值 2% 之罰鍰，「贈與」、「繼承」之法律性質與「買賣」有別，依租稅法律主義，應不在上開法條處罰範圍內。至於共有土地辦理分割，倘分割後取得之土地價值，與原持分比例所算得之價值不等，其屬無補償者，應無土地稅法第 54 條第 2 項規定之適用。如屬有補償者，土地價值增加之一方，因土地分割後所取得之土地價值增加而支付地價補償予地價減少之他方，其性質與買賣相同，土地價值增加之一方在共有土地分割未辦竣權利移轉登記前，再行出售土地時，應依照土地稅法第 54 條第 2 項規定辦理。本案陳××與他人共有之土地辦理分割結果，陳君爲土地價值減少之一方，自無土地稅法第 54 條第 2 項規定之適用（財政部 80.12.5 台財稅字第 800377110 號函）。

2.經都市計畫編爲公共設施保留地，依土地稅減免規則第 22 條第 1 項第 3 款及本部 71.4.6 台財稅第 32305 號函規定，係由稽徵機關根據主管地政機關通報保留地清冊，自行查核或會同地政機關勘查其使用情形，而分別核定徵免地價稅，免由土地所有權人提出申請。該類經核定按千分之六稅率課徵地價稅之公共設施保留地，嗣後變更爲非公共設施保留地而未申報改課者，應無土地稅法第 54 條處罰規定之適用（財政部 97.2.13 台財稅字第 09600463240 號令）。

3.稅務違章案件減免處罰標準第 18 條第 2 項規定，依土地稅法第 54 條第 2 項規定應處罰鍰案件，其移轉現值在新台幣 100 萬元以下者，免予處罰。有關「其移轉現值在新台幣 100 萬元以下者」之認定，係以每一筆土地之移轉現值爲準（財政部 97.11.26 台財稅字第 09704111310 號令）。

4.土地稅法第 54 條第 1 項第 1 款所稱「短匿稅額」之認定，應以稽徵機關核算納稅義務人應補徵之稅額爲準（財政部 99.1.15 台財稅字第 09904505600 號函）。

5.平均地權條例第 81 條補充規定及土地買賣未辦竣移轉登記再行出售其出售日期之認定（內政部 93.8.2 內授中辦字第 0930724573 號令）。

說明：一、本條所稱「買賣」，指當事人約定一方移轉財產權於他方，他方支付價金之契約而言。二、本條所稱「土地買賣未辦竣權利移轉登記」，指土地權利尚未經登記機關依土地登記規則第 6 條登記完畢而言。三、本條所稱「再行出售」，指承買人就所承買土地尚未辦竣權利移轉登記前，即再行出售他人成立「債權契約」而言。四、依本條處以罰鍰之對象，指買賣土地未辦竣移轉登記之權利人（承買人），亦即未辦竣移轉登記再行出售之義務人（出賣人）而言。五、土地買賣未辦竣權利移轉登記前，承買人再行出售該土地時，其罰鍰之計徵如左：(一)自當事人訂立買賣契約之日起 2 個月內再行出售者，處應納登記費 1 倍之罰鍰，逾 2 個月者，每逾 1 個月加處 1 倍，以至 20 倍爲限。(二)前款登記費之計算，以當事人訂定買賣契約之日該土地之當期申報地價爲準。六、土地買賣未辦竣權利移轉登記，經處以罰鍰逾期不繳納時，應由原處分機關依行政執行法執行之。

6.稽徵機關依土地稅法第 54 條第 1 項第 1 款及稅務違章案

件裁罰金額或倍數參考表辦理裁罰前，應以適當方式輔導受處分人知悉稅務違章案件裁罰金額或倍數參考表所定減輕處罰倍數規定，並給予陳述意見之機會（財政部 100.1.18 台財稅字第 10004503080 號令）。

第 55 條（田賦之追補）

依前條規定追補應繳田賦時，實物部分按實物追收之；代金及罰鍰部分，按繳交時實物折徵代金標準折收之；應發隨賦徵購實物價款，按徵購時核定標準計發之。

解說

(一)本條的立法理由在於明定逃避田賦的罰則，追繳田賦實物或代金罰鍰部分的追繳標準。

(二)田賦於民國 76 年第二期起停徵，至今已逾稅捐稽徵法第 21 條所定的核課期間，也已逾該法第 23 條第 1 項所規定的徵收期間。各該期間均為 5 年，是以實務上已無田賦追補。

(三)依本條規定，可分析如下：

1.實物歸實物：追補應繳田賦時，其屬於應徵收實物者，則按實物追收。

2.代金及罰鍰部分：追補應繳田賦時，其屬於代金及罰鍰者，則按繳交時實物折徵代金標準折收。

3.隨賦徵購實物的價款：依本法第 26 條規定，徵收實物地方，得視當地糧食生產情形，辦理隨賦徵購實物。因此，應發隨賦徵購實物的價款，其徵購價款，按徵購時核定標準計發給。

第 55 條之 1（土地增值稅之罰鍰事由）

依第 28 條之 1 受贈土地之財團法人，有下列情形之一者，除追補應納之土地增值稅外，並處應納土地增值稅額二倍以下之罰鍰：

一　未按捐贈目的使用土地者。

二　違反各該事業設立宗旨者。

三　土地收益未全部用於各該事業者。

四　經稽徵機關查獲或經人舉發查明捐贈人有以任何方式取得所捐贈土地之利益者。

解說

(一)本條的立法理由有二：

1.私人捐贈供興辦社會福利事業使用的土地免徵土地增值稅，但爲避免該土地未按捐贈目的使用或違反該事業設立宗旨或土地收益未全部用於各該事業，特訂定本條罰鍰規定，以防流弊。

2.財團法人受贈土地於辦妥移轉登記後，經稽徵機關查獲或經人舉發查明捐贈人有以任何方式取得所捐贈土地的利益情事時，追補稅款困難。爲防杜假藉捐贈之名而行逃漏增值稅的目的發生，特訂定第 4 款，以收遏阻效果。

(二)平均地權條例第 81 條之 1 規定與本條類似，依本條規定，可分析如下：

1.須是依本法第 28 條之 1 規定受贈土地免徵土地增值稅，才受本條的處罰。

2.受贈土地免徵土地增值稅，有本條所規定的情形之一者，應追補原受贈時應繳納的土地增值稅。

3.除追補應納的土地增值稅外，並處應納土地增值稅額兩倍以下的罰鍰。

(三)依土地稅法施行細則第 43 條第 3 項規定，依本法第 28 條之 1 核定免徵土地增值稅的土地，主管稽徵機關應將核准文號建檔及列冊保管，並定期會同有關機關檢查有無本法第 55 條之 1 規定的情形。

(四)實務解釋：

財團法人受贈土地，經依土地稅法第 28 條之 1 規定免徵土地增值稅，嗣發現地上建物部分樓層未依社會福利事業主管機關原許可事項使用，如經該主管機關認定部分未按捐贈目的使用土地，准按該未按捐贈目的使用土地部分比率計算追補應納之土地增值稅，並按該追補稅額依同法第 55 條之 1 規定處罰（財政部 110.10.27 台財稅字第 11004649360 號令）。

第 55 條之 2（刪除）

第 56 條（刪除）

第七章　附　則

第 57 條（施行區域）

本法施行區域，由行政院以命令定之。

解說

(一)本法的施行區域，未能及於大陸地區，且本法於民國 66 年 7 月 14 日公布施行時，金門與馬祖爲實施戰地政務地區，基於現實的考量，特明定本法的施行區域，由行政院以命令定之，以期能彈性運用，此爲本條的立法理由。

(二)依本條規定，行政院於 66.10.22 台財字第 8822 號函指定台灣省及台北市自該法生效日起爲土地稅法的施行區域。此時高雄市尚未升格爲院轄市，乃屬於台灣省的轄區，故高雄市亦爲本法施行區域。

(三)福建省金門縣及連江縣自民國 81 年 11 月 7 日終止戰地政務，故行政院於 81.10.14 台內字第 34640 號函指定爲平均地權條例及土地稅法的施行區域，並同時停徵田賦。

第 58 條（施行細則）

本法施行細則，由財政部定之。

解說

(一)土地稅的稽徵，頗多屬於技術性的細節事項，不宜於本法中規定，勢必另訂施行細則，以資因應並具彈性。修正前之施行細則原明定由行政院訂定，本條文於民國 110 年 6 月 23 日修正。因土地稅之主管機關爲財政部，故修正後改由財政部訂定，以明職權。

(二)本法於民國 66 年 7 月 14 日公布施行後，行政院發布施行細則，其沿革如下：

1.民國 68 年 2 月 22 日發布土地稅法施行細則。

2.民國 79 年 10 月 12 日修正。

3.民國 80 年 7 月 17 日修正第 20 條條文。

4.民國 87 年 4 月 8 日修正第 58 條條文。

5.民國 89 年 9 月 20 日修正第14、18、20、36、37、49、56～60、62 及 63 條條文暨附件四及附件五。

6.民國 90 年 6 月 20 日修正第 14 條條文。

7.民國 94 年 12 月 16 日修正第 17～19、21、22、24～26、45、51、57、58、61 條條文暨第 53 條條文之附件五，並增訂第 57 條之 1 條文。

8.民國 103 年 1 月 13 日修正第 8、9、14、44、49、58 條條文；並刪除第 57 條之 1 條文。

9.民國 110 年 9 月 23 日修正發布第 3、6、8、9、11、12、14、17、19、20、43～45、51、55、56、61 條條文；增訂第 55 條之 1 條文；刪除第 52 條條文。

(三)土地稅法施行細則共分五章，全部有六十三條條文，第一章總則，第二章地價稅，第三章田賦，第四章土地增值稅，第五章附則。

第 59 條（施行日期）

本法自公布日施行。

本法 90 年 5 月 29 日修正條文施行日期，由行政院定之。

解說

(一)本條立法理由在於明定本法的施行日期。

(二)本法於民國 66 年 7 月 14 日公布，依本條規定，本法自公布日施行。

(三)依中央法規標準法第 13 條規定，法規明定自公布或發布日施行者，自公布或發布之日起算至第 3 日起發生效力。是故本法於民國 66 年 7 月 14 日公布，於同年 7 月 16 日起生效。

(四)行政院 90.6.29 台財字第 39981 號函定自 90 年 7 月 1 日施行。

【附錄一】

土地稅法施行細則

民國 110 年 9 月 23 日財政部台財稅字第 11004633710 號令修正發布第 3、6、8、9、11、12、14、17、19、20、43～45、51、55、56、61 條條文；增訂第 55-1 條條文；刪除第 52 條條文

第一章　總則

第 1 條　本細則依土地稅法（以下簡稱本法）第 58 條之規定訂定之。

第 2 條　本法第 6 條所稱之減免標準及程序，依土地稅減免規則之規定辦理。

第 3 條　地價稅、土地增值稅、田賦代金稅及隨賦徵購稻穀價款均以新臺幣為單位，計算至元為止。

每年地價稅，每戶稅額在新臺幣 100 元以下者，免予課徵。

每期田賦實際造單賦額，每戶未滿一賦元者，免予課徵。

土地增值稅稅額，在新台幣 100 元以下者，免予課徵。

第 4 條　本法第 9 條之自用住宅用地，以其土地上之建築改良物屬土地所有權人或其配偶、直系親屬所有者為限。

第二章　地價稅

第 5 條　依本法第 16 條第 1 項規定計算地價稅時，其公式如附件一。

第 6 條　本法第 16 條第 2 項規定之累進起點地價，其計算公式如附件二。

前項累進起點地價，應於舉辦規定地價或重新規定地價後當年地價稅開徵前計算完竣，並分別報請財政部及內政部備查。

累進起點地價以千元為單位，以下四捨五入。

第 7 條　土地有權人如有依本法第 16 條規定應予累進課徵地價稅之土地及本法第 17 條、第 18 條或第 19 條規定免予累進課徵地價稅之土地，主管稽徵機關應分別計算其應納稅額後，合併課徵。

第 8 條　土地所有權人在本法施行區域內申請超過一處之自用住宅用地時，依本法第 17 條第 3 項認定一處適用自用住宅用地稅率，以土地所有權人擇定之戶籍所在地為準；土地所有權人未擇定者，以申請當年之自用住宅用地地價稅額最高者為準；其稅額相同者，依土地所有權人、配偶、未成年受扶養親屬戶籍所在地之順序適用。

土地所有權人與其配偶或未成年之受扶養親屬分別以所有土地申請自用住宅用地者，應以共同擇定之戶籍所在地為準；未擇定者，應以土地所有權人與其配偶、未成年之受扶養親屬申請當年度之自用住宅用地地價稅額最高者為準。

第 1 項後段未成年受扶養親屬戶籍所在地之適用順序，依長幼次序定之。

第 9 條　土地所有權人在本法施行區域內申請之自用住宅用地面積超過本法第 17 條第 1 項規定時，應依土地所有權人擇定之適用順序計算至該規定之面積限制為止；土地所有權人未擇定者，以申請當年之自用住宅用地地價稅額由高至低之適用順序計算之；其稅額相同者，適用順序如下：

一、土地所有權人與其配偶及未成年之受扶養親屬之戶籍所在地。

二、直系血親尊親屬之戶籍所在地。

三、直系血親卑親屬之戶籍所在地。

四、直系姻親之戶籍所在地。

前項第 2 款至第 4 款之適用順序，依長幼次序定之。

第 10 條　本法第 17 條第 2 項所稱國民住宅，指依國民住宅條例規定，依下列方式興建之住宅。

一　政府直接興建。

二　貸款人民自建。

三　獎勵投資興建。

本法第 17 條第 2 項所稱企業或公營事業興建之勞工宿舍，指興建之目的專供勞工居住之用。

第 11 條　土地所有權人申請適用本法第 17 條第 1 項自用住宅用地特別稅率計徵地價稅時，應填具申請書並檢附建築改良物證明文件，向主管稽徵機關申請核定之。

第 12 條　土地所有權人申請適用本法第 17 條第 2 項特別稅率計徵地價稅者，應填具申請書，並依下列規定，向主管稽徵機關申請核定之。

一　國民住宅用地：其屬政府直接興建者，檢附建造執照影本或取得土地所有權證明文件。其屬貸款人民自建或獎勵投資興建者，檢附建造執照影本及國民住宅主管機關核准之證明文件。

二　企業或公營事業興建之勞工宿舍用地：檢附建造執照或使用執照影本及勞工行政主管機關之證明文件。

前項第 1 款貸款人民自建之國民住宅及第 2 款企業或公營事業

興建之勞工宿舍，自建築完成之日起未供自用住宅或勞工宿舍使用者，應由土地所有權人向主管稽徵機關申報改按一般用地稅率計徵。

第 1 項第 1 款貸款人民自建或獎勵投資興建之國民住宅及第 1 項第 2 款企業或公營事業興建之勞工宿舍，經核准按自用住宅用地稅率課徵地價稅後，未依建築主管機關核准期限建築完成者，應自核准期限屆滿日當年改按一般用地稅率計徵地價稅。

第 13 條　依本法第 18 條第 1 項特別稅率計徵地價稅之土地，指下列各款土地經按目的事業主管機關核定規劃使用者。

一　工業用地：為依區域計畫法或都市計畫法劃定之工業區或依其他法律規定之工業用地，及工業主管機關核准工業或工廠使用範圍內之土地。

二　礦業用地：為經目的事業主管機關核准開採礦業實際使用地面之土地。

三　私立公園、動物園、體育場所用地：為經目的事業主管機關核准設立之私立公園、動物園及體育場所使用範圍內之土地。

四　寺廟、教堂用地、政府指定之名勝古蹟用地：為已辦妥財團法人或寺廟登記之寺廟、專供公開傳教佈道之教堂及政府指定之名勝古蹟使用之土地。

五　經主管機關核准設置之加油站及依都市計畫法規定設置之供公眾使用之停車場用地：為經目的事業主管機關核准設立之加油站用地，及依都市計畫法劃設並經目的事業主管機關核准供公眾停車使用之停車場用地。

六　其他經行政院核定之土地：為經專案報行政院核准之土地。

第 14 條　土地所有權人申請適用本法第 18 條特別稅率計徵地價稅者，應填具申請書，並依下列規定，向主管稽徵機關申請核定之：

一、工業用地：應檢附建造執照及興辦工業人證明文件；建廠前依法應取得設立許可者，應加附工廠設立許可文件。其已開工生產者，應檢附工廠登記證明文件。

二、其他按特別稅率計徵地價稅之土地：應檢附目的事業主管機關核准或行政院專案核准之有關文件及使用計畫書圖或組織設立章程或建築改良物證明文件。

核定按本法第 18 條特別稅率計徵地價稅之土地，有下列情形之一者，應由土地所有權人申報改按一般用地稅率計徵地價稅：

一、逾目的事業主管機關核定之期限尚未按核准計畫完成使用。

二、停工或停止使用逾 1 年。

前項第 2 款停工或停止使用逾 1 年之土地，如屬工業用地，其在工廠登記未被工業主管機關撤銷或廢止，且未變更供其他使用前，仍繼續按特別稅率計徵地價稅。

第 15 條　適用特別稅率之原因、事實消滅時，土地所有權人應於 30 日內向主管稽徵機關申報，未於期限內申報者，依本法第 54 條第 1 項第 1 款之規定辦理。

第 16 條　都市計畫公共設施保留地釘樁測量分割前，仍照原有稅額開單課徵，其溢徵之稅額，於測量分割後准予抵沖應納稅額或退還。

第 17 條　依本法第 20 條課徵地價稅之公有土地應由管理機關於每年地價稅開徵 40 日前，提供有關資料與主管稽徵機關核對稅籍資料。

第 18 條　依本法第 21 條規定加徵空地稅之倍數，由直轄市或縣（市）主管機關視都市發展情形擬訂，報行政院核定。

第 19 條　欠繳地價稅之土地於移轉時，得由移轉土地之義務人或權利人申請分單繳納，分單繳納稅額之計算公式如附件三。

前項欠繳地價稅稅單，已合法送達者，其分單繳納稅款之限繳日期，以原核定限繳日期為準；未合法送達者，其分單繳納稅款及其餘應納稅款應另訂繳納期間，並予送達。如欠繳地價稅案件已移送法務部行政執行署所屬行政執行分署（以下簡稱行政執行分署）執行，主管稽徵機關於分單稅款繳清時，應即向行政執行分署更正欠稅金額。

第 20 條　各年地價稅以本法第 40 條規定納稅義務基準日土地登記簿所載之所有權人或典權人為納稅義務人。

第三章　田賦

第 21 條　本法第 22 條第 1 項所稱非都市土地依法編定之農業用地，指依區域計畫法編定之農牧用地、林業用地、養殖用地、鹽業用地、水利用地、生態保護用地、國土保安用地及國家公園區內由國家公園管理機關會同有關機關認定合於上述規定之土地。

第 22 條　非都市土地編為前條以外之其他用地合於下列規定者，仍徵收田賦：

一　於中華民國 75 年 6 月 29 日平均地權條例修正公布施行前，經核准徵收田賦仍作農業用地使用。

二　合於非都市土地使用管制規定作農業用地使用。

第 23 條　本法第 22 條第 1 項第 2 款所稱公共設施尚未完竣前，指道路、自來水、排水系統、電力等四項設施尚未建設完竣而言。

前項道路以計畫道路能通行貨車為準；自來水及電力以可自計

畫道路接通輸送者爲準；排水系統以能排水爲準。

公共設施完竣之範圍，應以道路兩旁鄰接街廓之一半深度爲準。但道路同側街廓之深度有顯著差異者或毗鄰地形特殊者，得視實際情形由直轄市或縣（市）政府劃定之。

第 24 條　徵收田賦之土地，依下列規定辦理：

一　第 21 條之土地，分別由地政機關或國家公園管理機關按主管相關資料編造清冊，送主管稽徵機關。

二　本法第 22 條第 1 項但書規定之土地，由直轄市或縣（市）主管機關依地區範圍圖編造清冊，送主管稽徵機關。

三　第 22 條第 1 款之土地，由主管稽徵機關按平均地權條例於中華民國 75 年 6 月 29 日修正公布施行前徵收田賦之清冊課徵。

四　第 22 條及本法第 22 條第 1 項但書規定之土地中供與農業經營不可分離之使用者，由農業機關受理申請，會同有關機關勘查認定後，編造清冊，送主管稽徵機關。

五　第 22 條第 2 款之土地中供農作、森林、養殖、畜牧及保育之使用者，由主管稽徵機關受理申請，會同有關機關勘查認定之。

六　本法第 22 條第 1 項之非都市土地未規定地價者，由地政機關編造清冊送主管稽徵機關。

七　本法第 22 條第 3 項之用地，由主管稽徵機關受理申請，會同有關機關勘查認定之。

第 25 條　本法第 22 條第 1 項但書所定都市土地農業區、保護區、公共設施尚未完竣地區、依法限制建築地區、依法不能建築地區及公共設施保留地等之地區範圍，如有變動，直轄市或縣（市）

主管機關應於每年 2 月底前，確定變動地區範圍。

直轄市或縣（市）主管機關對前項變動地區內應行改課地價稅之土地，應於每年 5 月底前列冊送主管稽徵機關。

第 26 條　依本法第 22 條規定課徵田賦之土地，主管稽徵機關應依相關主管機關編送之土地清冊分別建立土地卡（或賦籍卡）及賦籍冊按段歸戶課徵。

土地權利、土地標示或所有權人住址有異動時，地政機關應於登記同時更正地價冊，並於 10 日內通知主管稽徵機關釐正土地卡（或賦籍卡）及賦籍冊。

公有土地管理機關應於每期田賦開徵 40 日前，提供有關資料，並派員前往主管稽徵機關核對冊籍。

第 27 條　田賦徵收實物，但合於本法第 23 條第 1 項規定不產稻穀或小麥之土地及有特殊情形地方，得依下列規定折徵代金。

一　田地目以外土地不產稻穀或小麥者，得按應徵實物折徵代金。

二　田地目土地受自然環境限制不產稻穀或小麥，經勘定爲永久性單季田、臨時性單季田及輪作田者，其不產稻穀或小麥之年（期），得按應徵實物折徵代金。

三　永久性單季田如係跨兩期改種其他農作物者，每年田賦仍應一期徵收實物，一期折徵代金。

四　永久性單季田及輪作田於原核定種植稻穀或小麥年（期），有第 30 條所定情形之一經勘查屬實者，當期田賦實物仍得折徵代金。

第 28 條　納稅義務人所有課徵田賦實物之土地，按段歸戶後實際造單時，賦額未超過五賦元者，准予折徵代金。

第 29 條　田地目土地有下列情形之一者，應勘定爲永久性單季田。

一　土地因受自然環境限制、水量不足、氣候寒冷或水量過多時，每年必有一期不產稻穀或小麥者。

二　屬於灌溉區域內土地，每年必有固定一期無給水灌溉，不產稻穀或小麥者。

第 30 條　田地目土地有下列情形之一，當期不產稻穀或小麥者，應勘定為臨時性單季田。

一　因災害或其他原因，致水量不足者。

二　灌溉區域之稻田，因當期給水不足者。

三　非灌溉區域之稻田，因當時缺水者。

第 31 條　田地目土地因非輪值給水灌溉年（期），不產稻穀或小麥者，應勘定為輪作田。

第 32 條　臨時性單季田、永久性單季田及輪作田之勘定，應由直轄市及縣（市）主管稽徵機關參酌當地每期稻作普遍播種時間，分別訂定公告，以當地每期稻作普遍播種後 30 日內為受理申請期間，函由各鄉、鎮、市（區）公所接受申請。但永久性單季田及輪作田，經核定有案者，免再提出申請。

第 33 條　納稅義務人或代繳義務人依前條規定申請勘定單季田及輪作田時，應依規定期間，按地段逐筆填妥申請書向土地所在地之鄉、鎮、市（區）公所或村里辦公處申請辦理。各鄉、鎮、市（區）公所應派員輔導或代填申請書。

前項申請書由各縣（市）主管稽徵機關印製發交各鄉、鎮、市（區）公所免費供應申請人使用。

第 34 條　單季田及輪作田之勘定，依下列規定辦理：

一　各鄉、鎮、市（區）公所接到單季田或輪作田申請書後，應統一編號並即與土地賦籍冊核對納稅義務人或代繳義務人姓名、土地座落、等則、面積、賦額等記載相符後，由鄉、鎮、市（區）公所派員持同原申請書實地逐筆勘查，將初勘意見、初勘日期塡註於申請書各該欄，並限於當地申請期間屆滿後 5 日內初勘完竣。業經初勘之申請書，應由初勘人員簽章後按段裝訂成冊，並由財政課長、鄉、鎮、市（區）長於底頁簽章存案。

二　各鄉、鎮、市（區）公所初勘完竣後，應於申請期間屆滿後 8 日內將初勘結果擬核定爲單季田或輪作田之土地，按段逐筆塡造勘查成果清冊一式各三份，並按段塡造該鄉、鎮、市（區）勘查成果統計表一式各三份，分別裝訂於清冊冊首。以一份存案，餘二份函送主管稽徵機關派員複勘。

三　稽徵機關接到勘查成果清冊後，應於 3 日內排定複勘日程表，洽請當地糧政主管機關派員會同複勘。

四　複勘人員應攜帶地籍圖及勘查成果清冊前往實地逐筆複勘，塡註複勘意見。如經複勘結果不合規定應予剔除者，勘查成果清冊該筆土地應以紅筆雙線劃去，並由複勘人員會同加蓋職名章以示負責，惟仍應將實地勘查情形詳實簽註，以資查考。

五　經複勘後之清冊，應經複勘人員及稽徵及糧食機關主管簽章，並塡造勘查成果統計表一式各二份，一併簽請縣（市）長核定，分別裝訂於勘查成果清冊冊首，並以清冊一份函送當地糧政主管機關。

六　經核定之永久性單季田及輪作田，應每 3 年依據各縣（市）原核定清冊辦理初、複勘一次。

七　單季田及輪作田，如因申報筆數過多，無法在本條各款規定期間內辦理完竣者，得視當地實際情形酌予延展，惟其複勘工作至遲應在當地申報期限屆滿之日起 30 日內辦理完竣。

八　申請臨時性單季田土地，如部分種植稻穀面積超過該筆土地面積一半以上者，不予核定為臨時性單季田。

前項規定於直轄市單季田及輪作田之申請準用之。

第 35 條　永久性單季田及輪作田，於原已核定非種植稻穀之年（期），因水利改良改種稻穀使用者，納稅義務人或代繳義務人應自行申報改徵實物。

前項土地，納稅義務人或代繳義務人未自行申報改徵實物，被查獲或經檢舉而調查屬實者，依本法第 54 條第 1 項第 2 款之規定辦理。

第 36 條　田賦徵收實物之賦率及隨賦徵購實物標準，由行政院公告之。

田賦折徵代金標準及隨賦徵購實物價格規定如下：

一　田地目以外各地目按土地賦籍冊所載之年賦額及依前項賦率徵收稻穀數量，按各縣（市）當地田賦開徵前第 20 日至第 16 日共 5 日期間，各主要生產鄉、鎮、市（區）當期生產之在來種稻穀平均市價折徵代金。臺灣省澎湖縣田賦折徵代金標準比照該省臺南縣第一期公告之折徵代金價格折徵。

二　隨賦徵購稻穀價格，以各縣（市）當期田賦開徵前第 20 日至第 16 日共 5 日期間，各主要生產鄉、鎮、市（區）當期生產之蓬萊種稻穀平均市價與在來種稻穀平均市價為準，報由各縣（市）議會與縣（市）政府有關單位組織之隨賦徵購稻穀價格評價委員會於當期田賦開徵前第 14 日分別訂定之，其標準應優於市價。

三　前二款之稻穀市價，由行政院農業委員會會同當地縣

（市）政府、議會、農會及米穀商業同業公會調查之。

四　隨賦徵購稻穀價格由評價委員會評定後，3 日內送請行政院農業委員會公告實施。折徵代金標準，由縣（市）政府於稻穀市價調查完畢次日公告實施。

五　直轄市之折徵代金標準及隨賦徵購稻穀價格，應比照毗鄰之縣份當期公告之價格辦理。田地目土地、稻穀生產量較少及稻穀市價調查期間經常未有實際交易之稻穀市價可供調查之縣（市），其折徵代金標準及隨賦徵購稻穀價格，應比照毗鄰縣份當期公告之價格辦理。

六　稻穀市價調查及資料通報等有關作業事項，依各縣（市）政府之規定。

第 37 條　主管稽徵機關應於每期田賦開徵前，將田賦實物（代金）繳納通知單，送由納稅義務人或代繳義務人依本法第 47 條規定，持向指定經收公糧倉庫或經收（代收）稅款公庫繳納，並應將田賦實物徵收底冊各一份分別送交當地糧政主管機關及指定經收公糧倉庫。但納稅義務人或代繳義務人如居住在土地所在地之鄉、鎮、市（區）轄區以外者，或住址不在指定經收公糧倉庫轄內，或因災害等特殊情形無法在原指定經收公糧倉庫繳納田賦實物及隨賦徵購稻穀者，依下列規定辦理之：

一　納稅義務人或代繳義務人如居住在土地所在地之鄉、鎮、市（區）轄區以外者，主管稽徵機關得將田賦繳納通知單移送其居住所在地之鄉、鎮、市（區）公所代為送達並代為徵收。其為繳納田賦實物者，並得依照糧政主管機關之規定辦理易地繳納。

二　納稅義務人或代繳義務人住址不在指定經收公糧倉庫轄內，或因災害等特殊情形無法在原指定經收公糧倉庫繳納田賦實物及隨賦徵購稻穀者，應將田賦實物繳納通知單送交其住所所在地鄉、鎮、市（區）公所彙送當地糧政主管機關辦理易地繳納。

指定經收公糧倉庫經收田賦實物稻穀及隨賦徵購稻穀，應核對徵收底冊與繳納通知單記載相符，驗收稻穀加蓋經收稻穀日期及經收人章戳，憑付款憑證聯發給隨賦徵購稻穀價款後收回，附同當旬徵購價款旬報表送當地糧政主管機關，並將通知及收據聯交納稅人收執。報核聯由經收公糧倉庫連同當旬旬報表送主管稽徵機關以憑辦理稅款劃解及銷號；銷號聯限於繳納當日送鄉、鎮、市（區）公所以憑登記銷號。

經收（代收）稅款公庫於收訖田賦代金稅款，加蓋經收（代收）公庫及經收人員章戳後將通知及收據聯交納稅人收執。報核聯連同稅收日報表送主管稽徵機關，以憑辦理劃解及銷號；銷號聯限於收款當日送鄉、鎮、市（區）公所，以憑登記銷號；存查聯留存公庫備查。

田賦實物及田賦代金之徵收底冊及繳納通知單之編造、分發程序及其格式，由直轄市、縣（市）政府定之。

第 38 條　納稅義務人或代繳義務人如有重複或錯誤繳納田賦及隨賦徵購稻穀時，得依稅捐稽徵法第 28 條之規定申請主管稽徵機關會同當地糧政主管機關辦理退還或抵繳次期應繳田賦及隨賦徵購稻穀。但納稅義務人或代繳義務人得僅申請退還田賦實物；其申請退還或抵繳田賦代金者，免由當地糧政主管機關會辦。

依前項規定退還之田賦實物及隨賦徵購稻穀，應以退還當期之新穀，並以原繳納之同一種類稻穀退還之。其退還隨賦徵購稻穀，應先行按退還時當期政府核定隨賦徵購單價格計算其徵購稻穀價款，繳付於指定退還實物經收公糧倉庫後予以退還。

第 39 條　納稅義務人或代繳義務人，如因災害或其他特殊情形，當期無稻穀或其稻穀不合本法第 25 條第 1 項規定驗收標準，致無法繳納田賦實物者，各指定經收公糧倉庫應按稻穀市價供納稅人購買繳納。但其價格不得高於該倉庫購穀成本 103%。

指定經收公糧倉庫，如無稻穀供納稅人購買繳納時，納稅人得申請糧政主管機關指定公糧倉庫洽購稻穀繳納。

糧政主管機關爲便於法院執行收納舊欠田賦實物，應在各縣市指定交通較方便地區之經收公糧倉庫辦理代購稻穀事項，指定經收公糧倉庫不得拒絕。

第 40 條　田賦之徵收，以直轄市、縣（市）各期田賦開徵前第 30 日爲納稅義務基準日。各期田賦以納稅義務基準日土地登記簿所載之土地所有權人或典權人、承領人、耕作權人爲納稅義務人。

第 41 條　田賦開徵日期由省（市）政府定之。

第四章　土地增值稅

第 42 條　土地交換，應分別向原土地所有權人徵收土地增值稅。

分別共有土地分割後，各人所取得之土地價值與其分割前應有部分價值相等者，免徵土地增值稅；其價值減少者，就其減少部分課徵土地增值稅。

公同共有土地分割，其土地增值稅之課徵，準用前項規定。

土地合併後，各共有人應有部分價值與其合併前之土地價值相等者，免徵土地增值稅。其價值減少者，就其減少部分課徵土地增值稅。

前三項土地價值之計算，以共有土地分割或土地合併時之公告土地現值爲準。

第 43 條　本法第 28 條之 1 所稱社會福利事業，指依法經社會福利事業主管機關許可設立，以興辦社會福利服務及社會救助為主要目的之事業。所稱依法設立私立學校，指依私立學校法規定，經主管教育行政機關許可設立之各級、各類私立學校。

依本法第 28 條之 1 申請免徵土地增值稅時，應檢附社會福利事業主管機關許可設立之證明文件或主管教育行政機關許可設立之證明文件、捐贈文書、法人登記證書（或法人登記簿謄本）、法人捐助章程及當事人出具捐贈人未因捐贈土地以任何方式取得利益之文書。

依本法第 28 條之 1 核定免徵土地增值稅之土地，主管稽徵機關應將核准文號建檔及列冊保管，並定期會同有關機關檢查有無本法第 55 條之 1 規定之情形。

第 44 條　土地所有權人申報出售在本法施行區域內之自用住宅用地，面積超過本法第 34 條第 1 項或第 5 項第 1 款規定時，應依土地所有權人擇定之適用順序計算至該規定之面積限制為止；土地所有權人未擇定者，應以各筆土地依本法第 33 條規定計算之土地增值稅，由高至低之適用順序計算之。

本細則中華民國 103 年 1 月 13 日修正施行時適用本法第 34 條第 1 項或 110 年 9 月 23 日修正施行時適用同條第 5 項規定之出售自用住宅用地尚未核課確定案件，適用前項規定。

第 45 條　土地出典人依本法第 29 條但書規定，於土地回贖申請無息退還其已繳納土地增值稅時，應檢同原納稅證明文件向主管稽徵機關申請之。

第 46 條　本法第 31 條所稱土地漲價總數額，在原規定地價後未經移轉之土地，於所有權移轉或設定典權時，以其申報移轉現值超過原規定地價之數額為準。

第 47 條　本法第 31 條所稱土地漲價總數額，在原規定地價後曾經移轉之土地，於所有權移轉或設定典權時，以其申報移轉現值超過前次移轉時申報之現值之數額爲準。

第 48 條　本法第 31 條所稱土地漲價總數額，在因繼承取得之土地，於所有權移轉或設定典權時，以其申報移轉現值超過被繼承人死亡時公告土地現值之數額爲準。但繼承土地有下列各款情形之一者，以超過各該款地價之數額爲準。

一　被繼承人於其土地第一次規定地價以前死亡者，以該土地於中華民國 53 年之規定地價爲準。該土地於中華民國 53 年以前已依土地法辦理規定地價，或於中華民國 53 年以後始舉辦規定地價者，以其第一次規定地價爲準。

二　繼承人於中華民國 62 年 2 月 8 日起至中華民國 65 年 6 月 30 日止，依當時遺產及贈與稅法第 57 條或依遺產稅補報期限及處理辦法之規定補報遺產稅，且於中華民國 65 年 12 月 31 日以前向地政機關補辦繼承登記者，以該土地補辦繼承登記收件時之公告土地現值爲準。

三　繼承人於中華民國 62 年 2 月 8 日起至中華民國 65 年 6 月 30 日止，依當時遺產及贈與稅法第 57 條或依遺產稅補報期限及處理辦法之規定補報遺產稅，於中華民國 66 年 1 月 1 日以後始向地政機關補辦繼承登記者，以其補報遺產稅收件時之公告土地現值爲準。

第 49 條　依本法第 32 條計算土地漲價總數額時，應按本法第 30 條審核申報移轉現值所屬年月已公告之最近臺灣地區消費者物價總指數，調整原規定地價或前次移轉時申報之土地移轉現值。

第 50 條（土地漲價總數額之計算公式）

依本法第 31 條規定計算土地漲價總數額時，其計算公式如附件四。

第 51 條　依本法第 31 條第 1 項第 2 款規定應自申報移轉現值中減除之費用，包括改良土地費用、已繳納之工程受益費、土地重劃負擔總費用及因土地使用變更而無償捐贈作爲公共設施用地其捐贈土地之公告現值總額。但照價收買之土地，已由政府依平均地權條例第 32 條規定補償之改良土地費用及工程受益費不包括在內。

依前項規定減除之費用，應由土地所有權人檢附工程受益費繳納收據、直轄市或縣（市）主管機關發給之改良土地費用證明書或地政機關發給之土地重劃負擔總費用證明書及因土地使用變更而無償捐贈作爲公共設施用地其捐贈土地之公告現值總額之證明文件，向主管稽徵機關提出申請。

第 52 條　（刪除）

第 53 條　依本法第 33 條規定計算土地增值稅應徵稅額之公式如附件五。

第 54 條　本法第 34 條第 3 項所稱自用住宅之評定現值，以不動產評價委員會所評定之房屋標準價格爲準。所稱自用住宅建築工程完成，以建築主管機關核發使用執照之日爲準，或其他可確切證明建築完成可供使用之文件認定之。

第 55 條　土地所有權人因重購土地，申請依本法第 35 條規定退還已納土地增值稅者，應由土地所有權人檢同原出售及重購土地辦理登記時之契約文件影本，向原出售土地所在地稽徵機關辦理。

重購土地與出售土地不在同一縣市者，依前項規定受理申請退稅之稽徵機關，應函請重購土地所在地稽徵機關查明有關資料後再憑辦理；其經核准退稅後，應即將有關資料通報重購土地所在地稽徵機關。

重購土地所在地之稽徵機關對已核准退稅案件及前項受通報資料，應裝冊保管，每年定期清查，如發現重購土地 5 年內改作其他用途或再行移轉者，依本法第 37 條規定辦理。

第55-1條 依本法第 39 條第 2 項本文規定申請免徵土地增值稅時，應檢附都市計畫公共設施保留地證明文件；依同條第 3 項本文規定申請免徵土地增值稅時，應檢附非都市土地供公共設施使用證明書。

依本法第 39 條第 2 項本文及第 3 項本文規定核定免徵土地增值稅之土地，主管稽徵機關應將核准文號建檔，並將有關資料送地政機關登載前次移轉現值。

第 56 條 依本法第 39 條之 1 第 1 項減徵土地增值稅之重劃土地，以下列土地，於平均地權條例中華民國 66 年 2 月 2 日公布施行後移轉者爲限：

一 在中華民國 53 年舉辦規定地價或重新規定地價之地區，於該次規定地價或重新規定地價以後辦理重劃之土地。

二 在中華民國 53 年以前已依土地法規定辦理規定地價及在中華民國 53 年以後始舉辦規定地價之地區，於其第一次規定地價以後辦理重劃之土地。

第 57 條 本法第 39 條之 2 第 1 項所定農業用地，其法律依據及範圍如下：

一 農業發展條例第 3 條第 11 款所稱之耕地。

二 依區域計畫法劃定爲各種使用分區內所編定之林業用地、養殖用地、水利用地、生態保護用地、國土保安用地及供農路使用之土地，或上開分區內暫未依法編定用地別之土地。

三 依區域計畫法劃定爲特定農業區、一般農業區、山坡地保育區、森林區以外之分區內所編定之農牧用地。

四 依都市計畫法劃定爲農業區、保護區內之土地。

五　依國家公園法劃定為國家公園區內按各分區別及使用性質，經國家公園管理機關會同有關機關認定合於前三款規定之土地。

第57-1條　（刪除）

第 58 條　依本法第 39 條之 2 第 1 項申請不課徵土地增值稅者，應檢附直轄市、縣（市）農業主管機關核發之農業用地作農業使用證明文件，送主管稽徵機關辦理。

直轄市、縣（市）農業主管機關辦理前項所定作農業使用證明文件之核發事項，得委任或委辦區、鄉（鎮、市、區）公所辦理。

第 59 條　依本法第 39 條之 2 第 1 項核准不課徵土地增值稅之農業用地，主管稽徵機關應將核准文號註記列管，並於核准後 1 個月內，將有關資料送直轄市、縣（市）農業主管機關。

第 60 條　土地增值稅於繳納期限屆滿逾 30 日仍未繳清之滯欠案件，主管稽徵機關應通知當事人限期繳清或撤回原申報案，逾期仍未繳清稅款或撤回原申報案者，主管稽徵機關應逕行註銷申報案及其查定稅額。

第 61 條　主管稽徵機關接到法院或行政執行分署通知之有關土地拍定或承受價額等事項後，除應於 7 日內查定應納土地增值稅函請法院或行政執行分署代為扣繳，並查明該土地之欠繳土地稅額參與分配。

第五章　附則

第 62 條　本細則所需各種書表由直轄市、縣（市）政府擬定報請財政部核定之。

第 63 條　本細則除另定施行日期者外，自發布日施行。

附件一 地價稅之計算公式（土地稅法施行細則第 5 條附件）

稅級別	計　算　公　式
第一級	應徵稅額＝課稅地價（未超過累進起點地價者）×稅率（10‰）
第二級	應徵稅額＝課稅地價（超過累進起點地價未達五倍者）×稅率（15‰）－累進差額（累進起點地價×0.005）
第三級	應徵稅額＝課稅地價（超過累進起點地價五倍至十倍者）×稅率（25‰）－累進差額（累進起點地價×0.065）
第四級	應徵稅額＝課稅地價（超過累進起點地價十倍至十五倍者）×稅率（35‰）－累進差額（累進起點地價×0.175）
第五級	應徵稅額＝課稅地價（超過累進起點地價十五倍至二十倍者）×稅率（45‰）－累進差額（累進起點地價×0.335）
第六級	應徵稅額＝課稅地價（超過累進起點地價二十倍以上者）×稅率（55‰）－累進差額（累進起點地價×0.545）

附件二 地價稅累進起點地價之計算公式（土地稅法施行細則第 6 條附件）

地價稅累進起點地價＝〔直轄市或縣（市）規定地價總額－（工業用地地價＋礦業用地地價＋農業用地地價＋免稅地地價）〕÷｛直轄市或縣（市）規定地價總面積（公畝）－〔工業用地面積＋礦業用地面積＋農業用地面積＋免稅地面積（公畝）〕｝×7

附件三 分單繳納地價稅額之計算公式（土地稅法施行細則第 19 條附件）

核准分單繳納當年稅額＝分單土地之當年課稅地價÷當年課稅地價總額×當年應繳地價稅稅額

附件四　土地漲價總數額之計算公式（土地稅法施行細則第50條附件）

土地漲價總數額＝申報土地移轉現值－原規定地價或前次移轉時所申報之土地移轉現值×（臺灣地區消費者物價總指數÷100）－（改良土地費用＋工程受益費＋土地重劃負擔總費用＋因土地使用變更而無償捐贈作爲公共設施用地其捐贈土地之公告現值總額）

附件五　土地增值稅應徵稅額之計算公式（土地稅法施行細則第53條附件）

稅級別	計算公式
第一級	應徵稅額=土地漲價總數額【超過原規定地價或前次移轉時申報現值（按臺灣地區消費者物價總指數調整後）未達100%者】×稅率（20%）
第二級	應徵稅額=土地漲價總數額【超過原規定地價或前次移轉時申報現值（按臺灣地區消費者物價總指數調整後）在100%以上未達200%者】×【稅率（30%）－[(30%－20%)×減徵率]】－累進差額（按臺灣地區消費者物價總指數調整後之原規定地價或前次移轉現值×A） 註：持有土地年限未超過20年者，無減徵，A為0.10 持有土地年限超過20年以上者，減徵率為20%，A為0.08 持有土地年限超過30年以上者，減徵率為30%，A為0.07 持有土地年限超過40年以上者，減徵率為40%，A為0.06
第三級	應徵稅額=土地漲價總數額【超過原規定地價或前次移轉時申報現值（按臺灣地區消費者物價總指數調整後）在200%以上者】×【稅率（40%）－[(40%-20%)×減徵率]】－累進差額（按臺灣地區消費者物價總指數調整後之原規定地價或前次移轉現值×B） 註：持有土地年限未超過20年者，無減徵，B為0.30 持有土地年限超過20年以上者，減徵率為20%，B為0.24 持有土地年限超過30年以上者，減徵率為30%，B為0.21 持有土地年限超過40年以上者，減徵率為40%，B為0.18

【附錄二】

土地稅減免規則

民國 99 年 5 月 7 日行政院院臺財字第 0990019583 號令修正發布第 7、9、22 條條文

第一章 總則

第 1 條 本規則依土地稅法第 6 條及平均地權條例第 25 條規定訂定之。

第 2 條 本規則所稱土地稅，包括地價稅、田賦及土地增值稅。

第 3 條 本規則所稱私有土地，指公有土地以外，經自然人或法人依法取得所有權之土地。

承墾人依法取得耕作權之墾竣土地及承領人依法承領之土地，準用本規則關於私有土地之規定。

第 4 條 本規則所稱供公共使用之土地，係指供公眾使用，不限定特定人使用之土地。

第 5 條 同一地號之土地，因其使用之情形或因其地上建物之使用情形，認定僅部分合於本規則減免標準者，得依合於減免標準之使用面積比率計算減免其土地稅。

第 6 條 土地稅之減免，除依第 22 條但書規定免由土地所有權人或典權人申請者外，以其土地使用合於本規則所定減免標準，並依本規則規定程序申請核定者爲限。

第二章 減免標準

第 7 條 下列公有土地地價稅或田賦全免：

一　供公共使用之土地。

二　各級政府與所屬機關及地方自治機關用地及其員工宿舍用地。但不包括供事業使用者在內。

三　（刪除）

四　國防用地及軍事機關、部隊、學校使用之土地。

五　公立之醫院、診所、學術研究機構、社教機構、救濟設施及公、私立學校直接用地及其員工宿舍用地，以及學校學生實習所用之直接生產用地。但外國僑民學校應爲該國政府設立或認可，並依私立高級中等以下外國僑民學校及附設幼稚園設立及管理辦法設立，且以該國與我國有相同互惠待遇或經行政院專案核定免徵者爲限；本國私立學校，以依私立學校法立案者爲限。

六　農、林、漁、牧、工、礦機關直接辦理試驗之用地。

七　糧食管理機關倉庫用地。

八　鐵路、公路、航空站、飛機場、自來水廠及垃圾、水肥、污水處理廠（池、場）等直接用地及其員工宿舍用地。但不包括其附屬營業單位獨立使用之土地在內。

九　引水、蓄水、洩水等水利設施及各項建造物用地。

十　政府無償配供貧民居住之房屋用地。

十一　名勝古蹟及紀念先賢先烈之館堂祠廟與公墓用地。

十二　觀光主管機關爲開發建設觀光事業，依法徵收或協議購買之土地，在未出賣與興辦觀光事業者前，確無收益者。

十三　依停車場法規定設置供公眾使用之停車場用地。

前項公有土地係徵收、收購或受撥用而取得者，於其尚未辦妥產權登記前，如經該使用機關提出證明文件，其用途合於免徵標準者，徵收土地自徵收確定之日起、收購土地自訂約之日起、受撥用土地自撥用之日起，準用前項規定。

原合於第 1 項第 5 款供公、私立學校使用之公有土地，經變更登記為非公有土地後，仍供原學校使用者，準用第 1 項規定。

公立學校之學生宿舍，由民間機構與主辦機關簽訂投資契約，投資興建並租與該校學生作宿舍使用，且約定於營運期間屆滿後，移轉該宿舍之所有權予政府者，於興建及營運期間，其基地之地價稅得由當地主管稽徵機關專案報請直轄市、縣（市）主管機關核准免徵。

第 8 條　私有土地減免地價稅或田賦之標準如下：

一　財團法人或財團法人所興辦業經立案之私立學校用地、為學生實習農 、林、漁、牧、工、礦等所用之生產用地及員生宿舍用地，經登記為財團法人所有者，全免。但私立補習班或函授學校用地，均不予減免。

二　經主管教育行政機關核准合於私立社會教育機構設立及獎勵辦法規定設立之私立圖書館、博物館、科學館、藝術館及合於學術研究機構設立辦法規定設立之學術研究機構，其直接用地，全免。但以已辦妥財團法人登記，或係辦妥登記之財團法人所興辦，且其用地為該財團法人所有者為限。

三　經事業主管機關核准設立，對外絕對公開，並不以營利為目的之私立公園及體育館場，其用地減徵 50%；其為財團法人組織者減徵 70%。

四　經事業主管機關核准設立之私立農、林、漁、牧、工、礦試驗場，辦理 5 年以上，具有試驗事實，其土地未作其他使用，並經該主管機關證明者，其用地減徵 50%。

五　經事業主管機關核准設立之私立醫院、捐血機構、社會救濟慈善及其他為促進公眾利益，不以營利為目的，且不以同業、同鄉、同學、宗親成員或其他特定之人等為主要受益對象之事業，其本身事業用地，全免。但為促進公眾利益之事業，經由當地主管稽徵機關報經直轄市、縣（市）主管機關核准免徵者外，其餘應以辦妥財團法人登記，或係辦妥登記之財團法人所興辦，且其用地為該財團法人所有者為限。

六　經事業主管機關核准設立之私立公墓，其為財團法人組織，且不以營利為目的者，其用地，全免。但以都市計畫規劃為公墓用地或非都市土地經編定為墳墓用地者為限。

七　經事業主管機關核准興建之民營鐵、公路或專用鐵、公路，經常開放並附帶客貨運輸者，其基地，全免。

八　經事業主管機關核准興辦之農田水利事業，所有引水、蓄水、洩水各項建造物用地，全免；辦公處所及其工作站房用地減徵 50%。

九　有益於社會風俗教化之宗教團體，經辦妥財團法人或寺廟登記，其專供公開傳教佈道之教堂、經內政部核准設立之宗教教義研究機構、寺廟用地及紀念先賢先烈之館堂祠廟用地，全免。但用以收益之祀田或放租之基地，或其土地係以私人名義所有權登記者不適用之。

十　無償供給政府機關、公立學校及軍事機關、部隊、學校使用之土地，在使用期間以內，全免。

十一　各級農會、漁會之辦公廳及其集貨場、依法辦竣農倉登記之倉庫或漁會附屬之冷凍魚貨倉庫用地，減徵 50%。

十二　經主管機關依法指定之私有古蹟用地，全免。

前項第 1 款之私立學校，第 2 款之私立學術研究機構及第 5 款之私立社會救濟慈善各事業，其有收益之土地，而將全部收益直接用於各該事業者，其地價稅或田賦得專案報請減免。第 3 款、第 4 款、第 6 款、第 7 款、第 8 款及第 11 款之各事業用地，應以各該事業所有者爲限。但第 3 款之事業租用公地爲用地者，該公地仍適用該款之規定。

第 9 條　無償供公共使用之私有土地，經查明屬實者，在使用期間內，地價稅或田賦全免。但其屬建造房屋應保留之空地部份，不予免徵。

第 10 條　供公共通行之騎樓走廊地，無建築改良物者，應免徵地價稅，有建築改良物者，依下列規定減徵地價稅。

一　地上有建築改良物一層者，減徵二分之一。

二　地上有建築改良物二層者，減徵三分之一。

三　地上有建築改良物三層者，減徵四分之一。

四　地上有建築改良物四層以上者，減徵五分之一。

前項所稱建築改良物係指附著於土地之建築物或工事。

第 11 條　都市計畫公共設施保留地，在保留期間未作任何使用並與使用中之土地隔離者，地價稅或田賦全免。

第11-1條　由國防部會同內政部指定海岸、山地或重要軍事設施區，經依法劃爲管制區而實施限建或禁建之土地，減免地價稅或田賦之標準如下：

一　限建之土地，得在 30% 範圍內，由直轄市、縣（市）主管機關酌予減徵。

二　禁建之土地，減徵 50%。但因禁建致不能建築使用且無收益者，全免。

第11-2條　水源水質水量保護區依都市計畫程序劃定爲水源特定區者，減免地價稅或田賦之標準如下：

一　農業區及保護區，減徵 50%。

二　住宅區，減徵 30%。

三　商業區，減徵 20%。

第11-3條　依法劃定為古蹟保存區或編定為古蹟保存用地之土地，減免地價稅或田賦之標準如下：

一　土地或建築物之使用及建造受限制者，減徵 30%。

二　禁建之土地，減徵 50%；但因禁建致不能建築使用且無收益者，全免。

第11-4條　飛航管制區依航空站飛行場助航設備四周禁止限制建築物及其他障礙物高度管理辦法規定禁止建築之土地，其地價稅或田賦減徵 50%。但因禁止建築致不能建築使用且無收益者，全免。

依前項辦法規定限制建築地區之土地，因實際使用確受限制者，其地價稅或田賦得在 30% 範圍內，由直轄市、縣（市）主管機關酌予減徵。

第11-5條　已發布主要計畫尚未發布細部計畫之都市計畫地區，其主要計畫變更案於本規則中華民國 96 年 12 月 19 日修正施行前，業經內政部都市計畫委員會審議，因受限於防洪計畫致尚未能核定者，於該地區細部計畫發布實施前，其地價稅或田賦得在 30% 範圍內，由當地主管稽徵機關報請直轄市、縣（市）主管機關酌予減徵。

第 12 條　因山崩、地陷、流失、沙壓等環境限制及技術上無法使用之土地，或在墾荒過程中之土地，地價稅或田賦全免。

第 13 條　經依法編定為森林用地，或尚未編定為森林用地之山林地目，業經栽植竹木之土地，田賦減 50%。但依法編定並實際供保安林使用之土地，田賦全免。

第 14 條　已墾竣之土地，仍由原承墾人耕作並經依法取得耕作權者，自有收益之日起，免徵田賦 8 年。

免徵田賦期間內，原承墾人死亡，仍由繼承人耕作者，得繼續享受尚未屆滿之免稅待遇。

第 15 條　農地因農民施以勞力或資本改良而提高等則（包括地目等則變更）者，其增加部分之田賦免徵 5 年。

家庭農場為擴大經營面積或便利農業經營，在同一地段或毗鄰地段購置或交換耕地時，於取得後連同原有耕地之總面積在 5 公頃以下者，其新增部分，免徵田賦 5 年。

作農業使用之農業用地，由繼承人或受遺贈人承受者，自承受之年起，免徵田賦 10 年。

作農業使用之農業用地，贈與民法第 1138 條所定繼承人者，自受贈之年起，免徵田賦 10 年。

第 16 條　依耕地 375 減租條例規定，出租人無償供承租人使用之農舍土地，地價稅或田賦全免。

第 17 條　區段徵收或重劃地區內土地，於辦理期間致無法耕作或不能為原來之使用而無收益者，其地價稅或田賦全免。辦理完成後，自完成之日起其地價稅或田賦減半徵收 2 年。

第 18 條　外國政府機關取得所有權或典權之土地，其土地稅之減免依各該國與我國互惠規定辦理。

第 19 條　（刪除）

第 20 條　土地增值稅之減免標準如下：

一　因繼承而移轉之土地，全免。

二　各級政府出售或依法贈與之公有土地，及受贈之私有土地，全免。

三　被徵收之土地，全免。

四　依都市計畫法指定之公共設施保留地尚未被徵收前之移轉，全免。

五　依法得徵收之私有土地，土地所有權人自願按徵收補償地價售與需地機關者，全免。

六　區段徵收之土地，以現金補償其地價者，及因領回抵價地不足最小建築單位面積而領取現金補償者，或以抵價地補償其地價者，全免。領回抵價地後第一次移轉時，減徵40%。

七　經重劃之土地，於重劃後第一次移轉時，減徵 40%。但以下列土地，於中華民國 66 年 2 月 2 日平均地權條例公布施行後移轉者爲限：

(一)在中華民國 53 年舉辦規定地價或重新規定地價之地區，於該次規定地價或重新規定地價以後辦理重劃之土地。

(二)在中華民國 53 年以前已依土地法規定辦理規定地價及在中華民國 53 年以後始舉辦規定地價之地區，於其第一次規定地價以後辦理重劃之土地。

八　土地重劃時土地所有權人依法應負擔之公共用地及抵費地，全免。於重劃區內原土地所有權人應分配之土地因未達最小分配面積標準改領差額地價者，亦同。

九　分別共有土地分割後，各人所取得之土地價值與其分割前應有部分價值相等者，全免。公同共有土地分割，各人所取得之土地價值與分割前相等者，亦同。

十　土地合併後，各共有人應有部分價值與其合併前之土地價值相等者，全免。

十一　私人捐贈供興辦社會福利事業或依法設立私立學校使用

之土地，全免。但以符合下列規定者為限：

(一)受贈人為財團法人。

(二)法人章程載明法人解散時，其賸餘財產歸屬當地地方政府所有。

(三)捐贈人未以任何方式取得所捐贈土地之利益。

第三章 減免程序

第 21 條 直轄市、縣（市）主管稽徵機關應於每年（期）地價稅或田賦開徵 60 日前，將減免有關規定及其申請手續公告週知。

第 22 條 依第 7 條至第 17 條規定申請減免地價稅或田賦者，公有土地應由管理機關，私有土地應由所有權人或典權人，造具清冊檢同有關證明文件，向直轄市、縣（市）主管稽徵機關為之。但合於下列規定者，應由稽徵機關依通報資料逕行辦理或由用地機關函請稽徵機關辦理，免由土地所有權人或典權人申請：

一、依第 8 條第 1 項第 10 款規定全免者。

二、經地目變更為「道」之土地（應根據主管地政機關變更登記為「道」之地籍資料辦理）。

三、經都市計畫編為公共設施保留地（應根據主管地政機關通報資料辦理）。

四、徵收之土地或各級政府、軍事機關、學校、部隊等承購之土地（應根據徵收或承購機關函送資料辦理）。

五、私有無償提供公共巷道用地（應由工務、建設主管機關或各鄉（鎮、市、區）公所建設單位，列冊送稽徵機關辦理）。

六、辦理區段徵收或重劃之土地（應由主管地政機關列冊送稽徵機關辦理）。

七、依第 11 條之 1 規定減免之土地（應由國防軍事機關列冊敘明土地標示及禁、限建面積及限建管制圖等有關資料送稽徵機關辦理）。

八、依第 11 條之 2 規定減免之土地（應由水源特定區管理機關列冊敘明土地標示、使用分區送稽徵機關辦理）。

九、依第 11 條之 3 規定減免之土地（應由古蹟主管機關列冊敘明土地標示、使用分區送稽徵機關辦理）。

十、依第 11 條之 4 規定減免之土地（應由民航主管機關提供機場禁建限建管制圖等有關資料送稽徵機關辦理）。

十一、依第 11 條之 5 規定減徵之土地（應由該管都市計畫主管機關提供該地區主要計畫變更案之範圍等有關資料送稽徵機關辦理）。

十二、經核准減免有案之土地，於減免年限屆滿，由稽徵機關查明其減免原因仍存在並准予繼續減免者。

第 23 條　直轄市、縣（市）主管稽徵機關接到減免地價稅或田賦之申請後，除下列規定外，應即會同會辦機關派員，依據地籍圖冊實地勘查，並得視事實需要，函請申請人到場引導。

一　徵收土地或各級政府、軍事機關、學校、部隊因公承購土地，於辦妥產權登記前，依徵收或承購土地機關之申請或檢附之證明文件核定減免，免辦實地勘查。

二　公有土地，依管理機關或使用機關之申請或檢附之證明文件核定減免，免辦實地勘查。

三　無償提供公共或軍事機關、學校、部隊使用之私有土地，依有關機關或使用機關之申請或檢附之證明文件核定減免，免辦實地勘查。

四　合於減免規定之私有土地，依所有權人或典權人於申請減免時所檢附之相關資料，足資證明其地上建築物之土地標示者，得自行派員實地勘查。

前項實地勘查，其應勘查事項如下，會勘人員並應將勘查結果會報主管稽徵機關。

一　核對原冊所列土地權屬、坐落、面積、地號、地價或賦額是否相符。

二　查核申請減免案件是否與有關規定相符。

三　逐筆履勘土地使用情形是否屬實。

四　其他有關事項。

第 24 條　合於第 7 條至第 17 條規定申請減免地價稅或田賦者，應於每年（期）開徵 40 日前提出申請；逾期申請者，自申請之次年（期）起減免。減免原因消滅，自次年（期）恢復徵收。

土地增值稅之減免應於申報土地移轉現值時，檢同有關證明文件向主管稽徵機關提出申請。

第 25 條　直轄市、縣（市）主管稽徵機關受理申請土地稅減免案件，應於查核會勘核定後 10 日內，以書面通知申請人。

第 26 條　（刪除）

第 27 條　（刪除）

第 28 條　依第 18 條規定減免土地稅者，應由土地所有權人或典權人依照第 22 條及第 24 條規定向直轄市、縣（市）主管稽徵機關申請，層轉財政部會同內政部核定。

第四章　檢查考核

第 29 條　減免地價稅或田賦原因事實有變更或消滅時，土地權利人或管理人，應於 30 日內向直轄市、縣（市）主管稽徵機關申報恢復徵稅。

第 30 條　土地權利人或管理人未依前條規定申報，經查出或被檢舉者，除追補應納地價稅或田賦外，並依土地稅法第 54 條第 1 項之規定處罰。其為公有土地，該土地管理機關主管及經辦人員，應予懲處。

第 31 條　已准減免地價稅或田賦之土地，直轄市、縣（市）主管稽徵機關，應每年會同會辦機關，普查或抽查一次，如有下列情形之一，應即辦理撤銷或廢止減免，並依前條規定處理：

一　未按原申請減免原因使用者。

二　有兼營私人謀利之事實者。

三　違反各該事業原來目的者。

四　經已撤銷、廢止立案或登記者。

五　土地收益未全部用於各該事業者。

六　減免原因消滅者。

前項普查或抽查成果，應由直轄市、縣（市）主管稽徵機關函報直轄市、縣（市）主管機關備查。

第 32 條　凡經減免土地稅之土地，直轄市、縣（市）主管稽徵機關，除於有關稅冊記載減免原因、期別及核准文號外，並應登錄土地稅電腦稅籍主檔，按年（期）由電腦列印明細表，函報直轄市主管機關、縣（市）政府核備。

直轄市主管機關，縣（市）主管稽徵機關依前項明細表，分別編造地價稅、田賦及土地增值稅減免稅額統計表，函報財政部備查。

第 33 條　依本規則辦理土地稅減免所需之表冊簿籍，其格式由直轄市主管機關、縣（市）主管稽徵機關訂定之。

第 34 條　主管及會辦機關處理減免案件，應隨到隨辦，不得積壓，如有勘辦不實或違反規定情事，其主管及經辦人員，應予議處。

第 35 條　減免土地稅之土地，直轄市、縣（市）政府或財政部，得隨時派員抽查之。

第五章　附則

第 36 條　本規則自發布日施行。但中華民國 94 年 2 月 24 日修正發布之第 11 條之 1 第 1 款規定，自中華民國 95 年 1 月 1 日施行。

【附錄三】

土地所有權移轉或設定典權申報現值作業要點

民國 102 年 11 月 7 日財政部台財稅字第 10204664260 號、內政部台內地字第 1020335655 號會銜令發布

一、爲聯繫地政、稅捐稽徵機關，辦理土地所有權移轉或設定典權申報現值作業，特訂定本要點。

二、土地所有權移轉（不包括繼承、法院拍賣及政府徵收）或設定典權時，權利人及義務人應於訂定契約之日起 30 日內，塡具土地增值稅（土地現值）申報書（用紙由稅捐稽徵機關免費提供），並檢附契約影本及有關文件，共同向主管稽徵機關申報土地移轉現值；但依規定得由權利人單獨申請登記者，權利人得單獨申報其移轉現值。其爲贈與移轉或有遺產及贈與稅法第 5 條各款情形之一者，當事人應依法另向稅捐稽徵機關申報贈與稅。

三、稅捐稽徵機關受理申報時，應於申報書加蓋收件之章註明收件日期文號或黏貼收件貼紙，並製給收件收據。

四、稅捐稽徵機關受理申報後，應依土地稅法第 30 條及第 30 條之 1（平均地權條例第 47 條之 1 及第 47 條之 2）規定，審核申報移轉現值，並依下列規定辦理：

(一)申報現值經審核低於公告土地現值者，應於 5 日內將申報書移送直轄市或縣（市）地政機關依平均地權條例施行細則第 43 條第 1 項及第 3 項規定處理。

(二)申報現值經審核不低於公告土地現值，或雖低於公告土地現值，但經核定不照價收買者，應於收件之日起或收到地政機關通知不

照價收買之日起依土地稅法第 49 條第 2 項規定之期限，查明有無欠稅費（包括地價稅、田賦及工程受益費），並核發土地增值稅繳款書、免稅或不課徵證明書，送達納稅義務人或代理人。

(三)經查無欠稅費者，應於土地增值稅繳款書、免稅或不課徵證明書上加蓋「截至○年○月○日無欠繳地價稅、田賦及工程受益費」戳記或註明「地價稅無欠稅、工程受益費無欠費」及「承辦人員職名章」；其有欠稅費者，應加蓋「另有欠稅費」戳記或註明「地價稅有（無）欠稅、工程受益費有（無）欠費」，連同所有欠稅費繳款書一併送達納稅義務人或代理人。

(四)依當事人申報應課徵贈與稅者，不論有無欠稅費，均應於土地增值稅繳款書、免稅或不課徵證明書上註明「另有贈與稅」。

五、移轉或設定典權之土地如有欠稅費者，納稅義務人於繳清欠稅費後，應將繳稅收據送稅捐稽徵機關，經稅捐稽徵機關核對無誤後，在土地增值稅繳款書、免稅或不課徵證明書上加蓋「截至○年○月○日欠繳地價稅、田賦及工程受益費已完納」戳記及「承辦人員職名章」。

六、土地增值稅繳款書、免稅或不課徵證明書，應註明申報書收件日期文號，以供地政機關受理登記案件時核對。地政機關於登記時發現該土地公告現值、原規定地價或前次移轉現值有錯誤者，應立即移送主管稽徵機關更正重核土地增值稅。

七、稅捐稽徵機關於審核現值確定後，應將申報書第一聯及第二聯送地政機關，於辦理土地登記時，作為核對承受人及權利範圍之用，並建立前次移轉現值資料。地政機關於辦竣登記後，應將申報書第二聯送回稅捐稽徵機關釐正稅籍。已利用地籍、地價異動媒體傳輸轉檔釐正稅籍或利用媒體傳輸申報書檔之直轄市或縣（市），經地政機關、稅捐稽徵機關協商後，得免依前項規定送申報書。

八、納稅義務人於繳清土地增值稅後，應將土地增值稅繳款書、免稅或不課徵證明書之辦理產權登記聯粘貼於契約書副本上，併同土地所有權移轉登記或設定典權登記申請書及有關文件，向地政機關申請登記；其有贈與稅者，並應檢附贈與稅繳清證明書或贈與稅免稅證明書或不計入贈與總額證明書或同意移轉證明書。

九、稅捐稽徵機關於每一期田賦或地價稅或工程受益費開徵日期確定後，應將開徵日期函知地政機關。地政機關受理登記案件時，如有新一期田賦或地價稅或工程受益費業已開徵者，應通知當事人補送繳納稅費收據。

十、土地所有權移轉或設定典權，經向稅捐稽徵機關申報現值後，如有申請撤銷者，應由雙方當事人敘明理由並檢附有關文件以書面向稅捐稽徵機關提出之。但依規定由權利人單獨申報移轉現值者，得由權利人依上述規定單獨申請撤銷。

十一、土地增值稅逾期未繳之滯欠案件，稅捐稽徵機關除依土地稅法施行細則第 60 條規定辦理外，並應查明是否已辦竣所有權移轉或設定典權登記。如已辦竣登記，應函請地政機關將土地增值稅繳納收據影本送稅捐稽徵機關查處。

十二、稅捐稽徵機關對於當期公告土地現值，原規定地價或前次移轉現值等資料，如有缺漏時，應函請地政機關查復。

十三、地政機關辦理土地分割、合併及其他異動事項時，應於登記完畢後 10 日內，將土地分割（合併）分算地價表及有關異動事項通報稅捐稽徵機關；其因重劃、重測等，應於公告確定後 30 日內編造對照清冊、公告土地現值表及重劃後土地地價清冊送稅捐稽徵機關。

十四、爲加強便民服務，縮短處理申報案件作業時間，地政、稅捐稽徵機關應密切配合聯繫，對彼此查對有關資料，手續應力求迅捷簡化。

【附錄四】

自用住宅用地地價稅書面審查作業要點

民國 106 年 5 月 2 日財政部台財稅字第 10504677940 號函修正分行

一、爲簡化自用住宅用地地價稅之審查作業，特訂定本要點。

二、土地所有權人申請按自用住宅用地稅率課徵地價稅之案件，除有本要點第 8 點規定情形外，應依據戶政、地政及稽徵機關有關資料，書面審查核定之，不再實地勘查。

三、申請按自用住宅用地稅率課徵地價稅案件，應依下列規定辦理：

(一)利用戶政資訊運用系統查詢該址有無他人設立戶籍，必要時得函詢自用住宅用地所在地戶政事務所查調戶籍有關資料。

(二)利用地價稅自住用地審核綜合查詢或全國地價稅自住用地查詢列印系統查詢土地所有權人及其配偶、未成年之受扶養親屬於全國有無按自用住宅用地稅率課徵地價稅之土地及其面積。

(三)查明地上建物使用情形及有無供營業或出租等非自用住宅使用情事。

四、查得戶籍資料或其他設籍資料後，應爲以下處理：

(一)查無他人設立戶籍之案件，應依據其他內部資料繼續審查。

(二)查有土地所有權人或其配偶、直系親屬、三親等內親屬以外之他人設立戶籍之案件，應通知設籍之他人或土地所有權人於文到 5 日內或指定日（有正當理由時，得申請延期）到達辦公處所說明，並填具申明書（附件一、二、三、四）表示確無租賃之事實者，免再調查。但該設籍之他人檢具申明書並附有身分證影本者，免到達辦公處所說明。

(三)前款通知經合法送達後，設籍之他人或土地所有權人未依規定期限或指定日到達辦公處所說明者，得不予核准按自用住宅用地稅率課徵地價稅。但於當年（期）地價稅繳納期限屆滿前，補辦完成前款手續者，仍依法核認。

五、設籍之他人有下列情形之一者，得免依前點第 2 款通知其到達辦公處所說明。但有第 1、2 款之情形，仍應檢具申明書，表明租賃情形：

(一)因重病不能前來，經提出醫院出具之證明者。

(二)因出國期間不能前來，經提出證明文件者。

(三)設籍人為出售房地之前所有權人或其配偶、直系親屬。

(四)設籍人為空戶或行方不明，經土地所有權人提出證明文件或稽徵機關查明屬實者。

(五)土地所有權人依第 4 點規定出具申明書者。

(六)有其他正當理由，經土地所有權人提出證明文件或稽徵機關查明屬實者。

六、地上建物有無供營業使用，應查填有無營業、暫停營業、歇業及營業地址變更資料。

七、查明地上建物使用情形，應註明下列資料：

(一)依據稅籍資料，查填該址房屋課稅情形，其屬兩種以上稅率者，應分別註明其層次及面積。

(二)如係按營業用、私人醫院、診所或自由職業事務所用稅率課徵，應註明營業商號、醫療院所、執行業務事務所名稱、課徵期間等資料。

(三)如係按非住家非營業用稅率課徵，應註明房屋使用情形（例如：空置、○○人民團體）。

(四)已申報拆除地上房屋或已接獲營繕資料核准拆除改建者，應予註明。

八、申請按自用住宅用地稅率課徵地價稅之案件，有下列情形之一者，得簽報核准後，派員至現場實地勘查：

(一)地上房屋打通合併使用者。

(二)拆除改建者。

(三)未檢附使用執照或建物所有權狀影本，以建物測量成果表（圖）或其他證明文件代替者。

(四)營業稅及房屋稅籍資料不一致者。

(五)書面審查結果納稅義務人提出異議者。

(六)同一樓層房屋部分供自用住宅使用者。

(七)其他經書面審查發現顯有疑問者。

九、經核准按自用住宅用地稅率課徵地價稅之案件應擬訂計畫，定期清查，發現不符自用住宅用地規定者，應改按一般稅率課徵，並通知納稅義務人。

十、為配合自用住宅用地地價稅之書面審查作業，稽徵機關應健全相關之營業稅、房屋稅及綜合所得稅課稅資料，俾相互勾稽並確實核課地價稅。

十一、國稅局應行辦理事項：

(一)依國稅與地方稅平台作業通報機制，定期提供最新之營業稅籍主檔，供地方稅稽徵機關業務單位即時線上查詢房屋之設籍營業情形。

(二)未依法辦理稅籍登記而擅自營業之情形，於發函輔導辦理稅籍登記時，同時副知地方稅稽徵機關。

(三)加強查核房屋租賃所得，除依國稅與地方稅平台作業通報機制，定期提供租賃所得、租賃所得公證、租金支出反歸戶等檔案資料外，另查得未辦理扣繳申報案件，亦應通報地方稅稽徵機關。

十二、地方稅稽徵機關房屋稅業務單位應行辦理事項：

(一)加強辦理房屋清查，對營業用房屋，應將商號名稱及房屋使用情形註記於稅籍紀錄表或稅籍備註檔，其無商號名稱者，註記營業項目，並將與營業有關資料通報國稅局運用。

(二)利用國稅局通報扣繳單位資料或主動洽商相關單位，提供律師、會計師、醫師等執行業務者及各類補習班、幼兒園、育幼院、養老院等之名稱、地址等查核使用情形，並登錄於稅籍紀錄表或稅籍備註檔內以供地價稅業務單位之參考運用。

(三)空置未使用之房屋，應於稅籍紀錄表或稅籍備註檔註明，如經查明已供使用，應按實際使用情形課徵房屋稅，應即釐正稅籍改課並通知納稅義務人。

(四)前點國稅局通報之資料，應於房屋稅籍紀錄表或稅籍備註檔註記，並查明核課房屋稅。有關申請稅籍登記、營業地址變更案件及房屋租賃所得資料，應移會或副知地價稅業務單位。

十三、地方稅稽徵機關地價稅業務單位應行辦理事項：

(一)對核准按自用住宅用地稅率課徵地價稅之案件，應建置管制檔，以利勾稽查核運用。

(二)對第 12 點第 4 款房屋稅業務單位移會或副知之資料，如有自用住宅用地應改按一般稅率課徵地價稅者，應即釐正稅籍改課並通知納稅義務人。

附件一

設籍人無租賃關係申明書

本人及家屬戶籍自民國　　年　　月　　日至　　年　　月　　日設於

縣市　　鄉鎮市區　　村里　　鄰　　路街　　段　　巷　　弄　　號樓之　　房屋

，確無租賃關係，如有不實，願依法接受處罰。

此　致

（稅捐稽徵機關）

申明人(設籍人)：　　　　　　　　（簽名或蓋章）

身分證統一編號：□□□□□□□□□□

住址：　縣市　　鄉鎮市區　　村里　　鄰　　路街　　段　　巷　　弄　　號　　樓之

電　話：

申明日期：　年　　月　　日

附件二

設籍人有租賃關係申明書

本人及家屬戶籍自民國　　年　　月　　日至　　年　　月　　日設於

　　縣市　　鄉鎮市區　　村里　　鄰　　路街　　段　　巷　　弄　　號　　樓之　　房屋，

確係向　　　　承租，押金新臺幣　　　　元，每月租金新臺幣　　　　元，承租日期：自民國　　年　　月　　日至　　年　　月　　日止，如有不實，願依法接受處罰。

此　致

（稅捐稽徵機關）

申明人(設籍人)：　　　　　　　　（簽名或蓋章）

身分證統一編號：□□□□□□□□□□

住址：　縣市　　鄉鎮市區　　村里　　鄰　　路街　　段　　巷　　弄　　號　　樓之

電　話：

申明日期：　　年　　月　　日

附件三

土地所有權人無租賃關係申明書

一、本人所有坐落

縣/市 鄉鎮/市區 村/里 鄰 路/街 段 巷 弄 號 樓之

房屋，自民國 年 月 日起有 及其家屬設戶籍。

二、該設籍人因 設戶籍於上址，自民國 年 月 日起確無租賃

關係，如有不實，願依法接受處罰。

此 致

（稅捐稽徵機關）

申明人（土地所有權人）： （簽名或蓋章）

身分證統一編號：□□□□□□□□□□

住址： 縣/市 鄉鎮/市區 村/里 鄰 路/街 段 巷 弄 號 樓之

申明日期： 年 月 日

附件四

土地所有權人有租賃關係申明書

一、本人所有坐落

縣市　鄉鎮市區　村里　鄰　路街　段　巷　弄　號　樓之

房屋，自民國　年　月　日起有　及其家屬設戶籍。

二、該設籍人自民國　年　月　日起至　年　月　日止承租上址房屋，押金新臺幣　元，每月(年)租金新臺幣　元，如有不實，願依法接受處罰。

此　致

（稅捐稽徵機關）

申明人(土地所有權人)：　（簽名或蓋章）

身分證統一編號：□□□□□□□□□□

住址：縣市　鄉鎮市區　村里　鄰　路街　段　巷　弄　號　樓之

申明日期：　年　月　日

【附錄五】

自用住宅用地土地增值稅書面審查作業要點

民國 106 年 5 月 3 日財政部台財稅字第 10504043020 號函修正

一、爲簡化自用住宅用地土地增值稅之審查作業，特訂定本要點。

二、土地所有權人申請適用自用住宅用地稅率課徵土地增值稅之案件，除有第 11 點或第 21 點規定情形外，應依據戶政、地政及稽徵機關有關資料，以書面審查方式辦理，不再實地勘查。

三、申請適用土地稅法第 34 條第 1 項規定（以下簡稱一生一次）按自用住宅用地稅率課徵土地增值稅案件，應依下列規定辦理：

(一)利用戶政資訊運用系統查詢該址於出售前一年內有無他人設立戶籍，必要時得函詢自用住宅用地所在戶政事務所查調戶籍有關資料。

(二)利用線上查詢曾否享用自用住宅用地稅率系統查詢土地所有權人是否曾經適用自用住宅用地稅率繳納土地增值稅。

(三)利用國稅地方稅資訊運用系統列印最近 1 年申報核定租賃所得檔案資料，無法確認該址出售前一年內有無租賃情形時，應填列「自用住宅用地地上建物租賃所得查復表」，送請國稅局綜合所得稅業務單位查填。但土地所有權人已檢附無租賃情形申明書（附件一）者，得免予查填租賃所得資料。

(四)線上列印出售前一年內房屋稅及營業稅之電腦檔案資料。但房屋稅與營業稅資料不一致，或無法確認該址於出售前一年內之地上建物使用情形時，應填列「自用住宅用地地上建物使用情形查復表（房屋稅用）」及「自用住宅用地地上建物使用情形查復表（營業稅用）」，分別送請房屋稅及國稅局營業稅業務單位查填。

(五)房屋設立稅籍未滿 1 年者，應查詢其評定現值是否不及所占基地公告土地現值 10%。

四、查詢戶政資料後，應爲以下處理：

(一)查無他人設立戶籍之案件，應依據其他內部資料繼續審查。

(二)查有土地所有權人或其配偶、直系親屬、三親等內親屬以外之他人設立戶籍之案件，應通知設籍之他人於文到 5 日內或指定日（有正當理由時，得申請延期）到辦公處所說明，並填具申明書（附件二、三）申明確無租賃之事實者，免再調查。但該設籍之他人檢具申明書並附有身分證影本者，免到辦公處所說明。

(三)前款通知經合法送達後，設籍之他人未依規定期限或指定日到達辦公處所說明者，得先按一般用地稅率核課土地增值稅。但於土地增值稅繳納期間屆滿前補辦完成前款說明手續者，仍依法核認。

五、設籍之他人有下列情形之一者，得免依前點第 2 款通知其到達辦公處所說明：

(一)因重病不能前來，經提出醫院出具之證明者。

(二)設籍人死亡，經提出證明文件者。

(三)因出國期間不能前來，經提出證明者。

(四)設籍人爲出售房地之前所有權人或其配偶、直系親屬，或設籍人爲承買人於訂立買賣契約後遷入者。

(五)設籍人爲空戶或行蹤不明，經土地所有權人提出證明文件或稽徵機關查明屬實者。

(六)有其他正當理由，經土地所有權人提出證明文件或稽徵機關查明屬實者。

六、財政部財政資訊中心（以下簡稱財政資訊中心）收到稽徵機關上傳之查詢資料後，應即處理並產生「適用自用住宅用地稅率查詢案件回覆通知書檔」及「適用自用住宅用地稅率查詢案件回覆清單檔」，提供稽徵機關下載查詢運用。

七、國稅局綜合所得稅業務單位收到「自用住宅用地地上建物租賃所得查復表」後，應就現有資料查填有無租賃所得資料，其於出售前一年內有租賃所得者，應註明承租人、每月租金及出租起迄日期等資料。

八、國稅局營業稅業務單位收到「自用住宅用地地上建物使用情形查復表（營業稅用）」後，就以下各款查註：

(一)依據稅籍主檔登載，查填該址於出售前一年內有無營業商號。

(二)該營業商號如於前一年內有申請歇業、暫停營業、營業地址變更等登載事項，應註明其申請日期、文號，其屬遷出者，應註明其遷出地址。

(三)查對前一年內擅自營業違章送罰資料，應註明該址於出售前一年內有無擅自營業之情形。

九、房屋稅業務單位收到「自用住宅用地地上建物使用情形查復表（房屋稅用）」後，就以下各款查註並於 2 日內回復：

(一)依據稅籍資料，查填該址房屋於出售前一年內房屋課稅情形，其屬兩種以上稅率者，應分別註明其層次及面積。

(二)如係按營業用、私人醫院、診所或自由職業事務所用稅率課徵，應註明營業商號、醫療院所、執行業務事務所名稱、課徵期間等資料。

(三)如係按非住家非營業用稅率課徵，應註明房屋使用情形（例如：空置、○○人民團體等）。

(四)房屋設立稅籍未滿 1 年者，應註明房屋之評定現值。

十、收到前二點之查復表，經核對其營業資料仍有不一致者，得檢附相關資料後移回國稅局營業稅業務單位重查，如重查結果仍不一致者，其有無營業事實之認定以國稅局營業稅業務單位調查結果爲準。

依前點第 2 款查復有執行業務情形者，應向國稅局綜合所得稅業務單位查詢，經核對其執行業務情形與房屋稅或地價稅有不一致者，得檢附相關資料移回國稅局綜合所得稅業務單位重查，如重查結果仍不一致者，其有無執行業務情形之認定，以國稅局綜合所得稅業務單位調查結果爲準。

十一、申請適用一生一次自用住宅用地稅率課徵土地增值稅案件，有下列情形之一者，經簽報核准後，得派員至現場實地勘查：

(一)地上房屋合併打通使用。

(二)拆除改建。

(三)未檢附使用執照或建物所有權狀，以建物測量成果表（圖）或建築改良物勘查結果通知書代替。

(四)其他經書面審查發現顯有疑問之重大特殊案件。

十二、經認定與自用住宅用地規定要件不合，按一般稅率課徵土地增值稅之案件，買賣雙方於辦妥土地移轉登記前，得申請撤回土地移轉現值申報；經核准撤回之案件，承辦人員應執行自用住宅回覆異動簽核作業，並異動財政資訊中心自用住宅回覆資料。土地所有權人於 1 年內重行申報土地移轉現值並申請按自用住宅用地稅率課徵土地增值稅者，稽徵機關列印「適用自用住宅用地稅率查詢案件回覆通知書」時，如該回覆通知書有顯示原撤回申報案件編號，承辦人員並應調原申報案併核。

十三、經核准按自用住宅用地稅率課徵土地增值稅之案件，每年由財政資訊中心利用相關資料檔交查勾稽，如發現出售前一年內有租賃所得資料者，應通知土地增值稅業務單位查明補徵土地增值稅。

十四、申請適用土地稅法第 34 條第 5 項規定（以下簡稱一生一屋）按自用住宅用地稅率課徵土地增值稅案件，應依下列規定辦理：

(一)利用戶政資訊運用系統查詢該址出售前有無土地所有權人或其配偶、未成年子女在該地設立戶籍連續滿 6 年及出售前五年內有無他人設立戶籍，必要時得函詢自用住宅用地所在地戶政事務所查調戶籍有關資料。

(二)利用線上查詢曾否享用自用住宅用地稅率系統查詢土地所有權人是否曾經適用一生一次自用住宅用地稅率繳納土地增值稅。

(三)利用國稅地方稅資訊運用系統列印最近 5 年申報核定租賃所得檔案資料，無法確認該址出售前五年內有無租賃情形時，應填列「自用住宅用地地上建物租賃所得查復表」，送請國稅局綜合所得稅業務單位查填。但土地所有權人已檢附土地所有權人出售自用住宅用地申請適用土地稅法第 34 條第 5 項規定申明書（附件四）者，得免予查填租賃所得資料。

(四)線上列印出售前五年內房屋稅及國稅局營業稅之電腦檔案資料。但房屋稅與營業稅資料不一致，或無法確認該址於出售前五年之地上建物使用情形時，應填列「自用住宅用地地上建物使用情形查復表（房屋稅用）」及「自用住宅用地地上建物使用情形查復表（營業稅用）」，分別送請房屋稅及國稅局營業稅業務單位查填。

(五)運用戶政資訊運用系統或國稅地方稅資訊運用系統（綜所稅稅籍資料檔等）查詢未成年子女資料。

(六)運用全國財產稅總歸戶系統查詢土地所有權人與其配偶、未成年子女，出售時是否有該自用住宅以外之房屋（含未辦保存登記及信託移轉）。經查有該自用住宅以外之房屋，應查調該房屋資料；如為他轄房屋，請所轄地方稅稽徵機關提供該房屋相關資料供核。

十五、查詢戶政資料後，依第4點、第5點規定辦理。

十六、財政資訊中心收到稽徵機關上傳之查詢資料後，依第6點規定辦理。

十七、國稅局綜合所得稅業務單位收到「自用住宅用地地上建物租賃所得查復表」後，應就現有資料查填有無租賃所得資料，其於出售前五年內有租賃所得者，應註明承租人、每月租金及出租起迄日期等資料。

十八、國稅局營業稅業務單位收到「自用住宅用地地上建物使用情形查復表（營業稅用）」後，就以下各款查註：

(一)依據稅籍主檔登載，查填該址於出售前五年內有無營業商號。

(二)該營業商號如於前五年內有申請歇業、暫停營業、營業地址變更等登載事項，應註明其申請日期、文號，其屬遷出者，應註明其遷出地址。

(三)查對前五年內擅自營業違章送罰資料，應註明該址於出售前五年內有無擅自營業之情形。

十九、房屋稅業務單位收到「自用住宅用地地上建物使用情形查復表（房屋稅用）」後，就以下各款查註並於2日內回復：

(一)依據稅籍資料，查填該址房屋於出售前五年內房屋課稅情形，其屬兩種以上稅率者，應分別註明其層次及面積。

(二)如係按營業用、私人醫院、診所或自由職業事務所用稅率課徵，應註明營業商號、醫療院所、執行業務事務所名稱、課徵期間等資料。

(三)如係按非住家非營業用稅率課徵，應註明房屋使用情形（例如：空置、○○人民團體等）。

二十、收到前二點之查復表，經核對其營業資料仍有不一致者，依第10

點規定辦理。

二十一、申請適用一生一屋自用住宅用地稅率課徵土地增值稅案件，有第11點各款情形之一者，依該點規定辦理。

二十二、經認定與自用住宅用地規定要件不合者，依第12點規定辦理。

二十三、經核准按自用住宅用地稅率課徵土地增值稅之案件，每年由財政資訊中心利用相關資料檔交查勾稽，如發現出售前五年內有租賃所得資料者，應通知土地增值稅業務單位查明補徵土地增值稅。

附件一

土地所有權人無租賃情形申明書

本人所有　　鄉鎮
市區　　段　　小段　　　　地號等　　筆土地（地上建物門牌：　　鄉鎮
市區　　村
里　　鄰　　路
街　　段　　巷　　弄　　號　　樓之　　）於　　年　　月　　日出售，出售前1年內

□有本人、配偶、直系親屬、3親等內以外之他人設立戶籍，惟確無租賃關係（另檢附設籍人無租賃關係申明書）。

□無他人設立戶籍，亦確無出租情事。

如有不實願意補繳稅款，並依法接受處罰。

此致

(稽徵機關全銜)

申　明　人(土地所有權人):　　　　　　　（簽名或蓋章）

國民身分證
統 一 編 號：

住　　址：　　縣
市　　鄉鎮
市區　　村
里　　鄰　　路
街　　段　　巷　　弄　　號　　樓之

電　　話：

申明日期：中華民國　　年　　月　　日

土地稅法第34條第2項所稱「出售前1年」之期間計算，以「出售日」之前1日起往前推算1年，「出售日」之認定標準如下：

1. 出售土地於訂定契約之日起30日內申報移轉現值者，以訂約日為準。
2. 出售土地於訂定契約之日起逾30日始申報移轉現值者，以申報日為準。
3. 法院拍賣土地，以法院拍定日為準。
4. 法院判決移轉土地，以申報人向法院起訴日為準。
5. 拆除改建中出售之土地，以核准拆除日為準。

附件二

設籍人無租賃關係申明書

本人及家屬戶籍自民國　　年　　月　　日至　　年　　月　　日設於

　　鄉鎮市區　　村里　　鄰　　　路街　段　　巷　　弄　　　號　　樓之

房屋，確無租賃關係，如有不實，願依法接受處罰。

　此致

（稽徵機關全銜）

申明人（設籍人）：　　　　　　　　　（簽名或蓋章）

國民身分證統一編號：

住　　址：　　縣市　　鄉鎮市區　　村里　　鄰　　　路街

　　段　　巷　　弄　　號　　樓之

電　　話：

申明日期：中華民國　　年　　月　　日

附件三

設籍人有租賃關係申明書

本人及家屬戶籍自民國　　年　　月　　日至　　年　　月　　日設於

　　縣／市　　鄉鎮／市區　　村／里　　鄰　　路／街　　段　　巷　　弄　　號

樓之　　房屋，確係向　　　　　　　　承租，押金新臺幣　　　　　元，

每月（年）租金新臺幣　　　　　元，承租日期：自民國　　年　　月　　日

至　　年　　月　　日止，如有不實，願依法接受處罰。

　　此致

（稽徵機關全銜）

申 明 人（設籍人）：　　　　　　　　（簽名或蓋章）

國民身分證統一編號：

住　　址：　縣／市　　鄉鎮／市區　　村／里　　鄰　　路／街

　　段　　巷　　弄　　號　　樓之

電　　話：

申明日期：中華民國　　年　　月　　日

附件四

土地所有權人出售自用住宅用地申請適用土地稅法第34條第5項規定申明書

本人所有　　縣/市　　段　　小段　　地號等　　筆自用住宅用地

(地上建物門牌：　　村/里　　鄰　　路/街　　段　　巷　　弄　　號　　樓

之　　)於　　年　　月　　日出售，確符合下列各款規定。

□本人之前出售之自用住宅用地曾依土地稅法第34條第1項至第4項（一生一次）規定按自用住宅用地稅率課徵土地增值稅。

□出售時本人與配偶及未成年子女，無本自用住宅以外房屋(含未辦保存登記、信託移轉之房屋及因繼承、強制執行、法院判決或其他非因法律行為已取得不動產所有權但尚未完成移轉登記之房屋)。

□出售前本人持有該土地6年以上。

□出售前本人或配偶、未成年子女在本地設有戶籍且持有本自用住宅連續滿6年。

出售前5年內：

□無他人設立戶籍，□無出租或供營業情事。

□有部分出租或部分供本人、他人營業使用情形：

出租使用：第　　層 面積　　　　平方公尺

營業使用：第　　層 面積　　　　平方公尺

□有本人、配偶、直系親屬、3親等內以外之他人設立戶籍。

□無出租或供營業情事。（另檢附設籍人無租賃關係申明書）

□有部分出租或部分供本人、他人營業使用情形：

出租使用：第　　層 面積　　　　平方公尺

營業使用：第　　層 面積　　　　平方公尺

本人之配偶、未成年子女資料如下：

項目	姓名	國民身分證統一編號	出生年月日	戶籍地址（包括村里別）
配偶				縣(市)　鄉(鎮市區)　村(里) 路(街)　段　巷　弄　號　樓之
未成年子女				縣(市)　鄉(鎮市區)　村(里) 路(街)　段　巷　弄　號　樓之
				縣(市)　鄉(鎮市區)　村(里) 路(街)　段　巷　弄　號　樓之
				縣(市)　鄉(鎮市區)　村(里) 路(街)　段　巷　弄　號　樓之
				縣(市)　鄉(鎮市區)　村(里) 路(街)　段　巷　弄　號　樓之

以上申明及填寫資料均屬實無缺漏，如有不實，願依法接受處罰。

此致

(稽徵機關全銜)

土地所有權人姓名：　　　　　（簽名或蓋章）

國民身分證統一編號：

電 話：

申 明 日 期　中華民國　　　　年　　　　月　　　　日

【附錄六】

各機關徵收土地代扣稅捐及減免土地稅聯繫要點

民國 81 年 11 月 11 日內政部台內地字第 8186913 號函、財政部台財稅字第 811679951 號函修正發布

一　各機關徵收土地時，有關稅捐之代扣及土地稅減免聯繫事項，依照本要點規定辦理。

二　補償費發放機關代扣稅捐之範圍，為該被徵收土地應納未納之田賦、地價稅及應納之土地增值稅。但補償費受領人之其他欠繳稅捐及相關欠繳款項經稅捐稽徵機關聲請執行法院核發轉給命令，於補償費發放前送達發放機關者，仍應代為扣繳。

三　辦理徵收土地之機關應將「徵收土地補償清冊」四份，於徵收公告之同時，送土地所在地之稅捐稽徵機關。

四　土地所在地之稅捐稽徵機關於收到補償清冊後，應將徵收土地應納未納之田賦、地價稅及應徵之土地增值稅，逐筆查填於清冊相當欄內，裝訂成冊，加蓋各級經辦人員印章，連同繳款書一併於 15 日內函復補償費發放機關，並於補償費發放日代為扣繳。

稅捐稽徵機關對於補償費受領人之其他欠繳稅捐及相關欠繳款項，應於補償費發放前，將聲請執行法院核發之轉給命令送達於發放機關。

前二項土地欠繳田賦實物，得按代扣時核定之折徵標準折算現金代扣之。

五　辦理徵收土地之機關應將「徵收土地建築改良物補償清冊」二份，送稅捐稽徵機關供釐正房屋稅稅籍之參考。

六　稅捐稽徵機關應依辦理徵收土地之機關或地政機關所送補償清冊所載

土地及建築改良物之標示及徵收日期，予以核定徵免土地稅及房屋稅。

徵收土地，因工程變更等原因停止或撤銷徵收，或徵收公告事項因故辦理更正者，辦理徵收土地之機關或地政機關應於事實發生之日起15日內，造冊函送土地所在地稅捐稽徵機關，依法課稅。

七　辦理徵收土地及建物之機關或地政機關以及稅捐稽徵機關，未依本要點之規定辦理者，應由各該機關查明責任議處，其辦理成績優良者，由各該機關給予獎勵。

八　各機關辦理照價收買土地有關代扣稅捐及減免土地稅之聯繫作業，準用本要點之規定辦理。

【附錄七】

民間機構參與交通建設減免地價稅房屋稅及契稅標準

民國 85 年 1 月 10 日行政院台財字第 00843 號令訂定發布

第 1 條　本標準依獎勵民間參與交通建設條例（以下簡稱本條例）第 31 條第 2 項規定訂定之。

第 2 條　民間機構於本條例公布施行後參與交通建設，有關地價稅、房屋稅及契稅之減免，依本標準之規定；本標準未規定者，適用其他有關法令之規定。但其他法令規定較本標準更有利於民間機構者，適用最有利之法令。

第 3 條　同一地號之土地或同一建號之房屋，因其使用之情形，認定僅部分合於本標準者，得依合於本標準之使用面積比率，計算減免其地價稅、房屋稅或契稅。

第 4 條　民間機構參與本條例第 5 條所獎勵之重大交通建設，其交通用地之地價稅減免標準如下：

一　在興建或營運期間，路線、交流道及經主管機關核准之飛行場用地全免。

二　在興建期間，前款以外之交通用地，按 10‰ 稅率計徵。

第 5 條　民間機構參與本條例第 5 條所獎勵之重大交通建設，新建供直接使用之自有房屋，其房屋稅之減徵標準如下：

一　供鐵路、大眾捷運系統及停車場使用之房屋，自該房屋建造完成之日起，減徵應納稅額 50%。

二　供公路經營業經營公路使用之房屋，自該房屋建造完成之日起，減徵應納稅額 50%。

三　供航空站、港埠及其設施、橋樑及隧道使用之房屋，自該房屋建造完成之日起 5 年內，減徵應納稅額 50%。

四　供觀光遊憩重大設施使用之房屋，自該房屋建造完成之日起 3 年內，減徵應納稅額 50%。

第 6 條　民間機構參與本條例第 5 條所獎勵之重大交通建設，在興建或營運期間，取得或設定典權供其直接使用之不動產，減徵契稅 30%。

前項不動產自申報契稅之日起 5 年內再行移轉或改作其他用途者，應追繳原減徵之契稅。但其再行移轉係依本條例第 44 條規定，由主管機關強制收買者，不在此限。

主管機關依本條例第 44 條第 1 項規定強制收買及第 45 條規定依原許可條件有償或無償概括移轉，取得民間機構之營運資產或興建中之工程，免徵契稅。

第 7 條　合於第 4 條至第 6 條減免規定者，納稅義務人應填具減免稅申請書表，檢同有關證明文件，依下列規定向主管稽徵機關申請辦理：

一　申請依第 4 條規定減免地價稅者，於每年（期）地價稅開徵 40 日前提出申請；逾期申請者，自申請之次年（期）起減免。

二　申請依第 5 條規定減徵房屋稅者，於減徵原因事實發生日起 30 日內提出申請；逾期申請者，自申請日當月份起減徵。

三　申請依第 6 條第 1 項規定減徵契稅者，於申報契稅時提出申請。

第 8 條　本標準自本條例施行之日施行。

【附錄八】

水源特定區土地減免土地增值稅贈與稅及遺產稅標準

民國 101 年 1 月 2 日經濟部經水字第 10004607080 號令、財政部台財稅字第 10004133790 號令、內政部台內營字第 1000810419 號令、行政院原住民族委員會原民地字第 1001068298 號令會銜修正發布全文 4 條；並自發布日施行

第 1 條　本標準依自來水法（以下簡稱本法）第 12 條之 1 第 2 項規定訂定之。

第 2 條　水質水量保護區依都市計畫程序劃定為水源特定區之土地，其土地增值稅之減免，除依土地稅法之規定外，並依下列規定辦理：

一　農業區、保護區、河川區、行水區、公共設施用地及其他使用分區管制內容與保護區相同者，減徵 50%。但有下列情形之一者，全免：

(一)水源特定區計畫發布實施前已持有該土地，且在發布實施後第一次移轉或因繼承取得後第一次移轉者。

(二)本法第 12 條之 1 施行前已持有該土地，且在施行後第一次移轉或因繼承取得後第一次移轉者。

二　風景區、甲種風景區及乙種風景區，減徵 40%。但管制內容與保護區相同者，適用前款規定。

三　住宅區，減徵 30%。

四　商業區及社區中心，減徵 20%。

第 3 條　水質水量保護區依都市計畫程序劃定爲水源特定區之土地，於核課遺產稅或贈與稅時，除法律另有規定外，依下列規定辦理：

一　農業區、保護區、河川區、行水區、公共設施用地及其他使用分區管制內容與保護區相同者，扣除該土地價值之半數。但有下列情形之一者，扣除全數：

(一)水源特定區計畫發布實施前已持有該土地，於發布實施後發生之繼承、第一次移轉或繼承取得後第一次移轉者。

(二)本法第 12 條之 1 施行前已持有該土地，於施行後發生之繼承、第一次移轉或繼承取得後第一次移轉者。

二　風景區、甲種風景區及乙種風景區，扣除該土地價值之 40%。但管制內容與保護區相同者，適用前款規定。

三　住宅區，扣除該土地價值之 30%。

四　商業區及社區中心，扣除該土地價值之 20%。

第 4 條　本標準自發布日施行。

【附錄九】

股份有限公司投資新市鎮建設獎勵辦法

民國 88 年 4 月 12 日內政部台內營字第 8872162 號令與財政部台財稅字第 881901481 號令會銜訂定發布

第 1 條　本辦法依新市鎮開發條例（以下簡稱本條例）第 14 條第 3 項規定訂定之。

第 2 條　本條例第 14 條第 1 項所稱投資於新市鎮之建設，係指股份有限公司於新市鎮土地規劃整理完成地區，投資於公共工程、住宅、商業、工業及其他都市服務設施之建設者。

本條例第 14 條第 1 項第 1 款所稱投資總額，係指按其核定投資建設計畫實際購置全新供建設使用，且未適用投資抵減之機器及設備之總額。

本條例第 14 條第 1 項第 1 款所稱抵減當年度應納營利事業所得稅額，係指扣抵依管轄稽徵機關核定當年度營利事業所得額依規定稅率計得之應納稅額。

本條例第 14 條第 1 項第 3 款所稱施工期間免徵地價稅，係指依核定投資建設計畫，實際開工日期所屬徵收年期起至完工當日所屬徵收年期止，免徵地價稅。

本條例第 14 條第 2 項所稱新市鎮土地規劃整理完成當年，係指股份有限公司投資於新市鎮特定區之該筆土地地籍整理完成登記之日當年。

第 3 條　依本辦法申請獎勵之股份有限公司，應擬具投資建設計畫，送請主管機關核定。

前項投資建設計畫應敘明下列事項：

一　公司名稱、本公司所在地及代表人姓名、住所。

二　計畫目的及預定完成日期。

三　投資建設項目、地點及工程預算明細。

四　申請獎勵之種類。

五　申請投資抵減者，應載明預定購置全新機器及設備之名稱、規格、數量、金額、預定用途及使用期間。

六　申請加速折舊者，應載明預定購置全新之必要施工機器及設備之名稱、規格、數量、金額、預定用途及使用期間。

七　申請減免地價稅者，應檢附申請減免地價稅土地清冊及土地登記（簿）謄本。

八　預定開工日期、施工進度表及完工日期。

第 4 條　股份有限公司應按核定投資建設計畫所載申請獎勵之種類，依下列規定向原核定主管機關申請核發證明：

一　自計畫完成之日起 6 個月內，檢附購置全新機器及設備之相關證明文件申請核發投資抵減證明。

二　於計畫執行期間，檢附購置全新必要施工機器及設備相關證明文件申請核發加速折舊證明。

三　自開工之日起 30 日內，檢附開工報告書申請核發減免地價稅證明。

前項各款證明格式，由中央主管機關定之。

第 5 條　投資建設計畫內容有變更時，股份有限公司應於計畫預定完成日期前向原核定之主管機關申請變更，主管機關並應將核定結果副知管轄稽徵機關。但投資建設計畫之機器及設備之規格、數量或金額爲變更者，得免申請，惟應於申請核發前條之證明時提出說明。

第 6 條　依本辦法適用投資抵減及地價稅減免，自新市鎮土地規劃整理完成當年起第 6 年至第 10 年內投資建設開工者，其優惠額度減半，第 11 年起不予優惠。

第 7 條　股份有限公司依本條例第 14 條第 1 項第 1 款規定申請抵減當年度應納營利事業所得稅額者，按其實際投資總額 20% 範圍內，抵減投資建設計畫完成當年度應納營利事業所得稅額，當年度不足抵減時，得在以後四年度內抵減之。

股份有限公司依前項規定辦理該年度營利事業所得稅結算申報時，應檢附投資抵減證明及公司執照影本向管轄稽徵機關申請抵減營利事業所得稅。

第 8 條　股份有限公司依本條例第 14 條第 1 項第 2 款規定適用加速折舊者，以採用所得稅法第 51 條規定之平均法或定率遞減法折舊方法者爲限，其計算方法並適用同法第 54 條之規定。

適用加速折舊之股份有限公司，對其採用加速折舊之施工機器及設備，應與其他固定資產分別記載，或於有關資產帳戶及財產目錄標明，並於開始提列折舊之年度辦理營利事業所得稅結算申報時，檢附加速折舊證明及公司執照影本一併附送管轄稽徵機關核定。

第 9 條　股份有限公司依本條例第 14 條第 1 項第 3 款規定申請減免地價稅者，應於開工後 30 日內，檢附減免地價稅證明及土地清冊等相關證明文件，向管轄稽徵機關辦理之。

第 10 條　股份有限公司有下列情形之一者，主管機關應不予核發或撤銷原核發之稅捐減免證明：

一　投資建設計畫及其證明文件有虛僞不實者。

二　未依投資建設計畫執行者。但第 5 條但書規定得免申請變更者，不在此限。

依前項規定撤銷原核發之稅捐減免證明者，主管機關並應通知管轄稽徵機關依稅捐稽徵法、所得稅法及土地稅法之規定辦理。

第 11 條　依本辦法申請投資抵減之機器及設備，應於購置之日起 30 日內，檢附購置證明文件影本報請主管機關備查。自購置之次日起 3 年內如有轉售、出租、出借、退貨或報廢者，主管機關應不予核發該部分之投資抵減證明，其已抵減者，股份有限公司應向管轄稽徵機關補繳各該部分已抵減之稅捐。

第 12 條　主管機關得視適用本辦法獎勵之股份有限公司投資建設資金之需要，協商相關機關洽請金融機構提供所需長期優惠貸款。

第 13 條　股份有限公司爲投資新市鎭建設，而有從證券市場籌募資金之需求時，中央主管機關得洽請證券管理機關協助其募集與發行公司股票或債券。

第 14 條　本辦法自發布日施行。

【附錄十】

適用自用住宅用地稅率課徵地價稅認定原則

民國 109 年 5 月 8 日財政部台財稅字第 10800117830 號令修正發布

一、為利稅捐稽徵機關受理申請適用自用住宅用地稅率課徵地價稅案件之審理，特訂定本原則。

二、相關法規規定

(一)自用住宅用地定義

1. 土地稅法第 9 條規定，自用住宅用地，指土地所有權人或其配偶、直系親屬於該地辦竣戶籍登記，且無出租或供營業用之住宅用地。

2. 土地稅法施行細則第 4 條規定，自用住宅用地，以其土地上之建築改良物屬土地所有權人或其配偶、直系親屬所有者為限。

(二)面積及處數限制

1. 土地稅法第 17 條第 1 項規定，合於下列規定之自用住宅用地，其地價稅按千分之二計徵：一、都市土地面積未超過三公畝部分。二、非都市土地面積未超過七公畝部分。

2. 土地稅法第 17 條第 3 項規定，土地所有權人與其配偶及未成年之受扶養親屬，適用第 1 項自用住宅用地稅率繳納地價稅者，以一處為限。

(三)申請程序

土地稅法第 41 條第 1 項規定，依第 17 條規定得適用特別稅率之用地，土地所有權人應於每年（期）地價稅開徵 40 日前提出申請，逾期申請者，自申請之次年期開始適用。前已核定而用途未變更者，以後免再申請。

三、自用住宅用地定義補充規定

(一)戶籍登記

1. 外僑居留登記可視同戶籍登記。
2. 因設籍人出境，戶籍經戶政機關逕為辦理遷出登記，雖出境後有多次入出境紀錄，但未辦遷入登記，仍不符合辦竣戶籍登記規定。
3. 地上房屋不符公共安全檢查規定，居住戶未於限期內改善，致遭強制全棟建築物停止使用，不影響其坐落土地是否符合辦竣戶籍登記要件。

(二)無出租或供營業用

1. 原供營業用土地，嗣變更為無供營業用者，以該營業人辦妥註銷營業登記或營業地址變更登記認定之，惟如有下列情形之一，視為無供營業用：
 (1)經該管稽徵機關核准暫停營業者，其停業期間。
 (2)營業人已他遷不明，經該管稽徵機關查明處理有案者。
 (3)營業人經依法申請註銷或變更地址登記，因法令規定未能核准，且經稽徵機關查明該地址確無營業者。
 (4)地上房屋實際上使用情形已變更，經房屋所有權人依房屋稅條例第 7 條規定申報房屋供住家使用，稽徵機關核准按住家用（自住或非自住）稅率課徵房屋稅，且查明無出租情事者。
 (5)當事人提出其他足資認定無出租或供營業用之確切證明者。
2. 下列個人在自用住宅用地設有營業登記，惟實際係在他處營業之情形，視為無供營業用：

(1)個人計程車，實際未在該住宅用地營業。

(2)魚市場之魚貨承銷人及消費市場之魚販，實際營業處所在魚市場或消費市場。

(3)於原經核准按自用住宅用地稅率課徵地價稅之土地作爲從事網路銷售貨物或勞務之營業登記場所，實際交易係在拍賣網站之交易平台完成，且該房屋未供辦公或堆置貨物等其他營業使用。

3. 個人利用自用住宅作爲從事理髮、燙髮、美容、洋裁等家庭手工藝副業，未具備營業牌號，亦未僱用人員，免辦營業登記，免徵營業稅者，視爲無供營業用。

4. 領有身心障礙手冊或證明之重度視覺功能障礙者，於自用住宅懸掛招牌從事按摩，未僱用人員，免辦營業登記，免徵營業稅，且符合自用住宅用地其他要件者，按自用住宅用地稅率課徵地價稅。其自用住宅用地供作命相館使用符合上述情形者，亦同。

5. 其他視爲無出租或供營業用之情形

(1)土地所有權人將其房屋外側壁面供他人繪製廣告或懸掛廣告招牌或屋頂搭建廣告鐵架等收取租金。

(2)屋簷下供擺設攤販，如無租賃關係，且屋內未供營業使用者。

(三)建築改良物所有權人之認定

已辦理建物所有權登記者，以建物登記簿所載房屋之所有權人爲準；未辦理建物所有權登記者，以房屋稅籍登載之納稅義務人爲準。

四、自用住宅用地面積及處數限制補充規定

(一)自用住宅用地基地之認定

1. 自用住宅用地之基地，以建築改良物所有權狀記載之基地地號爲準。如權狀未記載全部基地地號，以建築管理機關核發之「建造執照」或「使用執照」所載之基地地號，或地政機關核發之「建築改良物勘查結果通知書」或「建物測量成果圖」記載之基地地號爲準。
2. 未辦建物所有權第一次登記之老舊房屋，其基地之認定，得以「房屋基地坐落申明書」代替建築改良物證明文件。所稱老舊房屋，以 77 年 4 月 29 日平均地權條例施行細則第 31 條第 1 項修正發布生效前已完成建築者爲準。
3. 非屬建物基地之土地，如係連同主建物一併取得，且該土地與建築基地相鄰，位處該棟建物圍牆內供出入通路等使用，與該棟建物之使用確屬不可分離者，可併同主建物基地認定之。
4. 自用住宅用地參與重劃後，原進出道路遭廢止，地政單位分割毗鄰地，超配供其解決出路及建築線問題，該毗鄰地准比照法定空地，併入自用住宅基地。
5. 數筆土地合併後，其中部分土地在合併前不屬房屋坐落基地，如未合併申請建築載入使用執照，不認屬自用住宅基地。
6. 建築法於 27 年 12 月 26 日制定公布前，或該法制定公布後實施建築管理前興建之舊式建物，其相鄰之空地供作庭院種植蔬菜及通路使用，如符合自用住宅用地其他要件，准予按自用住宅用地稅率核課地價稅。至「實施建築管理前」之基準日期，應依下列規定認定：(1)在實施都市計畫地區，係指當地都市計畫公布實施之日期。(2)在實施區域計畫地區，係指當地依區域計畫法第 15 條第 1 項劃定使用分區並編定各種使用地公布之日期。(3)前二項以外地區，內政部訂頒「實施都市計畫以外地區建築物管理辦法」，依該辦法指定實施地區之日期。(4)供公眾使用及公有建築物均應實施建築管理，尚無需認定實施建築管理之基準日期。

(二)自用住宅面積及處數限制

1. 僅部分供自用住宅使用，其適用自用住宅用地稅率面積之認定

(1)同一樓層房屋部分供自用住宅使用，其供自用住宅使用與非自用住宅使用部分能明確劃分者，准按房屋實際使用情形所占土地面積比例認定之。

(2)房屋爲樓房（含地下室），不論是否分層編訂門牌或分層登記，准按各層房屋實際使用情形所占土地面積比例認定之。

2. 未載於權狀之增建房屋，增建部分以「房屋稅籍資料」或「建物測量成果圖」爲準，僅部分供自用住宅使用，其適用自用住宅用地稅率面積之認定。

(1)同一樓層房屋或平房增建，其供自用住宅使用與非自用住宅使用部分能明確劃分者，准按房屋實際使用情形所占土地面積比例認定之。

(2)增建樓層准合併計入該增建房屋所有人持有之層數，按各層房屋實際使用情形所占土地面積比例認定之。

3. 夫妻等共有土地，其適用自用住宅用地稅率面積之認定

(1)所有權人與其配偶及未成年受扶養親屬共有自用住宅用地，以其共同持有土地面積合計不超過土地稅法第 17 條規定之面積爲限。

(2)夫妻共有土地，持分面積合計未超過土地稅法第 17 條規定之限制，且該土地上夫妻共有兩棟相鄰房屋已打通合併使用，如符合同法第 9 條規定，可合併按自用住宅用地稅率課徵。

(3)夫妻共有土地，二人均設籍於該地，夫或妻持有之該地號土

地部分，如另有成年直系親屬設籍，夫妻二人分別在不超過土地稅法第 17 條第 1 項之面積限制內，均得適用自用住宅用地稅率課徵地價稅。

4. 分別共有土地，其適用自用住宅用地稅率面積之認定

(1) 分別共有之土地，如部分所有權人持分土地符合土地稅法第 9 條規定之要件，應就該部分土地，依同法第 17 條規定，適用自用住宅用地稅率課徵地價稅。

(2) 分別共有之土地及其地上建物，經各共有人以書面協議分層管理使用，符合自用住宅用地要件之樓層，准按該樓層房屋所占土地面積比例，適用自用住宅用地稅率課徵地價稅。

(3) 共有房屋之坐落二筆以上土地爲共有人個別所有，各共有人適用自用住宅用地稅率面積，應合併上開土地面積後，再按建物所有權持分比例計算。

(4) 各樓層所有權人共有之法定空地，被一樓所有人搭蓋建物作營業使用，其地價稅之課徵，除該搭蓋建物相連之同樓層部分應按一般稅率課稅外，其他共有人持分部分仍准按自用住宅用地稅率課徵。

5. 公同共有土地

(1) 公同共有土地適用自用住宅用地稅率課徵地價稅，應以全體公同共有人或其配偶、直系親屬於該地辦竣戶籍登記，且無出租或供營業用者爲準。惟公同共有土地，如其公同共有關係所由成立之法律、法律行爲或習慣定有公同共有人可分之權利義務範圍，經稽徵機關查明屬實者，其所有潛在應有權利部分如符合土地稅法第 9 條及第 17 條規定，適用自用住宅用地稅率課徵地價稅。祭祀公業土地，亦同。

(2) 每戶公同共有土地得適用自用住宅用地稅率課徵地價稅面

積，應不超過土地稅法第 17 條規定之面積上限。如各公同共有人中，另有已核准按自用住宅用地稅率課徵地價稅之土地，其面積仍應與各該共有人依其公同關係所由成立之法律、法律行為或習慣所定權利部分併計有無超過上開面積限制。

6. 一處之認定

(1) 土地所有權人同址設籍之配偶或未成年之受扶養親屬，另有土地供其已成年之直系親屬設籍居住，申請適用自用住宅用地稅率課徵地價稅者，並無一處之限制。亦即每一所有權人之土地，在不超過土地稅法第 17 條之面積限制內，如符合其他相關規定，均得申請適用自用住宅用地稅率。

(2) 相鄰兩棟平房或樓房，其所有權人同屬一人，為適應自用住宅需要而打通或合併使用者，合併認定為一處。

(3) 夫妻個別所有相鄰之兩棟房地，為適應自用住宅需要，房屋經打通合併使用者，合併認定為一處。

(三)原經核准適用自用住宅用地稅率課徵地價稅之土地，其地上房屋拆除者，地價稅之處理

1. 拆除改建：

(1) 新建房屋尚在施工未領到使用執照前，繼續適用自用住宅用地稅率。

(2) 新建房屋已領到使用執照，應按各層房屋實際使用情形所占土地面積比例，分別適用自用住宅用地稅率及一般稅率課徵地價稅。

(3) 於房屋拆除改建中贈與其配偶，如房屋拆除前該配偶或原土地所有權人、直系親屬已於該地辦竣戶籍登記，且符合自用住宅用地其他要件者，於改建期間繼續適用自用住宅用地稅率。

(4)拆除改建期間土地因繼承移轉，如房屋拆除前，繼承人已於該地辦竣戶籍登記，且符合自用住宅用地其他要件，於改建期間繼續適用自用住宅用地稅率。

(5)與捷運站共構之聯合開發基地，為配合聯合開發而拆除原有地上房屋，由土地所有權人先行提供土地供捷運站施工使用，並於該車站站體建造完成後，由捷運局將該聯合開發基地發還點交聯合開發投資人繼續興建聯合開發大樓者，仍認屬拆除改建。

2. 拆除未改建

原有房屋因開闢道路全部拆除，基地已辦理徵收，剩餘部分土地現為空地，但戶籍仍設原處未辦遷移，如其在未拆除前係屬自用住宅用地者，應按自用住宅用地優惠稅率課徵地價稅；如在未拆除前非屬自用住宅用地，而於拆除後僅就空地申請者，不得適用自用住宅用地稅率。

五、申請程序及其他補充規定

(一)申請程序

1. 因故遷出戶籍，於查獲前再遷入者，如嗣後補提申請或經稽徵機關通知 30 日內補提申請者，經查明戶籍再行遷入之日起仍符自用住宅用地規定者，准以戶籍遷入之日作為再次申請按自用住宅用地稅率課徵地價稅日期，惟戶籍遷出期間，不得適用自用住宅用地稅率；經通知而逾 30 日補提申請者，自申請時適用。

2. 原依土地稅法第 17 條第 1 項規定按自用住宅用地稅率課徵地價稅之土地，經依「公職人員財產申報法」規定辦理信託登記，如屬自益信託且土地使用情形未變更者，可免經申請繼續適用自用住宅用地稅率，塗銷信託時亦同。

(二)其他

1. 信託土地

信託關係存續中由受託人持有，原則上無適用自用住宅用地稅率課徵地價稅之適用。惟委託人與受益人同屬一人（自益信託），且該地上房屋仍供委託人本人、配偶、或其直系親屬住宅使用，與該土地信託目的不相違背者，該委託人視同土地所有權人，如其他要件符合土地稅法第 9 條及第 17 條規定，受託人持有土地期間，准按自用住宅用地稅率課徵地價稅；其地上房屋拆除改建，亦准依拆除改建相關規定辦理。

2. 下列土地，非屬自用住宅用地：

(1)地上建物爲非婚生子女之父所有者。

(2)無償借與政黨做辦公室使用者。

(3)供神壇使用者。

(4)地上房屋因火災毀損無法居住者。

3. 地下停車場對外開放停車收費，其所占土地不符自用住宅規定。如共同使用部分由管理委員會自行管理，部分收費，且收益歸共同基金共同使用者，准由停車位所有權人與管理委員會共同出具切結書，載明各類使用情形之面積，按其自用比例適用自用住宅用地稅率；如未能提供前述資料，地下停車場之土地仍按一般用地稅率課徵地價稅。

4. 未辦繼承登記之土地，繼承人如符合土地稅法第 9 條及第 17 條規定之要件，得依同法第 41 條規定，申請按自用住宅用地稅率課徵地價稅。

5. 修女會所有之修女宿舍用地，按自用住宅用地稅率課徵。

【附錄十一】

非都市土地供公共設施使用認定及核發證明辦法

民國 110 年 8 月 12 日財政部台財稅字第 11004605730 號、內政部台內地字第 11002644730 號會銜令發布

第 1 條 本辦法依土地稅法第 39 條第 4 項規定訂定之。

第 2 條 本辦法用詞，定義如下：

一、非都市土地：指依法發布都市計畫範圍內之都市土地以外之土地。

二、需用土地人：指因興辦土地徵收條例第 3 條規定之事業所必須，依法得申請徵收私有土地者。

三、供公共設施使用：指經需用土地人認定具有供公共使用性質者。

四、依法完成使用地編定：指經需用土地人開闢完成或依計畫核定供公共設施使用之土地，已依法編定為公共設施相關之適當使用地。

五、申請人：指申報土地移轉現值之權利人、義務人或經法院、法務部行政執行署所屬行政執行分署拍賣土地之債權人。

第 3 條 申請人依本辦法申請核發非都市土地供公共設施使用證明書（以下簡稱本證明書），應填具申請書並檢具下列文件，向需用土地人提出申請：

一、有移轉土地需要之證明文件。

二、最近 1 個月內核發依法完成使用地編定之土地登記謄本及

地籍圖謄本。

三、申請人爲自然人者，應檢附國民身分證或戶口名簿影本，屬外國、大陸地區人民或香港、澳門居民者，應檢附有效身分證明文件；申請人爲法人者，應檢附法人登記證明文件及其代表人之資格證明，其爲公司法人者，應檢附法人登記機關核發之設立、變更登記表影本。委託申請案件，應另檢附代理人國民身分證影本及委託書。

前項需用土地人不明者，申請人得向土地所在地之地政機關查詢。

第 4 條 需用土地人受理申請案件，必要時得會同申請人及土地所在地之地政機關等辦理實地勘查或測量，並作成紀錄。

前項勘查或測量，需用土地人應通知申請人於勘測前向地政機關繳納勘查或測量費用。

第 5 條 需用土地人受理申請案件，應於 30 個工作日內完成審查，經審查符合規定者，核發本證明書；不符合規定者，應予否准並敘明理由回復申請人。

前項申請案件有補正需要者，需用土地人應通知申請人於 30 日內補正，屆期未補正或補正不完全者，應不予受理並敘明理由回復申請人。申請人依限補正有困難者，應向需用土地人申請延期。

第 1 項審查期限得扣除申請人依前項規定實際補正之期日。

第 6 條 需用土地人核發本證明書應記載下列事項：

一、本證明書用途。

二、鄉鎮市區。

三、土地地段號。

四、宗地面積。

五、使用地類別。

六、開闢完成或依計畫核定供公共設施使用情形。

七、已開闢完成或計畫核定日期。

八、供公共設施使用面積。

九、徵收法據。

十、本證明書之有效期限爲 8 個月；逾期失其效力。但因地籍異動、計畫變更或其他事由致與原證明內容不符時，立即失效。

第 7 條　本辦法自發布日施行。

家圖書館出版品預行編目資料

土地稅法／陳銘福原著；陳冠融修訂.--
五版--.--臺北市：書泉，2023.08
面；　公分
SBN 978-986-451-322-2（平裝）

.CST：土地稅　2.CST：稅法

67.24023　　112007796

3TB5 新白話六法 002

土地稅法

原　　著 — 陳銘福
修　　訂 — 陳冠融（271.6）
發 行 人 — 楊榮川
總 經 理 — 楊士清
總 編 輯 — 楊秀麗
副總編輯 — 劉靜芬
責任編輯 — 黃郁婷
封面設計 — 姚孝慈
出 版 者 — 書泉出版社
地　　址：106台北市大安區和平東路二段339號4樓
電　　話：(02)2705-5066　　傳　　真：(02)2706-6100
網　　址：https://www.wunan.com.tw
電子郵件：shuchuan@shuchuan.com.tw
劃撥帳號：01303853
戶　　名：書泉出版社

總 經 銷：貿騰發賣股份有限公司
電　　話：(02)8227-5988　傳　　真：(02)8227-5989
網　　址：www.namode.com

法律顧問　林勝安律師

出版日期　1997年8月初版一刷
　　　　　2004年9月二版一刷
　　　　　2008年3月三版一刷
　　　　　2020年1月四版一刷
　　　　　2023年8月五版一刷

定　　價　新臺幣520元